Harro Gross
Einführung in die germanistische Linguistik

Harro Gross

Einführung in die germanistische Linguistik

iudicium verlag

CIP-Titelaufnahme der Deutschen Bibliothek

Gross, Harro:
Einführung in die germanistische Linguistik / Harro Gross. – München : Iudicium-Verl., 1988
ISBN 3-89129-240-6

Druck: difo-druck Bamberg
Printed in Germany

INHALTSVERZEICHNIS

EINLEITUNG

Es gibt viele linguistische Einführungsbücher. Allein in den 70er Jahren sind in der Bundesrepublik mehr als 30 erschienen, die meisten davon für Germanisten.
Diese "Einführung" ist aus meiner 13jährigen Lehrtätigkeit in Hamburg und Shanghai hervorgegangen. Sie unterscheidet sich von den früheren durch den Grad der Didaktisierung und die Ausrichtung auf die Hauptzielgruppe.

Sie ist als Lehrbuch für drei Zielgruppen gedacht:

- ▷ **ausländische Germanisten**, d.h. Studenten höherer Semester, (Post-) Graduierte und Lehrer in der Fortbildung – ich habe mich deshalb besonders um Klarheit der Darstellung und Einbeziehung kontrastiver Gedanken (s.u.) bemüht;
- ▷ **deutsche Germanistikstudenten** in den Anfangssemestern – das bezieht auch den Deutschunterricht auf der Kollegstufe ein;
- ▷ da Arbeitsbuch und Lehrerheft in einem Band vereinigt sind, bietet sich das Lehrbuch auch zum **Selbststudium** an.

Seine 10 Lektionen sind in 33 Lektionen (Unterrichtseinheiten, Doppelstunden) organisiert und für ein Seminar (einen Kurs) von 1 Semester Länge konzipiert. Je nach Semesterdauer (18 bis 22 Wochen) und Zahl der Doppelstunden pro Woche (2 bis 3) kann der verfügbare **Zeitraum** zwischen 36 und 66 Doppelstunden schwanken. Entsprechend können einzelne Gebiete bei Zeitmangel (besonders in der Lehrerfortbildung) weggelassen werden. – Wichtig ist, daß neben der reinen Unterrichtszeit genügend Zeit für Tests, Wiederholungen, Prüfungen und eventuell für Referate eingeplant wird.

Das **Hauptziel** des Lehrbuchs ist, den Lernenden einen Einblick in die moderne germanistische Linguistik zu geben, d.h. in ihre Probleme und Forschungsgebiete, ihre Begriffe, Methoden und Ergebnisse sowie in ihre Theorie und Entwicklung.
Gleichzeitig sollen die Lernenden zu eigener linguistischer Beschäftigung motiviert werden. Die Linguistik scheint mir besonders geeignet,

methodisch in die wissenschaftliche Arbeit einzuführen sowie das Sprachverständnis und die Sprachfähigkeit ausländischer Studierender zu fördern.

Einführungskurse werden entweder projektorientiert mit einem speziellen Schwerpunkt konzipiert oder streben einen breiten Überblick über das Fachgebiet an. Beide Typen haben Vor- und Nachteile und werden oft als "eng" bzw. als "oberflächlich" kritisiert. Für die oben genannten Zielgruppen scheint mir der zweite **Seminartyp** bei weitem geeigneter. Ein allgemeiner Überblick am Anfang kann als Orientierung für das ganze Studium dienen, dessen Zahl an Linguistikkursen ohnehin recht begrenzt ist.
Für einen solchen Gesamtüberblick ist die **Stoffauswahl** nicht einfach. Die Linguistik ist heute - auch nur innerhalb der Germanistik - ein sehr weites Feld, zumal sie in den letzten Jahrzehnten um viele neue Bereiche erweitert worden ist. Trotzdem scheint es mir angebracht, als Kernstück nach wie vor die **"Sprachstruktur"** zu etablieren, da sie für alle übrigen Gebiete die unentbehrliche Grundlage bleibt. Theoretisch gibt es sicher Gründe, die Pragmatik als umfassendste Disziplin auch an den Anfang eines linguistischen Überblicks zu stellen, doch aus Gründen der Überschaubarkeit ist hier das **Vorgehen aszendent**, also vom Einfachen zum Komplexeren, von den kleinsten zu den größten Sprachelementen, vom Laut zum Text. Darauf bauen sich dann anwendungsorientierte Gebiete auf, und zwar nur einige bewußt ausgewählte. Natürlich bedarf das Ganze einer kommunikationstheoretischen Basis und eines Rahmens aus wissenschaftshistorischen Erläuterungen:

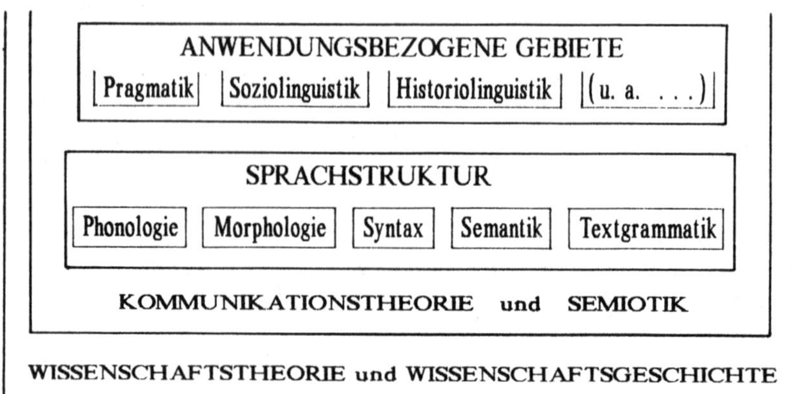

Im Hinblick auf die erste Zielgruppe ist ein **begleitendes Prinzip** in diesem Lehrbuch die **Kontrastivität**, der Sprachvergleich, und zwar in Form einiger Beispiele und Aufgaben. Wenn ich dazu nicht immer Lösungen bieten kann, sind sie als Anregung für die ausländischen Lernenden und Lehrenden gedacht, ihre Muttersprache im Vergleich mit dem Deutschen zu betrachten.

Als **Vorkenntnisse** vorausgesetzt werden nur die sprachlichen und praktisch-grammatischen Kenntnisse aus einem fortgeschrittenen Deutschstudium bzw. -unterricht. Dieser Kurs schafft die Grundlage für weiterführende Seminare mit spezieller Thematik, vgl. dazu den "Ausblick" am Schluß des Buches. Am günstigsten wäre natürlich die Möglichkeit, von vornherein eine "Jahresphase" aus Einführungs- und Fortsetzungskurs zu planen. Dabei könnte der erstere im Hinblick auf das Folgethema entlastet werden. Auf jeden Fall hat der Kurs gleichzeitig eine grundlegende und eine aufbauende **Funktion für das Studium.**

Zur Didaktik

Der Seminarunterricht mit einem Lehrbuch hat gegenüber der Arbeit mit ad-hoc-Materialien auch Nachteile, das Lehrbuch kann den Unterricht erdrücken. Deshalb sollten die Lernenden den Darstellungsteil einer neuen Lektion "zu Hause" vorbereiten, um den Unterricht zu entlasten. Wie dieser durchgeführt wird, bleibt natürlich ganz der jeweiligen Kursleitung überlassen. Der folgende **Benutzungsmodus für das Lehrbuch** ist nur ein Vorschlag:

a) Zu Beginn jeder Sitzung (Doppelstunde) empfiehlt sich eine Kombination aus Wiederholungsfragen und Hausaufgabenbesprechung.
Die Aufgaben sind möglichst so geordnet, daß sie dem Verlauf der Darstellung folgen, so daß sich eine sinnvolle Reihenfolge für die Rekapitulation der letzten Lektion ergibt.
b) Das neue Thema ist vorbereitet und braucht nur schwerpunktmäßig anhand von Verständnisfragen der Teilnehmer, zusätzlicher Erklärungen und Beispiele sowie einzelner Übungen behandelt zu werden.
c) Für manche Hausaufgaben empfiehlt sich eine vorherige Erklärung.

Das Lehrbuch vereinigt Arbeitsbuch und "Lehrerheft". Da in diesem Kurs mehr Wert auf aktives als auf passives Lernen gelegt wird, enthalten die

Lektionen im **Arbeitsteil** eine ungewohnte Fülle von **Aufgaben**. Sie sind jedoch nicht nur als Hausaufgaben gedacht, sondern auch als Übungen für den Unterricht, als Anregungen (Denkanstöße) und schließlich als Muster für Leistungskontrollen, d.h. analog dazu können mit neuem Material leicht weitere ähnliche Aufgaben konstruiert werden.
Der **Lehrerteil** bietet knappe didaktische Hinweise zu den Lektionen, zu Tests und Prüfungen, sowie Lösungsvorschläge zu den Aufgaben.
Am Schluß des Buches finden sich eine Anweisung zum formalen wissenschaftlichen Arbeiten (Bibliographieren und Zitieren) und ein Register.

Über das Lehrbuch hinaus sollte der Unterricht durch **weitere Materialien** und eigene Beispiele bereichert und aktualisiert werden, besonders durch Auszüge aus Originaltexten.

Besonders empfehlenswert für die eigene wissenschaftliche Arbeit und die Förderung des freien Sprechens sind **Referate** über spezielle Themen. Diese Themen müssen möglichst früh festgelegt werden. Das Material dazu sollte sehr begrenzt, die Referate eher kurz sein (z.B. 15 Minuten), auf jeden Fall aber sollte frei gesprochen und nicht nur abgelesen oder gar auswendig gelernt werden. Nicht ein gehobener Stil ist wichtig, sondern Verständlichkeit für die zuhörenden Kommiliton/inn/en. Für Referate besonders geeignet scheinen mir Themen aus folgenden Gebieten:

Wortbildung	*Sprachphilosophie*	*Übersetzungstheorie*
Lexikographie	*Psycholinguistik*	*Sprachdidaktik*
Geschichte d. Ling.	*Fachsprachen*	*Computerlinguistik*

Wenn das Seminar genügend Teilnehmer hat, empfiehlt sich bisweilen **Gruppenarbeit**, d.h. Teamwork in Kleingruppen von 2 bis 4 Mitgliedern, und zwar für Übungen im Unterricht, für Hausaufgaben oder für längerfristig vorzubereitende Referate. Dabei müssen Arbeitsteilung, Form der Gruppendiskussion und Präsentation der Ergebnisse mit jeder einzelnen Gruppe vorbesprochen werden.

Zur Übung der Textsorte und zur Vervollständigung des Lehrmaterials kann in jeder Sitzung ein kurzes **Protokoll** geschrieben werden, das in der Folgesitzung verlesen und abschließend korrigiert wird.

****

KAPITEL 1: WISSENSCHAFT UND PRAXIS

Einstieg (L 1)

Bis in die 60er Jahre bestand die **Germanistik** aus den Fachrichtungen Mediävistik und Literaturwissenschaft, wobei die erstere auch für solche sprachwissenschaftlichen Fragen zuständig war, die nicht nur das "Mittelalter" betreffen. Mit dem enormen Aufschwung der strukturellen Linguistik, die nun zu einem großen Teil in die Einzelphilologien (also die Germanistik, Anglistik, Romanistik, Slavistik usw.) aufgenommen wurde, erwies sich der sprachwissenschaftliche Teil der Mediävistik für ein Anhängsel als zu groß, so daß sich seit etwa 1970 eine neue, dritte Fachrichtung etablierte, die **germanistische Linguistik.**

Die **Begriffe** *Linguistik* und *Sprachwissenschaft* werden meist synonym gebraucht. Manchmal werden sie aber auch benutzt, um die "moderne Linguistik" dieses Jahrhunderts (vor allem die strukturalistische) von einer "traditionellen Sprachwissenschaft" zu unterscheiden. Der Begriff **Linguistik** bietet wie viele Fremdwörter den Vorteil internationaler Verständlichkeit. Andererseits ist das deutsche Wort **Sprachwissenschaft** für den Laien durchsichtiger.

Der **Gegenstand** der Linguistik ist natürlich die Sprache, und es läge nahe, als Einstieg sofort zu fragen: Was ist Sprache? Doch damit wäre schon naiv oder zumindest unreflektiert angenommen, daß die Sprache Gegenstand wissenschaftlicher Beschäftigung sein *muß*, d.h. es wäre sozusagen ein Schritt übersprungen.
Vorher müssen wir uns darüber klar werden, was überhaupt **Wissenschaft** ist, welche gesellschaftliche Funktion sie hat und warum eine wissenschaftliche Beschäftigung mit der Sprache notwendig ist. Eine solche Vorgehensweise soll von Anfang an dazu auffordern, traditionell Gegebenes nicht einfach hinzunehmen, sondern sie kritisch zu hinterfragen, d.h. diese Vorgehensweise ist selber wissenschaftlich. Sicher wird sich die Tradition im Kern immer als unverzichtbares Fundament erweisen; einzelne Einstellungen, Gebiete, Schwerpunkte und Resultate jedoch sind den gesellschaftlichen Veränderungen im Lauf der Zeit unterworfen.

Wissenschaft

Wissenschaft ist zunächst, so banal das klingt, das gesamte **Wissen** über einen Gegenstand. Dabei soll dieses Wissen, im Gegensatz zum subjektiven Meinen, **objektiv,** d.h. begründet und abgesichert sein.
Beispielhaft sind die (exakten, "wertungsfreien") Naturwissenschaften, wo das Wissen aufgrund empirischer Daten mit Hilfe **exakter Methoden** gewonnen wird, etwa nach dem Schema: Beobachtung → Hypothese → Verifizierung oder Falsifizierung durch Experimente → Resultat mit praktischer Voraussagbarkeit.
Aber auch die ("wertenden") Geisteswissenschaften – heute treffender als Sozial-, Human- oder Kulturwissenschaften bezeichnet – basieren auf methodischen Normen, die eine **intersubjektive Überprüfbarkeit** garantieren; d.h. ihre Erkenntnisse sollten in einer fachkundigen und rational geführten Argumentation Zustimmung finden.

Diese Sätze beschreiben ein Ideal. In der Realität gibt es zum einen Irrtümer und zum anderen auch verschiedene Wege, um Erkenntnisse zu erlangen. Der **Methodenpluralismus** (das tolerierte Nebeneinander verschiedener Methoden ohne Anspruch auf jeweils einzige Gültigkeit) ist immer ein Kennzeichen der Wissenschaft gewesen. Oft dauert es sehr lange, bis sich eine Theorie gegenüber anderen durchsetzt und allgemein anerkannt wird. Auch kann **Allgemeingültigkeit** grundsätzlich nicht für alle Erkenntnisse gleich beansprucht werden, wie z.B. die Entwicklung der Physik nach Newton gezeigt hat.

Die **Disziplinen** (Gebiete) der Wissenschaft haben sich historisch unterschiedlich herausgebildet als eine stufenweise Aufgliederung aus der Philosophie. Schon im antiken Griechenland wurden theoretische und praktische Wissenschaften unterschieden. Im Mittelalter herrschten die vier "Fakultäten" – Philosophie, Theologie, Jura und Medizin. Die exakten Wissenschaften kamen zu Beginn der Neuzeit auf (besonders Physik und Astronomie im Humanismus), aber zum großen Aufschwung der modernen Wissenschaften kam es erst seit dem 19. Jahrhundert. Auch heute werden immer neue Disziplinen begründet.

Dabei entspringen die Wissenschaften in erster Linie nicht einer zufälligenNeugier des Menschen, sondern allgemeinen **praktischen Problemen und Bedürfnissen**, seien es z.B. Krankheiten, Hunger, Rechtsstreitigkeiten

oder auch Sprachbarrieren. Die intensive Suche nach deren Lösung bzw. Befriedigung ist ein **gesellschaftliches** Anliegen. Dessen muß sich jeder Wissenschaftler bei seiner Tätigkeit bewußt sein. Er ist nicht nur der Gesellschaft, die seine Arbeit ja meist erst ermöglicht, Rechenschaft schuldig, sondern er trägt auch **Verantwortung** für die Verwendung seiner Resultate.
Das soll heißen, daß ein Wissenschaftler nicht im berühmten "Elfenbeinturm" forschen soll. Es bedeutet aber nicht, daß er in jedem Moment seiner Tätigkeit ein praktisches Problem vor Augen haben muß. Das würe den Fortschritt auf lange Sicht eher hemmen. Ein bedeutender Teil wissenschaftlicher Arbeit besteht gerade in der **Grundlagenforschung,** die die theoretische Basis für viele Detailfragen liefert. So manche praktisch bedeutsamen Resultate haben sich aus spielerischem Probieren, ja sogar aus Zufall ergeben.

Eine Anregung: Diskutieren Sie die Frage der Verantwortung der Wissenschaftler, z.B. anhand von Theaterstücken wie «Leben des Galilei» von Brecht, «Die Physiker» von Dürrenmatt oder «In der Sache J. Robert Oppenheimer» von Kipphardt.

Aufgaben (L 1)

1.1 Seit wann ist die Linguistik eine Fachrichtung der Germanistik? Nennen Sie die beiden anderen Fachrichtungen.

1.2 *Linguistik* und *Sprachwissenschaft* sind ein typisches Synonymenpaar aus Fremdwort und deutschem Wort.

a) Suchen Sie die Fremdwörter aus dem Text der (L 1), denen die folgenden deutschen Begriffe entsprechen:

(1) *Wirklichkeit*	(2) *Versuch*	(3) *vernunftgemäß*
(4) *Verfahren*	(5) *Überlieferung*	(6) *Grundlage*
(7) *Ergebnis*	(8) *Einzelwesen*	(9) *Beweisführung*

b) Übersetzen Sie die folgenden Fremdwörter aus dem Text der (L 2) in deutsche Begriffe (zur Vorbereitung):

(1) *Didaktik*	(2) *effektiv*	(3) *Interpunktion*
(4) *Diagnose*	(5) *Therapie*	(6) *mental*
(7) *konsequent*	(8) *Korrektur*	(9) *registrieren*

1.3 Eine Anregung: – Legen Sie sich ein terminologisches Glossar an, d.h. eine Liste der Fachwörter mit Erklärungen, für die Begriffe, deren Bedeutungen Ihnen unklar und die nicht im Anhang aufgeführt sind.

1.4 Nennen Sie je ein Merkmal (Merkmale):
a) naturwissenschaftlicher,
b) geisteswissenschaftlicher Methoden.

1.5 Warum sollten Traditionen hinterfragt werden?

1.6 Welche Aussage trifft zu?
a) Die Wissenschaften haben sich aus der Philosophie entwickelt.
b) Die Wissenschaften entspringen praktischen Bedürfnissen.

1.7 Schreiben sie einen kurzen Essay (Aufsatz) über die Berechtigung, die Notwendigkeit und die Gefahren wissenschaftlicher Arbeit. – Geben Sie Beispiele aus den Natur- und Geisteswissenschaften.

****

Praktische Probleme mit der Sprache I (L 2)

Kehren wir zur Linguistik zurück: Wenn der Ausgangspunkt der Wissenschaft praktische Probleme sind, müssen wir hier zunächst fragen, welche allgemeinen Probleme im Zusammenhang mit der Sprache auftreten und gelöst werden sollen. Derlei kennt jeder aus eigener Erfahrung oder aus dem, was er gelernt hat. Im folgenden ist eine Auswahl aus 5 Bereichen zusammengetragen und an einigen konkreten Textbeispielen erläutert.

Das beginnt schon mit dem **Spracherwerb des Kindes**, d.h. mit dem Sprechen- oder – besser gesagt – Kommunizierenlernen. Die Kindersprache ist zwar in ihrer formalen Entwicklung bekannt, aber die kommunikative Bedeutung kindlicher Äußerungen sowie die Faktoren, die das Denken des Kindes und eventuelle Sprachstörungen verursachen, bedürfen weiterer Erforschung.

So wissen wir, daß Kinder mit ca. anderthalb Jahren von der "Einwort-" zur "Zweiwort-Phase" und ein Jahr später zur "Mehrwort-Phase" übergehen. In der Zweiwort-Phase äußern sie z.B. "Sätze", die wir mit der Erwachsenensprache meist ergänzen und interpretieren müssen, z.B.:

Nati spielen	→	*Renate spielt / will spielen / ...*
Theo gehen	→	*Theo geht / soll gehen / ... (wohin)*
Mami helfen	→	*Mami hilft / soll helfen / ... (wem)*
Auto fahren	→	*Das Auto fährt // Ich will Auto fahren / ...*
Haus bauen	→	*Ich baue ein Haus / Wir wollen ...*

Hier treten nur Substantive und Verben in der Folge SV auf. Eine Zuordnung der Substantive als Subjekt oder Objekt ist erst bei Kenntnis der Intonation des Kindes möglich: betont ist die Position als Rhema bzw. Objekt. Irrelevant jedenfalls scheinen noch Flexionsformen, Artikel, Pronomen usw. (vgl. Aufgabe 2.2).
Hierbei handelt es sich noch um relativ einfache Strukturen. Schwieriger zu beantworten sind Fragen nach der **Begriffsentwicklung** des Kindes und nach dem Zusammenhang zwischen Denken und Sprechen, da sich mentale Vorgänge der direkten Beobachtung entziehen und mit psychologischen Methoden angegangen werden müssen, z.B. dadurch, daß das Kind Begriffe durch einzelne Merkmale erklärt, Ober- und Unterbegriffe einordnet u. dgl.
Ebenfalls auf die Hilfe der Psychologie angewiesen ist man bei der Diagnose und Therapie von **Sprachstörungen**, die sowohl anatomisch als auch sozialpsychologisch bedingt sein können. Die bekanntesten sind: Stottern, Lispeln, Agrammatismus (sprachstrukturelle Fehler), Legasthenie (Lese- und Rechtschreibschwäche), Aphasie (Sprachverlust, z.B. durch Unfall oder Krankheit) und Sprechunfähigkeit durch Gehörlosigkeit.

Der Sprachlernprozeß setzt sich verstärkt in der Schule fort und dauert im Grunde das ganze Leben lang.
Einen Sonderfall des Lernens von Sprache stellt der **Fremdspracherwerb** (auch Zweitspracherwerb) dar, der durchaus keine Wiederholung des primären (Erst- oder Mutterspracherwerbs) ist. Damit sind wir auf dem Hauptgebiet der angewandten Linguistik, der **Sprachdidaktik**. Da jeder Lernprozeß durch bestimmte Techniken unterstützt werden kann, erhebt sich die Frage, wie Sprache am effektivsten gelernt und gelehrt werden kann.

Von Anfang an stoßen Lernende auf **Verständnisschwierigkeiten**, sei es bei neuen Wörtern, besonders abstrakten, komplexen, veralteten, Fach- oder Fremdwörtern, sei es bei komplizierten Sätzen, speziellen Texten oder auch Situationen, die falsch eingeschätzt werden. Entsprechend müssen beim Lernprozeß auf allen Stufen – von den Lauten über die Wortformen und -bedeutungen bis zu den Sätzen und Texttypen – sprachliche Fehler verbessert werden, eine ständige Aufgabe für die Eltern und Lehrer/innen. Das Problem besteht aber nicht nur in der **Fehlerkorrektur** selbst, sondern auch in der Frage, welches die **Norm** für den "richtigen" Sprachgebrauch ist, zumal sich die Sprache ständig wandelt.

Der folgende Text ist ein Kurzaufsatz einer sechsjährigen Schülerin:

> *Die gefährliche Zigarette*
> *Hans und Peter rauchen, One es zu Dürfen Sie holen Gelt und Kaufen Zigaretten und Feuerzeuk Sie überlegen sich ein Verstek vo sie rauchen Könen Sie Nemen den Heuboden Hans Bekomt das rauchen nicht er wirvt die Zigarette Wek one überlekt zu haben, was die Gevar sein Kann das Veuer Schlekt um sich die Junen Kommen Schnel vom Heuboden Herrunter Sie haben Anst das Sie von den Eltern Schimpf Krigen*

Es geht hier natürlich nicht um die Würdigung der sicher beachtlichen Leistung, was Komposition, Kohärenz, Stil u. dgl. betrifft. Versuchen Sie nur einmal, die Fehler in den Texten zu korrigieren und nach Kategorien zu ordnen.
Dabei wird zum einen klar, welche Schwierigkeiten die deutsche Orthographie mit ihren vielen Regeln und Inkonsequenzen den Schulkindern, aber auch noch vielen Erwachsenen, bereitet, und zum anderen, welche Probleme das Korrigieren selbst aufwirft:

▷ Sind es nur Flüchtigkeits- oder aber "eingeschliffene" Fehler?
▷ Handelt es sich um einen Denkfehler oder nur um einen Verstoß gegen eine oberflächliche Regel?
▷ Liegt ein komplexer Fehler aus mehreren Ursachen vor?

Eines der wichtigsten Ziele des Fremdsprachenerwerbs ist angemessenes **Übersetzen** und **Dolmetschen**. Zu diesem Punkt seien die ausländischen Studierenden auf ihre eigenen vielfältigen Erfahrungen verwiesen. Zwar blickt die Übersetzungstheorie auf eine jahrtausendealte Tradition zu-

rück, doch sind viele ihrer Fragen nach wie vor nicht so einfach zu beantworten.
Dazu eine Anregung: – Bilden Sie 2 Gruppen aus Anhängern der "wörtlichen" und der "freien" Übersetzung und "veranstalten" Sie eine kurze Diskussion um die Vor- und Nachteile dieser beiden Prinzipien.

Gewisse Übersetzungen können schon seit einiger Zeit maschinell gemacht werden. Der gesamte Bereich der **maschinellen Verarbeitung von Sprache** befindet sich in rascher Entwicklung, seit die EDV (Elektronische Datenverarbeitung) dafür nutzbar gemacht worden ist. Immer mehr Menschen arbeiten bei der Registrierung und Dokumentation, im ganzen Schriftverkehr, mit Computern, was gewiß zu Arbeitserleichterungen aber auch zu Arbeitsplatzproblemen geführt hat.
Das linguistische Problem liegt dabei vor allem in der Konstruktion spezieller Grammatiken (Kunstsprachen). Diese dienen nicht nur der Übersetzung, sondern auch z.B. der elektronischen Syntaxanalyse, und dem Sprachvergleich mit Hilfe solcher "Metasprachen". Eine weitere linguistische Einsatzmöglichkeit der EDV bietet die Statistik.

***Aufgaben** (L 2)*

2.1 Vergleichen sie folgende Zweiwort-Sätze eines Kleinkindes mit den Vervollständigungen der Mutter:

Kind:	*Baby Stühlchen*	Mutter:	*Baby sitzt im Stühlchen.*
	Eva Essen		*Eva hat ihr Essen.*
	Sitzt Mauer		*Er saß auf der Mauer.*
	Heb Handschuh		*Heb den Handschuh auf!*

a) Warum kann die Mutter mit ziemlicher Sicherheit gerade diese Interpretation geben und nicht etwa "Baby will aufs Stühlchen", "Eva möchte nichts mehr essen", "Sie sitzt auf der Mauer" u.dgl.?
b) Versuchen Sie auch hier, in den vom Kind benutzten Wörtern und ihrer Wortart und Wortstellung Regeln einer (dem Kind unbewußten) Minimal-Grammatik zu entdecken.
c) Was ist die Ursache für die relativ feste zeitliche Begrenzung der sogenannten "Zweiwort-Phase" (1;6 bis 2;6) zwischen den Einwort- und den Mehrwortäußerungen?

2.2 Gibt es diese Spracherwerbsphasen nur bei deutschen Kindern?

2.3 Worin liegt der Hauptunterschied zwischen dem Erlernen der Muttersprache und von Fremdsprachen?

2.4 Informieren Sie sich über sozialpsychologische Ursachen für Sprachstörungen.

2.5 Aus einem Schulaufsatz der 8. Klasse des Gymnasiums:

> *... Der Autor Carl Zuckmayer beschreibt in den Drama der Hauptmann von Köpenick einen Schustergesellen Namens Voigt in Berlin um 1900. ... In der 14 Szene geht es darum, wo sich Voigt und Hoprecht über die Probleme unterhalten. ... Ich werde in eine Tabelle die beiden Personen vorstellen ... Die Aussagen von Voigt finde ich überzeugender. Die von Hoprecht dagegen nicht. ... Hoprecht verhält sich zu dieser Aussage nicht gut, weil er zuerst das Militär sieht und dann den Menschen. ... Die Agumente von Voigt finde ich überzeugender, weil es Voigt ja nicht zum ersten Mal eine Ausweisung bekommt. Wenn das alles nur Schicksal wäre, dürfte ihn das nicht so oft passieren.*

Der Text enthält – bei strenger Zählung – 13 Fehler. Versuchen Sie, diese zu erklären und folgenden Bereichen zuzuordnen:

Interpunktion (2 F.), Orthographie (3 F.), Morphologie (Deklination, 3 F.), Syntax/Valenz (2 F.), Syntax/Konjunktion (1 F.), Semantik/Logik (1 F.), Stil/Wiederholung (1 F.)

2.6 Bei älteren Schülern finden sich naturgemäß eher komplexe Fehler. Der folgende Text stammt aus einem Schulaufsatz der 12. Klasse über ein Stück von Kipphardt. Es handelt von der Verantwortung des Physikers Oppenheimer für die Entwicklung von Kernwaffen.

> *... Der Schwerpunkt bei diesem Verhör liegt darin, ob Oppenheimer das H-Bombenprogramm der Regierung unterstütz hat oder ob er es sogar behindert hat. Weiter geht es in der 7. Szene auch darum, welche Verantwortung der Wissenschaftler über die eventuellen Folgen seiner Entwicklung*

hat. ... Er ist sich also wiederum seiner Verantwortung bewußt, indem er sagen würde ob es auch, obwohl er danach nicht gefragt würde, politisch und menschlich gut ist einen solchen Krieg anzufangen. ...

a) Identifizieren Sie einen Flüchtigkeits-, drei Interpunktions- und einen Valenzfehler.
b) Erklären Sie genauer:
   1. den fehlerhaften Gebrauch der Konjunktion *ob*,
   2. die ungeschickte Verwendung der Partikel *sogar*,
   3. die überflüssigen Konjunktive (*...würde, ...würde*),
   4. die unklare Verschachtelung des *obwohl*-Satzes.
c) Wie der Text in 2.5 stellt dieses Beispiel einen extremen Fall dar. Wie können solche Schularbeiten effektiv korrigiert werden?

2.8 Ist die Orthographie in jeder Sprache gleich schwierig?

****

Praktische Probleme mit der Sprache II **(L 3)**

Ging es in der vorigen Lektion vor allem um psychologische und angewandte Sprachprobleme, so geht es nun um soziologische, grammatische und pragmatische.

Fast jede soziale Gruppe hat auch ihre gruppenspezifische Sprache, ihren **Soziolekt**, wodurch **Kommunikationsbarrieren** auftreten. Dabei überlagern sich die verschiedenen Gruppierungen, z.B. regionale, schichtenspezifische, berufliche, politische, alters- und geschlechtsspezifische.
Manche Soziolekte stellen entsprechend ihrer sozialen Gruppe ein gesellschaftliches **Privileg**, andere einen Nachteil dar. So sind Dialekte und Schichtensprachen von besonderer Bedeutung für den **Schulerfolg** der Kinder, da in der Schule eine Norm gesetzt wird, die Dialektsprecher und Kinder der unteren Schicht diskriminiert.
Das Ergebnis des primären Spracherwerbs ist ja bei gleichaltrigen Schulkindern durchaus nicht gleich, da die soziokulturellen Einflüsse in Familien verschiedener Schichten erheblich differieren.

Vergleichen Sie z.B. die folgenden Nacherzählungen einer Bildergeschichte aus "Vater und Sohn" durch zwei Kinder aus der Mittel- (M) und der Unterschicht (U) – ein beliebtes Demonstrationsobjekt zu Beginn der 70er Jahre:

Text M	Text U
Drei Jungen spielen Fußball und ein Junge schießt den Ball, und er fliegt durch das Fenster, der Ball zertrümmert die Fensterscheibe und die Jungen schauen zu, und ein Mann kommt heraus und schimpft mit ihnen, weil sie die Scheibe zerbrochen haben, also rennen sie fort, und dann schaut diese Dame aus dem Fenster, und sie schnauzt die Jungen an.	*Sie spielen Fußball und er schießt ihn und er fliegt rein, dort zertrümmert er die Scheibe und sie schauen zu, und er kommt raus und schimpft mit ihnen, weil sie sie zerbrochen haben, deshalb rennen sie weg und dann sieht sie raus und sie schnauzt sie an.*

Die Texte sind offensichtlich in der Wortwahl zu Vergleichszwecken etwas manipuliert. Wodurch unterscheiden sie sich auffällig? Text U mit seinen vielen Pronomen wird als typisch für die unmittelbar situationsbezogene Ausdrucksweise der Unterschicht angesehen. Andererseits mögen einige der Substantive in Text M überflüssig sein – bei einer Wertung scheint also Vorsicht geraten. Was läßt sich jedoch zur Verständlichkeit der beiden Texte sagen?

Unbestreitbar ist die Sprache der Mittelschicht in Schule und Öffentlichkeit die Norm und damit ein Privileg. Die Kinder aus der Unterschicht haben also von Anfang an nicht die gleichen Chancen, und dieser Mangel an Chancengleichheit wirkt sich bei vielen Schülerinnen und Schülern auf ihr ganzes Leben aus.

Ein Beispiel dafür, wie sprachlich weniger Ausgebildete benachteiligt sind, bietet die **Syntax des öffentlichen Sprachgebrauchs**, vor allem in den Medien und in der Verwaltung. Sie wird oft als unnötig kompliziert und damit **schwerverständlich** kritisiert. Hier kommen grammatische Gesichtspunkte mit soziologischen und psychologischen zusammen, denn Verständlichkeit kann nur interdisziplinär (fachübergreifend; in Zusammenarbeit mehrerer Disziplinen) untersucht und erklärt werden.

Vergleichen Sie z.B. die inhaltlich identischen Texte A und B:

Text A	Text B
Der von einem Ärzteteam im Auftrag der Regierung hergestellte Aufklärungsfilm über Suchtgefahren wurde gestern in dem von kirchlicher Seite zur Verfügung gestellten Saal des Gemeindehauses der Öffentlichkeit vorgeführt. (aus der Lokalpresse)	*Ein Ärzteteam hat einen Film hergestellt. Den Auftrag dazu hat die Regierung erteilt. Der Film ist ein Aufklärungsfilm über Suchtgefahren. Er wurde gestern der Öffentlichkeit vorgeführt. Das fand im Saal des Gemeindehauses statt. Dieser wurde von kirchlicher Seite zur Verfügung gestellt.*

Text A ist ein erweiterter Hauptsatz, der durch mehrere "aufgeblähte" Satzglieder gekennzeichnet ist. Seine Struktur kann nach der Abhängigkeitsgrammatik folgendermaßen dargestellt werden:

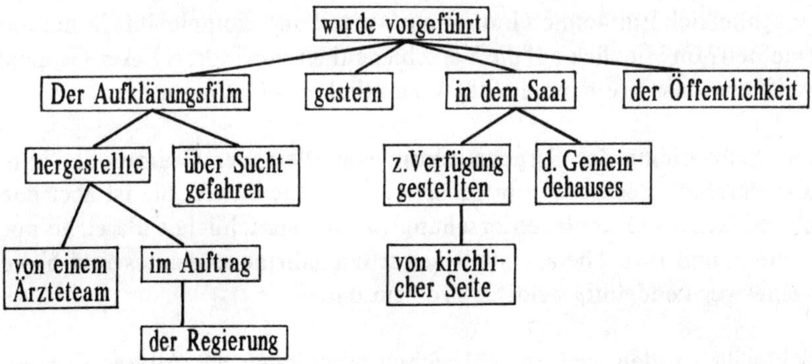

Text B ist eine Umformung in 6 einfache Hauptsätze fast ohne Erweiterungen (Para- statt Hypotaxe). Dabei müssen aus Gründen der Textkohärenz (des Textzusammenhangs) die im folgenden Schema doppelt gerahmten Teile hinzugefügt werden, wodurch der Text länger wird:

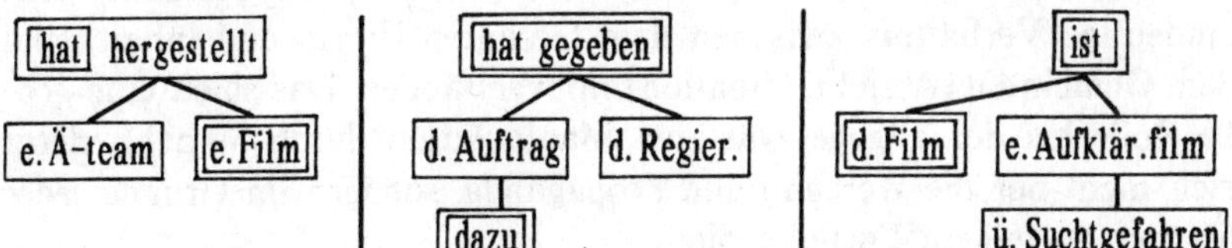

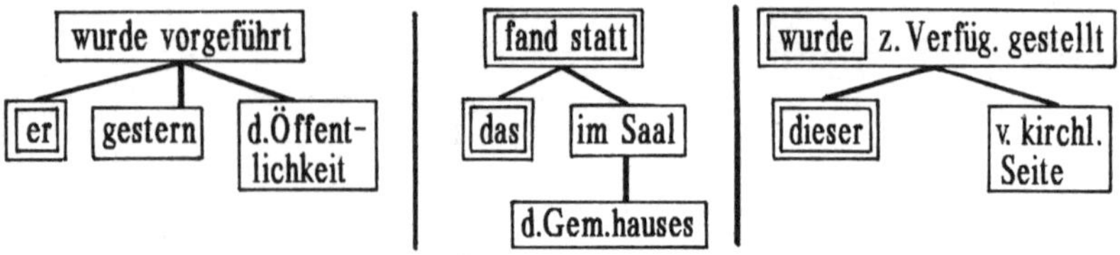

Dieser Textvergleich wirft mehrere Fragen auf:
Welcher Text verständlicher ist, und für wen, hängt sicher vom Bildungsstand der Leser ab und davon, welche Texte sie gewohnt sind.
Wie kann man aber Verständlichkeit untersuchen oder gar messen? Die Komplexität syntaktischer Strukturen zu "berechnen", ist das geringere Problem. Sie ist – unter Zugrundelegung bestimmter grammatischer Theorien – bei Text A etwa 4 mal höher als bei Text B. Ob sie aber exakt den Grad der Verständlichkeit anzeigt, ist zu bezweifeln. Denn diese hängt sicher nicht nur von der syntaktischen Form ab. Wie steht es mit der Wortbildung, der Lexik, dem Thema?
Direkt vergleichen lassen sich eigentlich nur lexikalisch genau gleiche Texte.
Ist schließlich Einfachheit immer ein Vorteil und Komplexität immer ein Nachteil? Im Hinblick auf die Verschiedenheit von Hörer/Leser-Gruppen stellt eine mittlere Komplexität vermutlich das Optimum dar.

Die **Erforschung der Sprachstruktur**, vor allem der Grammatik, kann also durchaus der Lösung praktischer Probleme dienen. Sie ist aber darüberhinaus als Grundlagenforschung für alle sprachlichen Bereiche notwendig, und ihre Theorie stellt selbst ein jahrtausendealtes und bisher keineswegs endgültig gelöstes Problem dar.

Schließlich treten auch in zahlreichen Situationen des Alltags Kommunikationsprobleme auf, im privaten wie im öffentlichen Leben. So wird das **Sprachverhalten** stark von den Kommunikationspartnern beeinflußt, z.B. reagieren viele Menschen **gehemmt oder unsicher** gegenüber Autoritätspersonen oder großen Gruppen.
Bei manchen Äußerungen (Sprachhandlungen) wird das durchaus nicht eindeutige Verhältnis zwischen dem Gesagten (Form und Inhalt) und dem Gemeinten (Absicht, Intention) mißverstanden. Das spielt eine große Rolle bei der allgegenwärtigen **Manipulation** durch Sprache, derer sich nicht nur die Werbung und Propaganda, sondern im Grunde jeder Mensch zu seinem Vorteil bedient.

Hier ein Beispieltext aus der kommerziellen Werbung (aus einer Auto-Zeitschrift; dazu gehören das Bild eines Autos auf nächtlicher Fahrt und eines Autoradios - groß):

> *FASZINIERENDE KLANGDIMENSION*
> *Ihr Lieblingssong. Ohne den Blick von der Straße zu wenden, drehen Sie lauter. Sie summen mit. Die Bässe kommen satt, die Höhen brillant – störungsfreier Empfang, voluminöser Klang von der Cassette.*
> *Blaupunkt Heidelberg SM 21 und Blaupunkt Equalizer-Booster BEB 70: die Kombination für faszinierenden Sound. Voluminös und rein. In 5 Frequenzbereichen dosieren Sie die 4x14/17,5 Watt Sinus/Musik. Klangstark, formschön und sicher. Auch nachts mit dem blendfreien Blaupunkt Nachtdesign. . . .*

Der Text weist Merkmale der Alltagssprache (elliptische Sätze) und zugleich der Fachsprache auf (Fachwörter aus der Elektroindustrie, zum Teil so speziell, daß ein genaues Verständnis wohl gar nicht erwartet wird). Wozu kann diese Kombination dienen?
Über die Fachwörter hinaus ist der Text von unspezifischen Fremdwörtern geprägt, z.B. *faszinierend, Dimension, Song, voluminös, brillant, Kombination, Sound, dosieren, Design.* Wären hier nicht einfachere Wörter angebracht? Zur Beantwortung dieser Frage sollte beachtet werden, daß auch die Wörter *Straße, Bässe, Form, sicher* streng genommen Fremdwörter sind, die nur schon lange "eingedeutscht" sind. Verständischwierigkeiten können also sowohl bei Fach- wie bei Fremdwörtern nicht einfach vorausgesetzt werden.
Wodurch kommt nun die Werbewirksamkeit dieses Textes zustande? Außer den oben erwähnten Merkmalen spielen sicher das Bild, die positiv besetzten Wörter *(faszinierend, Lieblings-, satt, brillant, rein, störungsfrei, voluminös, klangstark, formschön, sicher, blendfrei)* und die dadurch erzeugte Stimmung eine Rolle. Sollte Werbung nicht aber in auffordernden Sätzen sprechen? Hier liegen doch nur Setzungen, Beschreibungen (von Vorgängen) und Behauptungen vor.

In vielen Situationen wird das Gemeinte verschleiert, indem eine indirekte Form gewählt wird. Wenn dies nicht nur aus Höflichkeit geschieht, sondern auf das Unterbewußtsein des Hörers/Lesers zielt, kann vor Manipulation nur eine **Bewußtmachung** schützen. Die Absichten von Reklametexten sind sicher leicht zu durchschauen; ist das aber bei allen Arten von werbenden Texten, z.B. im ideologischen Bereich, der Fall?

Zur Systematik der Linguistik

Die oben gesammelten Sprachprobleme lassen sich ergänzen, in Gruppen ordnen und den Teildisziplinen der Linguistik zuordnen. Eindeutig ist das allerdings nur selten möglich. Meistens handelt es sich um ganze Problembündel, die nur interdisziplinär angegangen werden können. Natürlich ist die folgende Liste nicht vollständig. Sie erwähnt jedoch alle in diesem Lehrbuch behandelten Bereiche.

PRAKTISCHE SPRACHPROBLEME	LINGUISTISCHE DISZIPLINEN
Erforschung der Grammatik natürlicher Sprachen als Grundlagenwissenschaft, Erstellung von Grammatiktheorien Richtiger (normgerechter) Sprachgebrauch Verstehensschwierigkeiten aufgrund von Fremdwörtern, komplexen Sätzen usw.	**"Systemlinguistik" (Sprachstrukturforschung, Grammatik)** Phonologie, Morphologie, Wortbildungslehre, Syntax, Semantik, Textgrammatik
Erfolgreiches Lernen und Lehren von Muttersprache und Fremdsprachen Typische Fehler und Interferenzen beim Fremdsprachenlernen Angemessenes Übersetzen Maschinelle Verarbeitung von Sprache	**Angewandte Linguistik** Sprachdidaktik, Kontrastive, Fehler- und Interferenzlinguistik Übersetzungstheorie Computerlinguistik
Probleme beim Spracherwerb des Kindes und Schulkindes Begriffsentwicklung beim Kinde Bedeutung und Gefahren sprachl. Tests Sprachstörungen	**Psycholinguistik** Pädolinguistik Zusammenhang von Sprache und Denken (Kognition) Patholinguistik
Kommunikationsbarrieren durch jegliche Art von Gruppensprachen Ungleiche Chancen für den Schulerfolg Das Problem der Sprachnorm in soziologischer Sicht	**Soziolinguistik** Dialektologie, Schichten- Fach- und Sondersprachen, ideologische, alters- und geschlechtsspezif. Sprache
Sprachliche Hemmungen in schwierigen Situationen, z.B. in großen Greppen Mißverständnisse durch falsche Einschätzung von Form und Intention Manipulation durch Sprache	**Pragmatik (Pragmalinguistik)** Handlungs- und Texttheorie Sprechakttheorie Sprachwirkungs-Forschung (Propaganda-, Werbesprache)
Verstehen alter Formen und Texte Wie hat sich die Standardsprache (Hoch-, Einheitssprache) entwickelt? Entwicklung der Gegenwartssprache	**Historiolinguistik** Sprachgeschichte Prinzipien des Sprachwandels

Aufgaben (L 3)

3.1 Der folgende Text stammt aus einem Gespräch in einer Hamburger Hafenkneipe. Der Sprecher ist ein Kneipengast, ein Arbeiter aus einer Zementfabrik. – Welche Merkmale kennzeichnen den Text als allgemeine Umgangssprache oder als Sprache der Unterschicht?

> *"Kommt immer drauf an, was für Arbeit du hast. Kommt immer drauf an, wo man beschäftigt ist. Wir sind jetzt im Zement, nicht. Lastwagen abladen, überladen, also volladen, wieder abladen und so, nicht. Mit zwei Mann aufladen, einer fährt die Karre, nicht. Das ist auch 'n Großhandelsbetrieb, nicht. Also man muß da auch – die Wagen, die wollen ja auch im Hafen dann wieder andre Ladung haben, also das muß schon alles bißl flott gehen, nicht. Das muß alles bißl flott gehen, nicht, da kannst du nicht einfach sagen: Hier, nu setz ich mich hin, nicht, und rauch erst mal eine, nicht. Das geht alles dann bißchen hart, nicht. ..."*

3.2 Versuchen Sie eine "Übersetzung" des Textes in 3.1 in die Standardsprache der Mittelschicht (in "gepflegtes Hochdeutsch").

3.3 Welche Dialekte und Soziolekte kennen Sie in ihrem Heimatland?

3.4 Formen Sie folgende Pressemitteilung um:
Das Leben eines bei einem Autounfall am 18. März letzten Jahres schwer verletzten Fußballspielers konnte trotz aller sofort eingesetzten ärztlichen Hilfe nicht mehr gerettet werden.
a) in ein Satzgefüge mit Relativ- und Konjunktionalsatz,
b) in vier kurze Hauptsätze.
c) Versuchen Sie, eine Lösung mittlerer Länge zu finden.

3.5 Übersetzen Sie Reklametexte ihrer Muttersprache (wörtlich oder wirkungsvoll) ins Deutsche. – Welche Satzarten benutzen Sie dabei?

3.6 Suchen Sie je ein Beispiel für alltägliche Äußerungen, wo sich das Gesagte und das Gemeinte unterscheiden –
a) aus Höflichkeit, b) zum Zweck der Überredung.

****

Zur Definition von Sprache (L 4)

Eine der ersten Aufgaben des Wissenschaftlers ist es, seinen Gegenstand zu definieren. Da sich die Wissenschaften – z.B. durch neue Kriterien (Gesichtspunkte) oder durch ein neues Problembewußtsein – weiterentwickeln, kommt es zu immer neuen Definitionen.
Im folgenden wird eine Reihe von Antworten auf die Frage "Was ist Sprache?" angeführt. Sie sollen nicht nur den Begriff selbst, sondern auch die wissenschaftliche Methode des Definierens erklären helfen:

Definitionen des Begriffs "Sprache"		
I	1	Die Sprache ist ein Werkzeug des Denkens und Handelns.
	2	Die Sprache ist die unmittelbare Wirklichkeit des Gedankens. (Marx)
II	3	Die Sprache ist die Gemeinsamkeit der Äußerungen, die in einer Sprachgemeinschaft gemacht werden können.
	4	Die Sprache ist eine Menge von Gewohnheiten. (Bloomfield)
	5	Die Sprache ist eine Menge von Sätzen endlicher Länge aus einer endlichen Menge von Elementen. (Chomsky)
III	6	Die Sprache ist das primäre System von Zeichen.
	7	Die Sprache ist ein konventionelles System von Zeichen.
	8	Die Sprache ist ein System von Regeln.
	9	Die Sprache ist ein Primärkode aus Zeichenvorrat und Kombinationsregeln.
IV	10	Die Sprache ist ein Mittel der Verständigung.
	11	Die Sprache ist das wichtigste Kommunikationsmittel.
V	12	Die Sprache ist eine Form sozialen Handelns.
	13	Die Sprache ist das grundlegende Mittel der Handlungssteuerung.
VI	14	Die Sprache ist sowohl Struktursystem als auch geregelte Handlungsform.
	15	Die Sprache ist symbolische Interaktion.

Die Definitionen sind **inhaltlich** je nach ihren Kriterien in 6 Gruppen geordnet:
Die Gruppen I und IV betonen den **funktionalen** Aspekt, der die Sprache als ein "Werkzeug" dem Denken (psychologisch) bzw. der Verständigung (kommunikativ) unter- oder zuordnet.
Die Gruppen II und III gehen von den **Teilen des Ganzen** (den Elementen, Bestandteilen) aus – mengentheoretisch. Dabei zeigt II ein additives Vorgehen, das der **behavioristischen** Methode entspricht, während Gruppe III den Systemcharakter der Sprache hervorhebt, was der **strukturalistischen** Methode eigen ist.
Gruppe V zeigt eine Neuorientierung auf den Handlungsbegriff, sozusagen eine Weiterentwicklung von IV unter **intentionalem** Aspekt.
Gruppe VI schließlich versucht, die Aussagen von III und IV/V zu **resümieren.**
Dabei erscheinen vom heutigen Standpunkt aus I und II als zu eng oder zu speziell. Auch III bis V bleiben noch einseitig. Die Definitionen in VI scheinen der komplexen Erscheinung "Sprache" am ehesten gerecht zu werden.

Methodisch-formal ergeben sich 2 Hauptunterschiede (mit 4 Kriterien):

a) zwischen Definitionen, die mehr von der **Form** («Wie ist X?») oder mehr von der **Funktion** («Wozu dient X?») eines Gegenstandes ausgehen, und
b) zwischen Definitionen, die den Gegenstand als **Summe seiner Teile** auffassen («Woraus besteht X?»), und solchen, die ihn einem **Oberbegriff** unterordnen («Wozu gehört X?»).

Natürlich kann man versuchen, alle Gesichtspunkte in einer Definition zusammenzufassen. Dies würde jedoch recht unübersichtlich werden. Man muß sich auch darüber klar werden, wozu eine Definition jeweils dienen soll, d.h. ob Vollständigkeit für den jeweiligen Zweck überhaupt verlangt wird.
Schließlich bringt jede neue übergreifende Wissenschaftsmethode oder -theorie (wie z.B. der Behaviorismus und der Strukturalismus) auch neue Definitionen mit sich. Ein Linguist wird die Bemühungen der Vergangenheit berücksichtigen, aber die letzte Definition von Sprache ist sicher noch nicht gegeben.
Übrigens kann vieles in diesem Abschnitt vollständig wohl erst im Laufe des Lehrgangs erklärt werden.

Sprachsystem und Sprachverwendung

Unterschiedliche Defintionen eines Gegenstandes beruhen oft darauf, daß der entsprechende Begriff verschiedene Teilbedeutungen hat, wenn sie auch miteinander im Zusammenhang stehen.
Deshalb war es ein besonderes Verdienst von Ferdinand de SAUSSURE (1857–1913), dem Begründer des Strukturalismus und damit der modernen Linguistik, daß er zwischen den verschiedenen Bedeutungen des Begriffs "Sprache" unterschied. Dabei kam ihm die französische Sprache mit ihren drei Begriffen für *Sprache* entgegen:

langage – allgemeine menschliche **Sprachfähigkeit**,
langue – nationale **Einzelsprache**,
parole – konkrete **Sprachverwendung**, Rede

Die beiden letzteren Begriffe – *langue* und *parole* – gelten als eine der berühmten von SAUSSURE aufgestellten Dichotomien (Paare gegensätzlicher Begriffe), die eine große Rolle bei der Diskussion darüber gespielt haben, welches der Gegenstand der Linguistik sein solle.
Später wurde für die *langue* der Deutlichkeit halber **Sprachsystem** oder **Sprachstruktur** gesetzt, für die *parole* auch **Performanz** (Vollzug konkreter sprachlicher Äußerungen). Als Gegensatz zu Performanz wiederum wurde damals auch der Begriff **Kompetenz** eingeführt (Fähigkeit zur richtigen, d.h. angemessenen Sprachverwendung, zum richtigen sprachlichen Handeln). Er bezog sich zunächst nur auf die Beherrschung der *langue*, dann aber auch auf die gesamte Sprachfähigkeit und konkrete Äußerungen (also auch auf *langage* und *parole/Performanz*). – Einige "Überexakte" kreierten sogar den Begriff *Performanzkompetenz*. Man kann darunter die Fähigkeit (Kompetenz) zum Vollzug konkreter Äußerungen (Performanz) verstehen, also genau das, was heute unter *Kompetenz* verstanden wird. Insofern ist jener Begriff heute überflüssig.

Diese Bedeutungserweiterung des Kompetenzbegriffs verlief parallel zur Ausweitung des Wissenschaftsgegenstandes. Während SAUSSURE diesen einzig und allein im Sprachsystem sah, beschäftigt sich die Linguistik heute mit allem, was überhaupt mit sprachlichen Problemen zu tun hat, bis hin zu interdisziplinären Projekten.
Eine Anregung: Diskutieren Sie die Vor- und Nachteile eines eng und eines weit gefaßten Wissenschaftsgegenstandes, etwa am Beispiel der Literatur(wissenschaft). – Denken Sie dabei an Schlagworte wie "Fachidiotie" und "Dilettantismus".

Aufgaben (L 4)

4.1 Formulieren Sie 3 Definitionen von *Sprache*:
a) eine pragmatische, b) eine semiotische, c) eine zusammenfassende.

4.2 Bestimmen Sie folgende Definitionen nach den 4 methodischen Kriterien: Form / Bestandteile / Funktion / Oberbegriff. – Evtl. treten Mischformen auf. – Welcher der Sätze ist gar keine Definition?

a) *Die UNO ist eine Organisation zur Friedenssicherung.*
b) *Die UNO hat über 30 Gremien und Unterorganisationen.*
c) *Ein Oktaeder ist ein "Achtflächner".*
d) *Dinkel ist eine alte Weizenart.*
e) *Dinkel wird kaum noch angebaut.*
f) *Ein Hungerstreik ist eine Nahrungsverweigerung mit dem Ziel, auf gesellschaftspolitische Probleme hinzuweisen.*
g) *Die Astronomie ist eine Naturwissenschaft.*

4.3 Ordnen Sie auch die 15 Sprachdefinitionen oben diesen Kriterien zu.

4.4 Übersetzen Sie Sprachdefinitionen aus ihrer Muttersprache ins Deutsche und bestimmen Sie den Definitionstyp.

4.5 Ordnen Sie die 4 Teile der folgenden resümierenden *Satz*-Definition den bekannten 4 Definitionskriterien zu:
"Der Satz ist eine regelhaft gestaltete sprachliche Einheit aus Subjekt und Prädikat und dient zum Ausdruck eines Gedankens."

4.6 Definieren Sie die Begriffe "Tisch" und "Parlament" nach allen methodischen Kriterien.

4.7 Ordnen Sie die folgenden 3 Aussagen den entsprechenden Sprachbegriffen SAUSSURES – *langue, parole, langage* – zu:

a) *"Das Baby spricht schon erstaunlich gut."*
b) *"Nina spricht leider nur Russisch."*
c) *"Hier spricht die BBC."*

****

Bei den Sprachdefinitionen wurde deutlich, daß Sprache vor allem unter zwei Hauptaspekten gesehen werden muß: unter funktionalem Aspekt als Kommunikationsmittel und unter formalem Aspekt als Zeichensystem. Damit kann die Linguistik als Hauptgebiet sowohl der **Kommunikationswissenschaft** als auch der **Semiotik** (Zeichentheorie) gesehen werden. Um das zu verdeutlichen, werden im folgenden der sprachliche Kommunikationsprozeß anhand eines einfachen Modells erarbeitet und – in (L 6) – einige zeichentheoretische Entwürfe behandelt.

Kommunikation ist Verständigung durch Informationsvermittlung. Ihre Prozesse sind so alltäglich, daß uns deren Kompliziertheit erst bewußt wird, wenn Verständigungsprobleme auftauchen. Um solche verstehen und lösen zu können, ist es notwendig, sich grundsätzlich über die Elemente des Kommunikationsprozesses und die Faktoren, die ihn beeinflussen, klarzuwerden.
Dazu kann – wie bei anderen komplexen Phänomenen – ein **Modell** dienen. Modelle sind schematische Darstellungen komplizierter Objekte oder Vorgänge. Sie vereinfachen und beschränken sich auf das Wesentliche. Wir benutzen täglich einfache Modelle – vom Busfahrplan bis zur Gebrauchsanweisung.

Wie kann nun ein Kommunikationsprozeß als Modell dargestellt werden? Dazu gehen wir von einem einfachen Dialog als Beispiel aus:

Studentin:	*"Hier! Ich war beim Prüfungsamt. Du wolltest doch die neue LPO."*
Student:	*Danke. – Mensch, du bist ja wie 'ne Mutter zu mir."*

Die 4 Elemente dieses Dialogs – 2 Personen und ihre Äußerungen – ergeben als Prozeß zunächst folgendes Schema, wobei die Terminologie zum Teil aus der Nachrichtentechnik stammt:

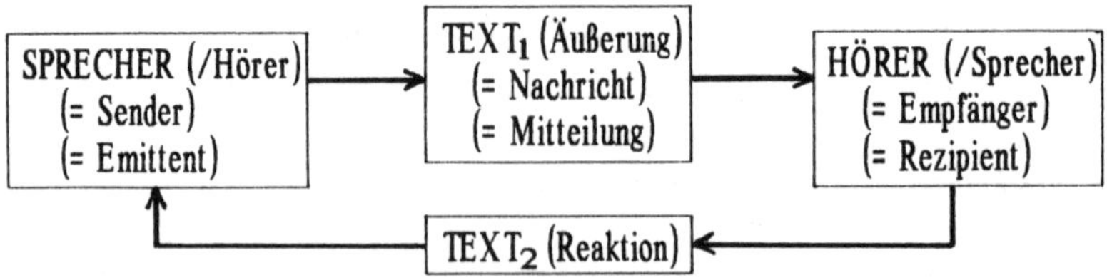

Doch dieses simple Modell gibt nur einen ganz oberflächlichen Eindruck wieder. Die Funktionsweise von Kommunikationsprozessen ist weitaus komplizierter.

Die Kommunikation beginnt mit der **Intention** (Absicht) des **Sprechers**, dem Hörer etwas mitzuteilen, z.B. ihn etwas zu fragen, ihm etwas zu befehlen oder dgl., wir sagen: einen **Sprechakt** (eine Sprechhandlung) zu vollziehen, um eine bestimmte Reaktion beim Hörer zu erreichen, und sei es nur das Zur-Kenntnis–Nehmen und Verstehen. Bei der Intention (im weiteren Sinne) können wir das **Motiv** (warum etwas gesagt wird), das **Thema** (worüber gesprochen wird) und die **Form** (wie es gesagt wird) unterscheiden.

> So äußert die Studentin das Wort *hier* und zwei Aussagesätze (Form) über ihre Abwesenheit und seinen früheren Wunsch (Thema), was unschwer als **Aufforderung** zur Kenntnisnahme (*hier* = Hinweis auf die LPO, die Lehrerprüfungsordnung), als **Erklärung**, woher die LPO stammt, und als **Begründung** für ihre Handlungsweise (vgl. das Wort *doch*) verstanden werden kann. Also liegen 3 Motive vor, wobei Aufforderung und Begründung in diesem Beispiel redundant (überflüssig) scheinen. Solche Redundanzen finden sich aber auf allen Ebenen der Kommunikation in Fülle. Sie helfen, die Verständigung zu sichern – "Doppelt hält besser". Ob man hier nun 3 Sprechakte ansetzt und sie etwa in 1 "Kommunikationsakt" zusammenfaßt, ist Definitionssache.

Das Sprechen/Schreiben selbst geschieht mehr oder weniger bewußt nach **grammatischen Regeln** auf verschiedenen Stufen (vgl. die folgenden Kapitel). Das Sprechen wird von **paralinguistischen Erscheinungen** wie Gestik und Mimik begleitet. Dieser ganze Vorgang heißt **(En-)Kodierung**.

> Die Sprecherin benutzt das entsprechende Vokabular, Tempus, Wortstellung, Aussprache, Intonation usw.

Anschließend wird der **Text** durch ein physikalisches **Medium übertragen**, entweder direkt oder mit technischen Hilfsmitteln. Dabei können diverse **Störungen** auftreten und die Kommunikation beeinträchtigen, z.B. laute Nebengeräusche (technisch: "Rauschen").

Der Hörer **dekodiert** den Text, um die Intention des Sprechers zu verstehen. Dieser Vorgang darf jedoch nicht als direkte spiegelbildliche Umkehrung der Sprecherseite verstanden werden. (Auch die oft gebrauchte Formulierung, der Sprecher äußere eine Vorstellung V mit dem Ziel, eine möglichst identische Vorstellung V' beim Hörer zu erzeugen, erfaßt noch nicht das Wesentliche des Kommunikations-Aktes.)

Der Hörer kann übrigens auch Informationen aus dem Verhalten des

Sprechers entnehmen, die dieser gar nicht intendiert hat, etwa Verlegenheit wahrnehmen.

Mit der **Reaktion** des Hörers beginnt, streng genommen, ein neuer Kommunikations-Akt, bei dem die Rollen vertauscht sind.

Der Sprechakt des Studenten kann als **Danken** identifiziert werden und, wenn der Vergleich *wie 'ne Mutter* eine positive Bedeutung (Liebe, Fürsorge) impliziert, auch als **Lob.**

Sowohl das Hören des eigenen Sprechens wie die Beobachtung der Reaktion stellen eine Art **Rückkopplung** für die Kontrolle des Sprechers dar.

Das Kommunikationsmodell sieht nun folgendermaßen aus:

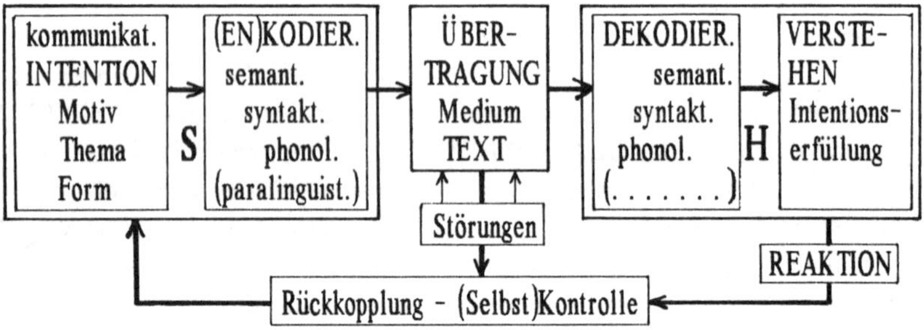

Bei der Kodierung und Dekodierung ist aber noch zu berücksichtigen, daß zwischen den **Kodes** (Bedeutungen und grammatische Regeln) der Partner je nach Herkunft, Alter usw. Unterschiede bestehen, die die Verständigung beeinflussen.

So kann die Kenntnis der Abkürzung *LPO* nur bei einem relativ kleinen Teil der Sprachgemeinschaft vorausgesetzt werden.

Ebenso können auch die **Konnotationen** (emotionale und wertende Nebenbedeutungen der Begriffe) abweichen.

Z.B. könnte das Wort *Mutter* auch die Assoziation aufdringlicher Bevormundung erwecken, wodurch der Sprechakt des Lobens in die Nähe von Kritik verschoben werden würde.

Schließlich spielen bei der Produktion und Einschätzung sprachlicher Handlungen ganz allgemein **soziale Erfahrungen und Normen** eine Rolle.

So können die Anrede *du* und burschikose Ausrufe wie *"Mensch!"* nicht in beliebigen Situationen verwendet werden (wenn sich auch in den letzten Jahrzehnten eine allgemeine Lockerung verkrusteter Verhaltensnormen abzeichnet).

Bisher ist der Kommunikationsprozeß auf die Personen und ihre Äußerungen beschränkt geblieben. Er wird aber darüberhinaus von der gesamten **Situation** beeinflußt, zunächst im engeren Sinne des "Wo? Wann? Mit Wem? Unter welchen Bedingungen?", darüberhinaus aber auch von vielen weiteren Faktoren der **außersprachlichen Wirklichkeit.**

Der knappe Redestil der Studentin könnte z.B. auf Zeitmangel oder Abgespanntheit zurückzuführen sein; seine Antwort wiederum auf die aktuelle Wichtigkeit und Dringlichkeit hindeuten, gerade jetzt das Dokument zu erhalten; usw.

So ergibt sich ein detailliertes Kommunikationsmodell. Es ist nur eines von sehr vielen möglichen Modellen, die im Laufe der Zeit vorgeschlagen worden sind, von sehr einfachen bis hin zu solchen mit Hunderten von von Faktoren.

KOMMUNIKATIONSMODELL

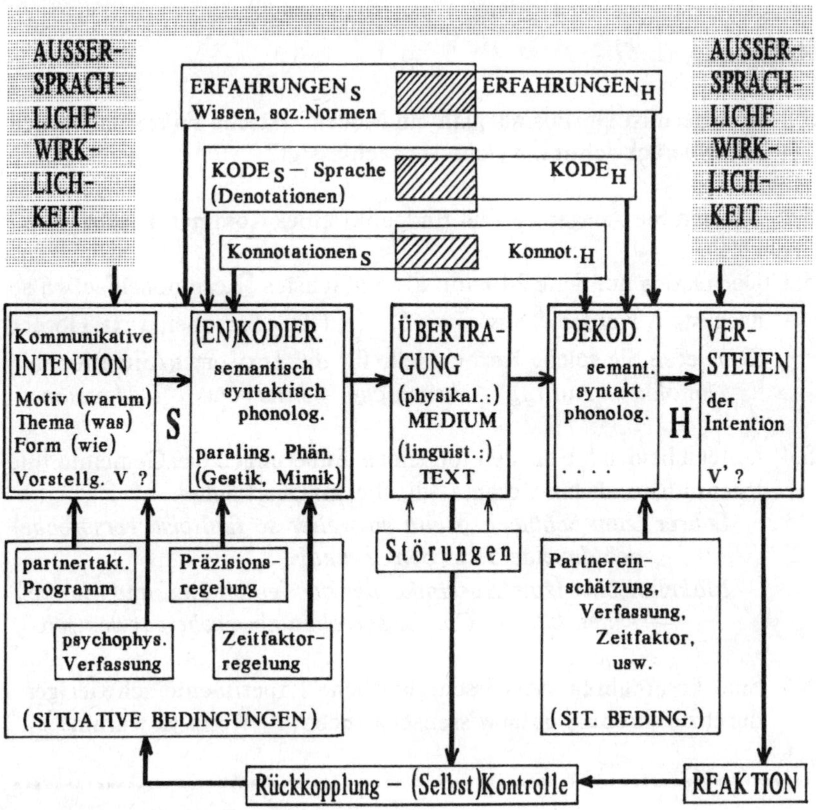

Oben wurde gesagt, daß Modelle vereinfachen und sich auf das Wesentliche beschränken, daß sie also **abstrahieren.** Obwohl manche Kommunikationsmodelle sehr detailliert sind, enthalten sie doch immer nur einen Bruchteil der zahllosen Elemente, die zu einer realen Situation gehören. Die übrigen sind aber für die Verständigung in den meisten Fällen so belanglos wie etwa die Haarfarbe der Kommunikationspartner.
Modelle dienen auch der **Anordnung wissenschaftlicher Versuche.** Um z.B. die Hypothese zu beweisen, daß das Alter eines Sprechers Einfluß auf seine Sprachproduktion hat, müßte eine Versuchsreihe so arrangiert werden, daß Sprecher verschiedenen Alters in genau der gleichen Situation beobachtet werden, bei der also alle übrigen Einflüsse möglichst konstant gehalten werden. Die Schwierigkeiten solcher "Versuche" liegen auf der Hand.

Aufgaben ***(L 5)***

5.1 Inwiefern ist ein Busfahrplan ein Modell? Welche Faktoren werden dabei berücksichtigt, welche vernachlässigt?

5.2 Nennen Sie Ausgangs- und Endpunkt eines Kommunik.-prozesses.

5.3 Der Dialog auf Seite 24 kann als einfachstes "Kernmodell" etwa so dargestellt werden: $S \rightleftharpoons T \rightleftharpoons H$ (S,T,H = Sprecher, Text, Hörer). Skizzieren Sie solche Kernmodelle für die Textsorten/Situationen:
Monolog – Auftrag – Ansprache – Interview – Diskussion

5.4 Unterscheiden Sie bei den folgenden Äußerungen das Gemeinte (die Intention) und das Gesagte (die Form/Oberfläche):
Lehrer (zum Schüler): "Wenn du weiter so faul bist, verspreche ich dir eine 5 auf dem Zeugnis."
Einheimischer (zum Ausländer, der nur "guten Tag" und "danke" sagen kann): "Oh, Sie sprechen aber sehr gut deutsch."

5.5 Sind kommunikationswissenschaftliche Experimente schwieriger durchzuführen als naturwissenschaftliche? – Wenn ja, warum?

****

Sprache und Semiotik (L 6)

Sprachliche Elemente – z.B. Wörter – sind **Zeichen.** Das ist eine alte Erkenntnis. SAUSSURE hat nicht nur definiert, daß die Sprache ein **Zeichensystem** ist, sondern auch die **Struktur** des sprachlichen Zeichens verdeutlicht, indem er zwei Beziehungen unterschied:

1. zwischen Zeichen und Objekt:

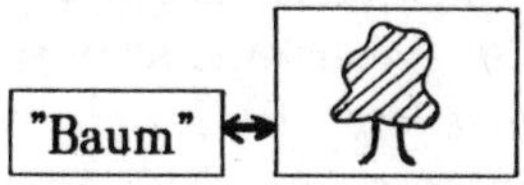

2. zwischen Zeichenkörper und (Zeichen-)Bedeutung:

baum (phonetisch)
↕
BAUM (Bedeutung)

SAUSSURE benutzte dafür natürlich französische Termini:

signe (Zeichen) — *signifiant* (Bezeichnendes) ↕ *signifié* (Bezeichnetes) ⟷ *chose* (Sache)

In der deutschen wissenschaftlichen Terminologie finden sich auch:

für signifiant:	*Lautkörper,*	*Form,*	*Name,*	*Ausdruck;*
für signifié:	*Bedeutung,*	*Begriff,*	*Sinn,*	*Inhalt.*

Der Sprachtheoretiker K. BÜHLER fügte (1934) der isolierten Beziehung zwischen Zeichen und Objekt noch die Beziehungen zum "Sender" und "Empfänger" hinzu, da es ihm besonders auf die **Funktionen der Sprache** ankam. Er veranschaulichte das in dem nebenstehenden Modell und sprach von den "semantischen Funktionen":

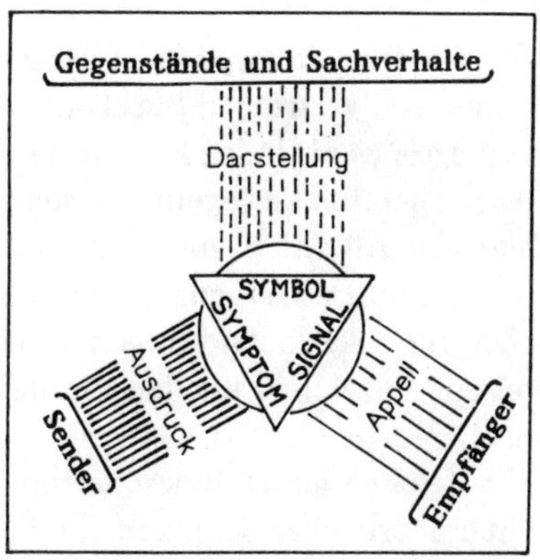

Ausdruck (das Zeichen als Symptom), **Darstellung** (das Zeichen als Symbol) und **Appell** (das Zeichen als Signal).

Dabei wird die für SAUSSURE wichtige Beziehung innerhalb des Zeichens zwar durch die Symbolfunktion (Darstellung) berücksichtigt, aber nicht gesondert dargestellt.

Neben der Sprache gibt es viele andere Zeichensysteme, z.B. Verkehrszeichen, Markenzeichen, Piktogramme, Hinweisschilder usw. Dabei lassen sich drei **Zeichenklassen** unterscheiden:

1. **Icone**. Sie haben eine **abbildende** Funktion und deshalb eine gewisse Ähnlichkeit mit ihren Objekten; z.B. Bilder, Modelle, Piktogramme (s. unten), aber auch Metaphern, Vergleiche ("blutrot"), onomatopoetische (lautnachahmende) Wörter.
2. **Indices**. Sie haben eine **anzeigende** Funktion, sie verweisen auf etwas Individuelles; z.B. Gesten, Wegweiser, Verkehrsschilder (s. unten), Eigennamen.
3. **Symbole**. Sie haben eine rein **bezeichnende** Funktion, einen allgemeinen Sinn ohne Ähnlichkeit mit dem Objekt; z.B. viele Warenzeichen, Formeln ("H_2SO_4"), Ideogramme (s. unten), Musiknoten und natürlich die meisten Wörter.

Übrigens können die Funktionen auch übergreifen, z.B. können Icone und Symbole als Indices dienen bzw. in ihnen enthalten sein (s. unten).

"Sprint" (Icon)

"Parkverbot" (Index)

"weiblich" (Symbol)

"Fußgängerüberweg" (Index mit Icon)

"Durchfahrtshöhe: 3 m" (Index mit Symbolen)

Oft werden die Begriffe **Zeichen** und **Anzeichen** verwechselt. *Zeichen* stehen stellvertretend für etwas. *Anzeichen* dagegen weisen auf eine Ursache, sei es als Indiz, Erklärung oder als Symptom. So kann Erröten ein Anzeichen für Verlegenheit, Gelbsucht ein Symptom für eine Leberkrankheit sein. Allerdings nimmt der alltägliche Sprachgebrauch diesen Unterschied nicht allzu genau, und man sagt/hört oft, Schwindel sei ein Zeichen für Kreislaufstörungen. Falsch jedoch wäre es zu sagen, die Taube sei ein Anzeichen für den Frieden.

Mit Zeichen generell beschäftigt sich eine eigene Wissenschaft, die **Zeichentheorie** oder **Semiotik**. Ihr Begründer war der amerikanische Philosoph Ch. S. PEIRCE (1839-1914). Die größte Wirkung unter den Semiotikern aber hatte sein Landsmann Ch. W. MORRIS. Er definierte (1938) die **Semiose** (= Zeichenprozeß) als den Prozeß, in dem etwas als Zeichen fungiert, und die Disziplinen der Semiotik:

Syntaktik = Untersuchung der (formalen) Relation zwischen Zeichen untereinander; sie ist der am besten entwickelte Zweig der Semiotik, da sie am leichtesten und exaktesten zu behandeln ist (vgl. in der Linguistik die "syntagmatischen" und "paradigmatischen" Beziehungen auf allen Ebenen der Sprachstruktur, also nicht nur auf der Ebene der "Syntax").

Semantik = Untersuchung der Relation zwischen Zeichen und Gegenständen/Designaten; MORRIS unterscheidet hier nicht klar zwischen Objekt und Zeichenbedeutung.

Pragmatik = Untersuchung der Relation zwischen Zeichen und ihren Interpreten/Benutzern; sie betrifft alle "lebensbezogenen", d.h. psychologischen, soziologischen und biologischen Aspekte der Semiose.

Noch deutlicher erläutert G. KLAUS (zuerst 1962) den Zeichenbegriff und die semiotischen Relationen anhand zweier hier zusammengefaßter Schemata:

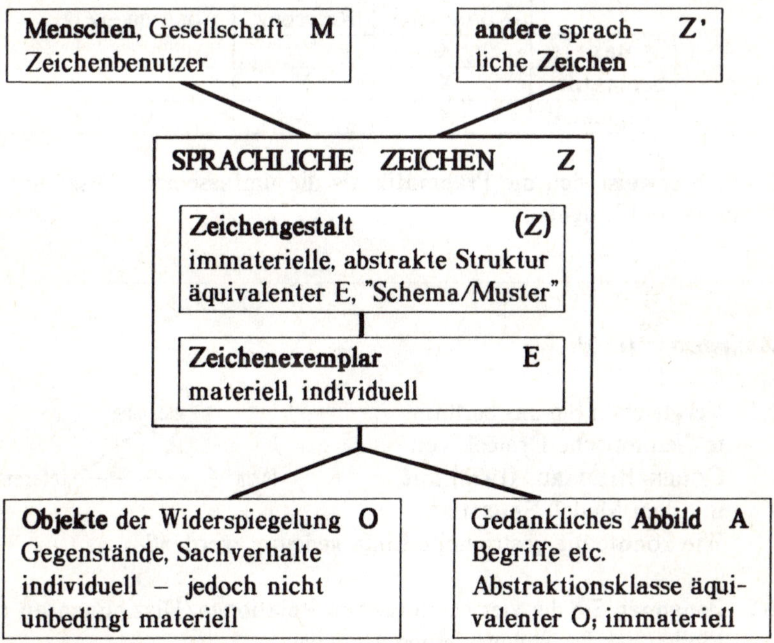

Hier wird übrigens auch die materialistische Widerspiegelungstheorie angedeutet, die also nicht von einer direkten Abbildung des Objektes durch das sprachliche Zeichen ausgeht, ebensowenig aber von einer "sprachlichen Zwischenwelt" mancher idealistischer Vorstellungen, die etwa eine Erkenntnis unabhängig von der Sprache leugnen müßten. – Ferner unterscheidet Klaus zwischen der semantischen und der sigmatischen Relation des Zeichens, was bei Morris noch zusammenfiel.

Die obigen Schemata können den Eindruck erwecken, als handle es sich um ganz unabhängige Relationen, die in den entsprechenden Disziplinen auch unabhängig voneinander untersucht werden könnten. Die Kritik daran hat zu weiteren Zuordnungen geführt, etwa in einer "kommunikativen Grammatik" über 3 Ebenen der "Anweisung" von S an H; vgl. auch das anschließende Schema nach W. Kallmeyer u.a. (1974):

Konnexion – Anweisung, Zeichen aufeinander zu beziehen,
Referenz – Anweisung, Zeichen auf ein Wirklichkeitsmodell zu beziehen,
Konsequenz – Anweisung, bestimmte Anschlußhandlungen auszuführen.

	Konnexion	Referenz	Konsequenz
Syntax	X		
Semantik	X	X	
Pragmatik	X	X	X

Danach erweist sich die Pragmatik als die umfassendste Disziplin der Semiotik und Linguistik.

Aufgaben (L 6)

6.1 Vergleichen Sie das berühmte "semiotische Dreieck" von Ogden/Richards (1923) mit mit dem Modell Saussures.

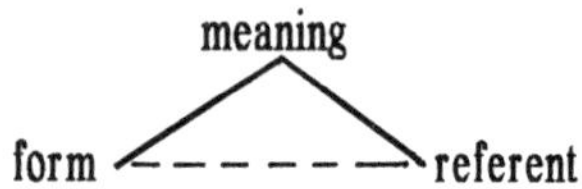

Wie könnte die gestrichelte Linie gedeutet werden?

6.2 Benennen Sie die vier semiotischen Relationen/Disziplinen an den Pfeilen der folgenden kleinen Modelle:

Z_1 ←———→ Z_2 Z ←———→ Objekt
Z.form ←———→ Z.bedeutung Z ←———→ Benutzer

6.3 Worin besteht der Unterschied zwischen Iconen und Symbolen?

6.4 Ordnen Sie folgende 6 Zeichen den 3 Zeichenklassen zu (evtl. gibt es mehrfache Zuordnungen):

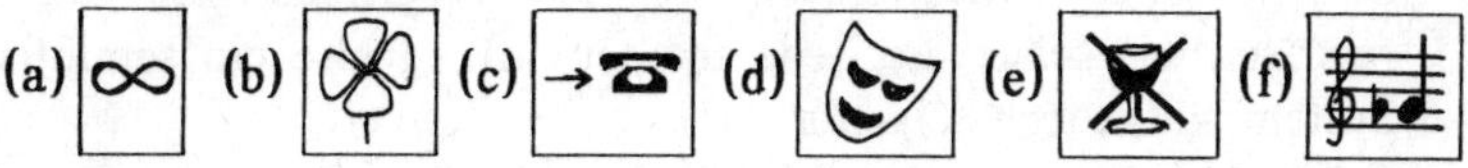

(a) *"unendlich" (mathemat.)*	(d) *darstellende Künste,*
(b) *4blättr. Kleeblatt = "Glück"*	(e) *Alkohol verboten (im Zug)*
(c) *zum Telefon nach rechts*	(f) *Note für den Ton "ges"*

6.5 Erfinden Sie möglichst einfache Piktogramme (also iconisch) für folgende Bedeutungen:

Auge	*Frau*	*Baum*	*Krieg*	*laufen*	*groß*
Reis	*Mann*	*Wald*	*Frieden*	*fahren*	*einsam*
Regen	*Paar*			*fliegen*	*vergessen*

6.6 Vor etwa 5000 Jahren wurde die sumerische Bilderschrift erfunden, aus der sich die assyrische Keilschrift entwickelte. Welcher Wandel der Zeichenklasse wurde dabei vollzogen?

"Stern":
"Hand":
"Fisch":

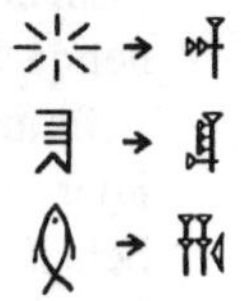

6.7 Derselbe Wandel läßt sich bei den chinesischen Schriftzeichen beobachten, vgl.: 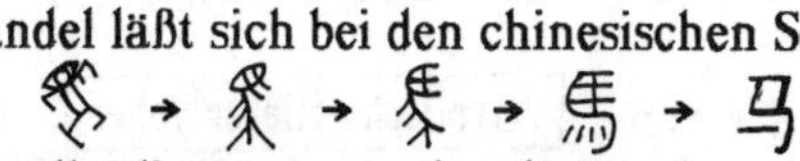 – *mǎ "Pferd"*
Heute lassen allerdings nur noch sehr wenige eine bildliche Bedeutung erkennen. Versuchen Sie, die folgenden zu "deuten":
a) 木 b) 林 c) 伞 d) 口 e) 門 f) 山

6.8 Wo liegt ein Zeichen, wo ein Anzeichen vor? – Begründen Sie Ihre Entscheidung.
a) *Als es zweimal klingelte, wußte er, daß sie da war.*
b) *Man flaggte halbmast. War wieder ein großes Tier gestorben?*
c) *Die Haut des Kindes war gerötet. Man vermutete Scharlach.*
d) *Wenn Großvater seine Pfeife stopfte, wußten sie, daß er eine seiner langen Geschichten erzählen würde.*
e) *"Der Herr grüßt, indem er den Hut vom Kopf nimmt."*

6.9 Was für Zeichen sind Buchstaben? – (Vorbereitung auf Kapitel 3)

6.10 Ein kurzer Exkurs zur **Schrift** – als Anregung:

Bisher war viel von *sprachlichen Zeichen* und *Wörtern* die Rede, ohne zu unterscheiden, ob sie gesprochen oder geschrieben vorliegen. Die Schrift ist aber nicht nur ein beliebiges anderes Medium neben dem Sprechen, sondern sekundär (und vergleichsweise jung) und repräsentiert selber die Rede zeichenhaft, ist also ein semiotisches System sui generis (eigener Art).

Entwickelt hat sie sich aus bildhaften Zeichen, **Piktogrammen** (iconisch), die mit der Zeit immer stärker stilisiert und abstrahiert wurden, bis sie kaum noch irgendeine Ähnlichkeit mit den Objekten aufwiesen und nur noch allgemeinen Begriffen oder Vorstellungen entsprachen, sogenannten **Ideogrammen** (symbolisch), vgl. 6.6, 6.7. Wenn diese nicht nur für Begriffe und Ideen standen, sondern für Wörter, spricht man von **Logogrammen.**

All diese Systeme benötigen sehr viele Zeichen, wie z.B. die altägyptischen Hieroglyphen und die chinesischen Schriftzeichen beweisen. Ökonomischer als solche "Wortschriften" sind schon **syllabische** ("Silben-") Schriften wie – z.T. – die japanische. Aber der entscheidende Schritt in dieser Richtung war die (semitisch-phönizische) Erfindung der Buchstabenschrift

Hier der Stammbaum der wichtigsten **alphabetischen** (=Buchstaben-) Schriften. Versuchen Sie, mit Hilfe von Lexika, Zeitungen, Sprachbüchern u. dgl. einige davon kennenzulernen.

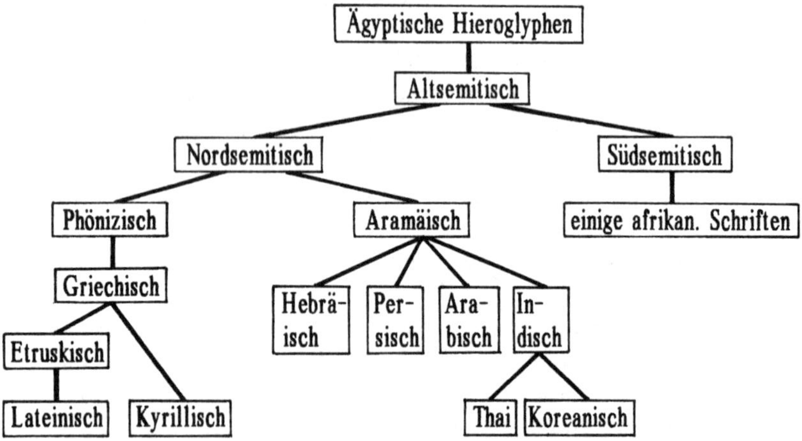

****

KAPITEL 3: PHONOLOGIE

(L 7)

Wir haben die Sprache als Kommunikationsmittel und als Zeichensystem charakterisiert. Nun gilt es, ihre Struktur zu ermitteln.

Die Sprache begegnet uns konkret in mündlichen oder schriftlichen **Äußerungen** ganz verschiedener Größe, die wir **Texte** nennen. Die erste Aufgabe besteht in der Analyse der Grundbestandteile, also darin, Texte zu **segmentieren** (in kleinere Einheiten zu zerlegen). Unsere vorwissenschaftliche Kenntnis betrifft vielleicht nur solche Einheiten, die graphisch bzw. akustisch kenntlich gemacht werden, wie *Text, Absatz, Satz, Wort, Silbe, Buchstabe/Laut*.

Die wissenschaftliche Untersuchung der Sprachstruktur hat eine genauere Liste von Einheiten ergeben, denen man grammatische Bereiche zuordnen kann (wie im Schema rechts).

<table>
<tr><td>Text</td><td colspan="2" rowspan="2">Textgrammatik</td></tr>
<tr><td>Absatz</td></tr>
<tr><td>Satz</td><td colspan="2" rowspan="2">Syntax</td></tr>
<tr><td>Satzglied</td></tr>
<tr><td>Wort</td><td colspan="2" rowspan="2">Morphologie</td></tr>
<tr><td>Morphem</td></tr>
<tr><td>Phonem</td><td>Phonemik</td><td rowspan="2">Phonologie</td></tr>
<tr><td>Laut</td><td>Phonetik</td></tr>
</table>

Bei der Beschreibung kann das Vorgehen deszendent (von größeren zu kleineren Einheiten "herabsteigend") oder umgekehrt aszendent sein. – Hier wird aus didaktischen Gründen der zweite Weg gewählt.

Phonetik

Die Phonetik ist eine **Naturwissenschaft** auf der Grundlage von Anatomie, Physiologie, Physik (Akustik) und Mathematik.

Ihre **Aufgabe** ist die materielle Analyse sprachlicher Äußerungen bzw. Laute als eine der Grundlagen

a) der theoretischen Linguistik und Dialektologie und
b) für die Lösung praktischer Probleme in der Patholinguistik, Sprachdidaktik und Computerlinguistik.

Aus dem jeweiligen Ort im Kommunikationsprozeß (Sprecher – Text –

Hörer) ergeben sich **3 Teilgebiete** der Phonetik mit verschiedenen Aufgaben:

1) Die **artikulatorische Phonetik** beschreibt die Produktion der Laute, und zwar nach Artikulationsart und -ort.
2) Die **akustische Phonetik** beschreibt die Laute nach ihren physikalischen Eigenschaften: Dauer, Frequenz, Intensität. Sie erstellt z.B. nach dem *Visible-Speech-Verfahren* mit Hilfe des Sonagraphen *Sonagramme*, ist also von aufwendigen technischen Hilfsmitteln abhängig.
3) Die **auditive Phonetik** untersucht die Rezeption und Analyse sprachlicher Zeichen durch Ohr, Nervenbahnen und Gehirn.

Wir gehen hier nur auf die artikulatorische Phonetik ein.

Die Segmentierung von Äußerungen ergibt ein **Lautinventar**, eine Liste der Laute einer Sprache. Je genauer die Untersuchung dabei ist, je feiner die unterschiedenen Nuancen, desto länger wird diese Liste, z.B. können Laute wie "k" oder "a" in verschiedenen lautlichen Umgebungen und von verschiedenen Sprechern geäußert fast beliebig viele meßbar verschiedene Varianten ergeben. Wir beschränken uns hier auf eine recht grobe Liste, die als Grundlage für den nächsten Schritt, die Ermittlung von Phonemen (Lautmustern), dienen kann.
Ein weiteres Problem besteht in der Transkription der ermittelten Laute. Da die orthographische Schreibung in den Einzelsprachen nicht streng phonetisch ist, sondern aus historischen und praktischen Gründen verschieden und inkonsequent, muß man sich einer internationalen **Lautschrift** bedienen, z.B. der der IPA (International Phonetic Association).

Liste der deutschen Laute und ihrer Schreibungen		
KURZVOKALE	LANGVOKALE	DIPHTHONGE
a *was*	ɑ: *Rat, Hahn, Aal*	aɪ *Hai, Ei*
ɛ *hell, Hände*	e: *den, sehr, See*	aʊ *lau, (Kakao)*
ɪ *bin*	i: *Lid, ihr, sie*	ɔʏ *neu, Säue, (Boy)*
ɔ *dort*	o: *rot, Ohr, Boot*	ʊɪ *pfui*
ʊ *um*	u: *gut, Uhr*	
ə *bitte*	ɛ: *Bär, Ähre*	
(ɚ *aber)*	ø: *Öl, Höhle*	
œ *Hölle*	y: *Tür, kühn, (Typ)*	
ʏ *fünf, (Mystik)*		

KONSONANTEN			
b	*bei, Ebbe*	ʃ	*Schuh, (Chef)*
d	*du, Kladde*	j	*ja, (Voyeur)*
g	*geh, Egge*	h	*hier*
p'	*Pol, Nepp, ab*	ç	*(China), echt*
t'	*Tat, satt, und, (Theke)*	x	*acht*
k'	*Kuh, Bock, weg, quer, (Chor)*	l	*lang, Ball*
pf	*Pfund*	m	*Mai, komm*
ts	*Zeit, Witz, (Cäsium)*	n	*nun, wenn*
tʃ	*tschüs, Matsch*	ŋ	*eng, Bank* (=ŋk)
v	*wer, (Vase)*	r	*rot, irre, (rh)* – (Zungen-r)
f	*Faß, vor, (Phase)*	ʀ	" " " – (Zäpfchen-r)
z	*so, Rose, (Gaze)*	(ʁ	*er, wir, Tor, für*)
s	*das, Masse, Maße*		

Diese Liste der deutschen Laute ergibt 17 Vokale, 4 Diphthonge und 25 Konsonanten. Eine genaue Festlegung ist aber schon aus folgenden Gründen unmöglich:

Z.B. können unbetonte Langvokale als **halblange Vokale** gelten (vgl. z.B. *Magie, legal, Minute, tonal, zuvor, Ästhet, Ökonom, Büro, Physik*).

Die Verhältnisse im **An-**, **In-** und **Auslaut** sind verschieden. So können b, d, g am Silbenende im Wort stimmlos – aber unaspiriert – werden (vgl. *Abfall, endlich, wegfahren*: b, d, g = p, t, k – nicht = p', t', k' ! wie bei der Auslautverhärtung, s. unten).

Fremdwörter bringen fremde Laute ein, die nur zum Teil angeglichen chen oder in das System eingebaut werden: ã *Chance*, õ *pardon*, œ̃ *Parfum*, ʒ *Journal, Genie*, dʒ *Jeans*, w *Whisky* u.a.

Schwierig einzuordnen sind **"Halbvokale"** wie ĭ, ŭ, y̆ (etwa in: *Lilie; Statue*, evtl. auch *Qual, zwei; Etui*), die zwischen i und j bzw. u/y und v liegen.

Fehlerquellen durch die deutsche Orthographie liegen besonders in der uneinheitlichen Bezeichnung der Dehnung (a, ah, aa, ie etc.), in der Geltung der Buchstaben v, s, ch und der "Auslautverhärtung" von b, d, g, v, z zu p', t', k', f, s (*ob, und, weg, brav, lies*).

Der nächste Schritt nach der Segmentierung ist die **Klassifizierung** der Laute.

Für die **Vokale** empfiehlt sich die Darstellung in sogenannten "Vokal-Drei- oder -Vierecken, die horizontal die Zungenstellung von vorn nach hinten und vertikal die Zungenhöhe andeuten, also vor allem die Qualität der Vokale, weniger ihre Quantität und die Lippenrundung (bei den o-, u-, ö-, ü-Lauten).

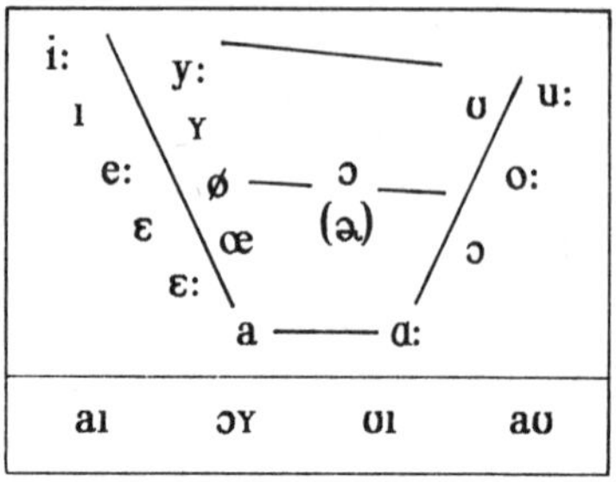

Natürlich kann das Vokalschema auch als Übersicht oder Stammbaum dargestellt werden. Die Merkmale sind dabei immer:

Zungenhöhe:	hoch – mittel – tief
(ihr entspricht die Mundöffnung:	eng – mittel – weit)
Zungenstellung:	vorn – neutral – hinten
Lippen:	gerundet – ungerundet
Quantität:	lang – kurz

Für die **Diphthonge** käme noch "Variabilität" der ersten drei Merkmale hinzu.

Während im Deutschen die Vokalquantität besonders charakteristisch ist, spielt sie etwa in den romanischen Sprachen eine geringe Rolle. Das Französische wiederum ist durch nasale Vokale gekennzeichnet (vgl.: ã – *franc*, ɛ̃ – *cinq*, ɔ̃ – *bon*, œ̃ – *un*), das Russische durch zwei Vokalreihen (jotiert: ja, jɛ, i, jɔ, ju – oder nicht: a, ɛ, ɨ, ɔ, u), das Chinesische durch mehrere ə- und i-Laute sowie 10 Diphthonge und 4 Triphthonge.

Für die **Konsonanten** lassen sich Artikulationsart und -ort leichter angeben, vgl. das Schema auf der nächsten Seite.

Im Deutschen gibt es sowohl stimmhafte wie stimmlose *Verschluß-* und *Reibelaute*, jedoch nur stimmlose *Affrikaten* und nur stimmhafte *Sonore* (= *Nasale* + *Liquide*; die Bezeichnungen *Nasale* und *Laterale* weisen übrigens auch auf den Artikulationsort: Luftstrom durch die Nase bzw. an den Zungenseiten entlang). Typisch für die deutsche Aussprahe ist ferner ein "Knacklaut" (ʔ) am anfang jeder vokalisch anlautenden Silbe, ("er ist uralt" – ʔe:ɐ ʔɪst' ʔu:ɐ ʔalt'), was vielen Deutschlernern schwerfällt, die gewohnt sind, Silben und Wörter zu "binden".

Nichtaspirierte stimmlose Explosive (p, t, k / b, d, g - je nach Atemdruck) finden sich z.B. im Französischen (geschrieben p, t, c) und im Chinesischen (in der Umschrift Pinyin geschrieben b, d, g); das letztere besitzt außerdem aspirierte Affrikaten und *retroflex-palatale* Konsonanten, die zwischen den palatalen und den velaren anzusiedeln sind, ähnlich dem englischen r (ɹ). Im Russischen schließlich können fast alle Konsonanten je nach Folgevokal *palatalisiert* ("erweicht, jotiert") werden, also d, t, n zu dʲ, tʲ, nʲ usw.; ob sie als eigene Laute, Lautkombinationen, -varianten oder dgl. gerechnet werden, ist dabei eine Saache der methodischen Festlegung.

LAUTE									ARTIKULATIONSART	
bilabial (Lippen)	labio-dental (Unterlippe, Zähne)	dental (Zähne)	alveolar (postdental)	palatal (vorderer Gaumen)	velar (hinterer Gaumen)	uvular (Zäpfchen)	glottal (Kehle)			
b		d			g			sth	Explosive (= Verschluß-laute)	
p'		t'			k'			stl, aspir.		
pf		ts	tʃ					stl	Affrikaten (Expl.+Spir.)	
	v	z		j				sth	Spiranten (= Reibelaute)	
	f	s	ʃ	ç	x		h	stl		
m			n		ŋ			sth	Nasale	
			l					sth	Laterale	Liquide
			r			R,ʁ		sth	Schwinglaute	

palatal und velar: oft unzutreffend als "guttural" zus.gefaßt

ARTIKULATIONSORT

Aufgaben *(L 7)*

7.1 Warum ist die artikulatorische Phonetik viel weiter entwickelt als die akustische und die auditive?

7.2 Lesen Sie folgende lautschriftlichen Sätze (es handelt sich um Aphorismen des Schriftstellers Gabriel Laub):

a) "vi:ʁ ɪmp'Rovizi:Rən ʃt'Rɛŋ na:x vaɪzʊŋ"

b) "vɑ:nzɪn o:nə met'o:də ɪst' fɛRbo:t'ən"

c) "di: ʃt'ɛRk'ə de:ʁ mɪljo:nən bəRu:t' aʊf de:n nʊlən"

7.3 Schreiben Sie folgenden Satz in phonetischer Lautschrift:
"Die Sprache ist dem Menschen gegeben, um seine Gedanken zu verbergen." (Talleyrand)

7.4 Beschreiben Sie artikulatorisch die Konsonanten: h, pf, ç, ʃ, d, x, p.
(Muster: m = stimmhafter bilabialer Nasal,
k' = stimmloser velarer Verschlußlaut, aspiriert)

7.5 Welcher Laut gehört nicht in die jeweilige Reihe?
a) m – b – p – l
b) n – r – m – ŋ
c) a: – o: – ø: – u:
d) h – v – z – j

7.6 Zur Inkonsequenz der deutschen Orthographie: – Schreiben Sie das phonetische Symbol für den jeweils ersten Laut folgender Wörter:
a) *Art, Arbeit, Erbe, Erde, Osten, Ostern, Urlaub, Urteil*
b) *Code, ciao, Chor, chic, Chicago, Khmer, quasi*
c) *Gelenk, Gelee, Ghetto, Jade, Jazz, Jury, Junta*
d) *Sofa, Soft-Eis, slawisch, Sphäre, Spot, Spott, SPD*
e) *Story, Storch, Shanghai, Schanghai, Thema, Tscheche*
f) *Phrase, Psyche, Pfeife, Rhetorik, Verb, Vers, Whisky*
g) *Xerographie, x-Achse, Yankee, y-Achse, Zoo, Zoom*

7.7 Versuchen Sie, folgende englischen Laute in die Schemata einzuordnen:

æ	– *bad, hand*	w	– *wonder*	(bilabial)
ə:(œ:)	– *learn, world*	θ	– *think*	(dental)
ʊ:	– *who* (ungerundet!)	ð	– *the, with*	
eɪ	– *say, eight*	ɹ	– *red, grey*	(alveolar)
əʊ(oʊ)	– *no, low*	dʒ	– *join, huge*	

7.8 Stellen Sie analog zu den deutschen Schemata ein Vokalviereck und ein Konsonantenschema Ihrer Muttersprache auf. Welche Laute des Deutschen kommen darin nicht vor, müssen also von Ihren Deutsch lernenden Landsleuten besonders geübt werden?

7.9 Stellen Sie phonetische Fehler und Nachlässigkeiten beim Sprechen Ihrer Komiliton/inn/en und der Lehrerin bzw. des Lehrers fest.

****

Die Phonemik ist eine rein **linguistische Disziplin**. Sie untersucht die Laute nicht materiell, sondern **funktionell** (in ihrer kommunikativen Funktion) und **relational**, d.h. in ihren Beziehungen zueinander, also als **System**. Die Phonemik wurde von TRUBETZKOY und anderen in den 30er Jahren begründet und basiert auf dem Begriff des **Phonems**.
Das "r" im Wort *Rand* kann verschieden ausgesprochen werden, z.B. kurz (r) oder lang (r: = rr). Man könnte (rr) eine Variante von (r) nennen. Beim Unterschied (r) – (ʀ) dagegen spricht der Phonetiker von 2 verschiedenen Lauten, obwohl sich die Bedeutung des Wortes *Rand* dabei ebensowenig ändert wie durch die Quantität. Sobald aber anstelle des (r) ein (l), (z), (h) oder (m) gesprochen wird, ändert sich die Bedeutung zu *Land, Sand, Hand* oder wird null in *"Mand"*.
Dadurch ergibt sich ein – nicht physikalisches, sondern – linguistisches Kriterium für die Ermittlung sprachlicher Elementareinheiten: die **bedeutungsunterscheidende Funktion.** (r), (ʀ) und (rr bzw. ʀʀ) bilden im Deutschen zusammen ein Lautmuster, ein **Phonem** /r/.
Die konkrete Realisierung eines Phonems beim Sprechen heißt **Phon.** Es verhält sich zum Phonem wie der Sprachgebrauch zum Sprachsystem.

Die Methode zur Ermittlung der Phoneme ist die oben schon angedeutete **Austauschprobe** (der Kommutationstest):

kalt	–	schallt	/ʃalt/
k**a**lt	–	kühlt	/kyːlt/
kalt	–	karrt	/kart/
kalt	–	Kalb	/kalp/

"kalt" bildet mit den vier anderen Wörtern **Minimalpaare**, da jeweils nur eine Lauteinheit in **phonologischer Opposition** steht.

Definition: Phoneme sind die kleinsten Einheiten des Sprachsystems mit bedeutungsunterscheidender Funktion.

Phoneme können **Varianten** (Allophone) haben: und zwar freie Varianten wie /r/ʀ/ im Deutschen (s.o.) oder kombinatorische wie /ç/x/, vgl. dazu die Aufgabe 8.8.
Phoneme werden nach **distinktiven phonetischen Merkmalen** geordnet und definiert, z.B. /t/ als "stimmloser dentaler Verschlußlaut". Daß t im Deutschen aspiriert ist (t') spielt für das Verstehen der Wortbedeutungen keine Rolle, allerdings für die reine Aussprache und somit für den Fremdsprachenunterricht.

Die Phonemik stellt **Phoneminventare** für Sprachen auf und vergleicht diese kontrastiv, z.B. deutsche und englische Verschluß- und Reibelaute (die Schrägstriche sind hier weggelassen):

		DEUTSCH			ENGLISCH		
		labial	dental	guttural	labial	dental	guttural
Expl.	sth	b –	d – –	g –	b –	d – dʒ	g –
	stl	p pf	t ts tʃ	k –	p –	t – tʃ	k –
Spir.	sth	– v	– z –	– j	w v	ð z –	– j
	stl	– f	– s ʃ	h ç/x	– f	θ s ʃ	h –

Phoneminventare sind kleiner als Lautinventare. Für das Deutsche werden meist 20 Vokal- und 19 bis 22 Konsonantenphoneme angegeben, je nachdem, ob man die Affrikaten auflöst oder als Phoneme zählt.

Trotz aller hier betonten Unterschiede zwischen Phonetik und Phonemik soll der enge Zusammenhang zwischen beiden Disziplinen nicht vergessen werden. Aus diesem Grunde wird hier eine Skizze gegeben, die die Artikulationsorte der Laute und die Systemhaftigkeit der Phoneme gleichzeitig räumlich veranschaulichen soll (vorn stimmhaft, hinten stimmlos; von links nach rechts: labial – dental – usw.). Dabei sind in [ ] auch Laute angeführt, die heute im Deutschen keine Phoneme sind, z.T. aber in Dialekten oder anderen Sprachen oder es einmal im Deutschen waren (kx im Schweizerdeutsch, w im Bairischen; ð, θ, dʒ, w im Englischen, ʒ im Franzsösischen; ɸ ist ein bilabiales «f»). – Aufschlußreich ist übrigens auch die Beobachtung, daß beim Spracherwerb die Phoneme in bestimmter Reihenfolge gelernt werden, z.B. a vor i vor u, Labiale (*mama, baba, papa*) vor Dentalen vor "Gutturalen", Explosive vor Spiranten und Affrikaten.

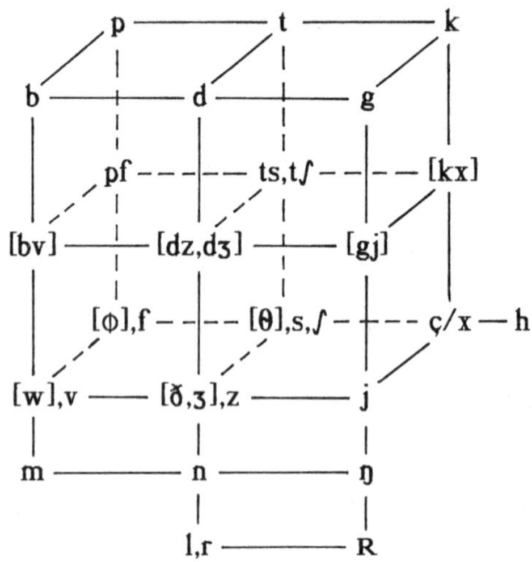

Besonders wichtig für Ausspracheschwierigkeiten ist die Untersuchung von **Phonemkombinationen** (die schließlich auch zu größeren sprachlichen Einheiten überleitet). So gibt es in einsilbigen deutschen Wörtern folgende Typen von **Konsonantenclustern** (-komplexen, -häufungen). Die häufigsten sind übrigens (ts-), ʃt-, tr-, ʃtr-; -rt, -nt, (-ts), -st, -rk, -lt, -rst. (Die einfachen An- und Auslaute sind der Vollständigkeit halber hinzugefügt, obwohl es sich natürlich nicht um "Cluster" handelt).

Anlaut:	k-	*(Schal)*	16	Auslaut:	-k	*(flieht)*	12
	kk-	*(Stahl)*	24		-kk	*(Macht)*	47
	kkk-	*(Strahl)*	6		-kkk	*(Wulst)*	64
			46		-kkkk	*(Herbst)*	32
					(-kkkkk)	*(kämpfst)*	4
							159

Aufgaben (L 8)

8.1 Worin besteht der Unterschied zwischen *Phonetik* und *Phonemik*?

8.2 Wie (d.h. mit welcher Probe) können Phoneme ermittelt werden?

8.3 Aus wieviel Phonemen besteht das Wort *Schwefelkohlenstoff* ?

8.4 Welche der folgenden Wörter bilden Minimalpaare? Gehen Sie auch von der Annahme eines Nullphonems (Ø) aus, wenn ein Wort nur 1 bestimmtes Phonem weniger hat als ein anderes:
a) *Stäbe – Schabe – schreibe – schiebe – Schippe – schriebe*
b) *Igel – Kegel – Brezel – Rudel – Kugel – kregel – Regel*

8.5 Finden Sie Minimalpaare deutscher Wörter für folgende Phonem-Paare im An- und Inlaut:
(Muster: /z/–/ʃ/: *Sohn – schon, lausen – lauschen*)
/k/–/g/ /m/–/n/ /f/–/v/ /p/–/pf/ /l/–/r/ /s/–/z/
Wo tauchen besondere Probleme auf?

8.6 Transkribieren Sie einen kurzen deutschen Text phonemisch und stellen Sie die Häufigkeit der Phoneme fest.

8.7 Untersuchen Sie anhand selbstgewählter Beispiele die Distribution (das Vorkommen, die Verteilung) von /ŋ/ kontrastiv zu /n/ (im An-, In- und Auslaut, nach Vokalen und Konsonanten).

8.8 Versuchen Sie, aus der folgenden Wortliste eine Regel für die Distribution der kombinatorischen Allophone /ç/ und /x/ und damit für die Aussprache von "ch" im Deutschen zu formulieren. (Beachten Sie die Lautumgebung, wir berücksichtigen hier jedoch nicht die Schreibung von "ch" in Fremdwörtern wie *chic, Chaos, macho*).

ach – nach – echt – nächste – dich – riech – Koch – hoch - Sucht – sucht – möchte – höchst – Küche – Bücher – auch – reich – euch – Elch – Mönch – Lurch – Chemie

8.9 Im Englischen ist der unbestimmte Artikel "a" oder "an" je nach dem Anlaut des folgenden Wortes. Formulieren Sie eine Regel anhand der gegebenen Beispiele.

a girl	*a hotel*	*an apple*	*an honour*
a woman	*a unicorn*	*an eagle*	*an uncle*
a man	*a youngster*	*an idiot*	*an ogre*

8.10 Die Sprache der Maori in Neuseeland enthält viele Fremdwörter aus dem Englischen. Vergleichen Sie die folgenden Listen und stellen Sie fest, nach welchen phonologischen Regeln die Wörter ins Maori übernommen werden, besonders die Konsonantencluster.
(Die Schreibung ist fast phonetisch.)

ENGLISCH		MAORI	ENGLISCH		MAORI
time	–	*tāima*	*street*	–	*tiriti*
motor-car	–	*motokā*	*cream*	–	*kirimi*
truck	–	*taraka*	*crown*	–	*karāone*
train	–	*tareina*	*picture*	–	*pikitia*

8.11 Untersuchen Sie noch einmal den Kinderaufsatz auf Seite 10. Welche Fehler sind phonologisch begründet? Versuchen Sie zu erklären, welchen eigenen Regeln die Schülerin dabei folgt.

8.12 Geben Sie Beispiele für folgende Anlautcluster:

br- pl- ts- dl- gn- kv- ʃp- ʃm- fr- fn- ʃtr- tsv-

****

KAPITEL 4: MORPHOLOGIE

Morphemik (L 9)

In der vorigen Lektion wurden schon **Phonemkombinationen** im Zusammenhang mit Ausspracheschwierigkeiten erwähnt. Sie bilden aber vor allem die Grundlage für größere sprachliche Einheiten. So ließe sich theoretisch aus den ca. 40 Phonemen des Deutschen eine unvorstellbare Menge von Kombinationen bilden, z.B.:

40^2 =	1600	zweiphonemige	(wie: */an, na, bt, ut, ss, ... /*)
40^3 =	64000	dreiphonemige	(wie: */bal, unt, gtu, ddd, . . . /*)
40^4 =	2560000	vierphonemige	(wie: */axte, slap, yaoi: . . . . /*)
40^5 =	102400000	fünfphonemige	(wie: */knast, kanst, strsl, . . /*)

Die meisten davon wären unaussprechbar. Aber auch die übrigen wären immer noch eine verschwenderische Fülle. Tatsächlich als sprachliche, d.h. **bedeutungstragende,** Einheiten treten aber nur relativ wenige auf. So verzeichnen selbst große deutsche Wörterbücher nur einige hunderttausend Wörter, obwohl viele von denen 20 oder mehr Phoneme enthalten. (Zu dieser Art von Kombinatorik vgl. auch die Aufgabe 9.2.)
Solche bedeutungstragenden Einheiten, die nicht mehr in kleinere zerlegt werden können, nennen wir **Morpheme**. Der Begriff stammt aus dem amerikanischen Strukturalismus.

Definition: Morpheme sind die kleinsten sprachlichen Einheiten mit bedeutungstragender Funktion.

Morpheme sind der Gegenstand der **Morphemik**. Die **Aufgaben** dieser Disziplin sind vor allem:

- ▷ die Erarbeitung der Morphemdefinition und -klassifikation,
- ▷ die Ermittlung des Morpheminventars einer Sprache,
- ▷ die Untersuchung der Morphemstruktur von Wörtern.

Als **Methoden** zur Ermittlung der Morpheme dienen wieder die Segmentierung und Gegenüberstellung von Minimalpaaren:

End–e	end–lich	Witz–Ø	witz–ig
end–en	End–spurt	witz–eln	Witz–bold

Die Morpheme lassen sich nach ihrer Selbständigkeit in 2 Gruppen einteilen:

1. **freie Morpheme**	(= **Lexeme**; sie können selbständig auftreten)
a) lexikalische Morpheme	(mit eigener Referenz: *violett, Streik*)
b) deiktische Morpheme	(mit mittelbarer Referenz: *mein, dies*)
2. **gebundene Morpheme**	(unselbständig; mit kategorialer Bedeutung)
a) Flexionsmorpheme	(= **Flexeme**: mein-*e*, streik-*t-en*, neu-*er*)
b) Wortbildungsmorpheme	(= **Derivateme**: *ver*-tun, End-*er*-geb-*nis*)

Die lexikalischen Morpheme bilden eine offene, die übrigen geschlossene Klassen; die freien Morpheme werden uns noch in der Semantik, die gebundenen bei der Flexion und Wortbildung beschäftigen.
Die Bezeichnung der freien Morpheme als "Lexeme" und ihre Unterteilung beruhen übrigens nicht auf formalen, sondern auf semantischen Kriterien und liegen damit methodisch auf einer anderen Ebene.

Die meisten Morpheme sind – isoliert betrachtet – mehrdeutig, z.B.:

sein < (Verb) (Pronomen)	*Ton* < (akustisch) (Erde)	(Fuß-) (Opern-) > *Ball*

Es handelt sich also nur um gleiche Lautfolgen – sogenannte **Morphe** –, jedoch um verschiedene Morpheme.
Das gilt auch für gebundene Morpheme. Ein im Deutschen sehr häufiges gebundenes Morphem ist "-er". Manchmal ist es nur eine bedeutungslose Phonemfolge innerhalb eines Morphems (*Vater, Meter*). Grammatisch jedoch kann es den Plural bezeichnen (*Feld*-er), Flexionsendung bei Adjektiven und Pronomen sein (*alt*-er, *dies*-er) sowie den Komparativ bilden (*ält*-er, hier mit Umlaut). Als Wortbildungsmorphem dient es semantisch der Bezeichnung von Personen und Berufen (*Italien*-er, *Arbeit*-er) sowie Werkzeugen u. dgl. (*Loch*-er, *Vergas*-er). – Vgl. Aufg. 9.5.
Wir sagen, "-er" ist ein Morph, das bedeutungsmäßig zu verschiedenen Morphemen gehört. Hier ein Beispiel für "-en":

Morph < Morphem$_1$ Morphem$_2$ Morphem$_3$	-en < *ein-en* – /Mask Akk Sing/ *Spatz-en* – /Akk Sing / Plur/ *brat-en* – /Infinitiv/ u. a.

Umgekehrt können verschiedene Morphe bedeutungsmäßig zu einem Morphem gehören; wir sprechen dann von **Allomorphen**:

$Morph_1$ = $Allomorph_1$ ↘ $Morph_2$ = $Allomorph_2$ → Morphem $Morph_3$ = $Allomorph_3$ ↗	*schlief* (stark) ↘ *brachte* (gemischt) → Prät. *kopierte* (schwach) ↗

Z.B. bilden alle Pluraltypen der Substantive im Deutschen die Allomorphe *eines* Pluralmorphems, vgl. dazu Aufgabe 9.8.
Beim Plural und anderen Kategorien treten übrigens Allomorphe auf, die aus Umlaut + Endung bestehen, also aus getrennten Teilen (*Haus – H**ä**u**ser***). Eine ähnliche Erscheinung stellt das Partizip II dar, das aus *ge-* + *-t* gebildet wird (*sag – **ge**-sag-**t***). Man spricht hier von **diskontinuierlichen Morphemen**. Ein vergleichbares Phänomen – diskontinuierliche Konstituenten – wird uns auch in der Syntax begegnen.

Morpheme bilden – alleine oder kombiniert – die **Wörter** der Sprache. Diese werden phonetisch und semantisch als Einheiten erkannt, auch wenn die meisten veränderbar sind.
Bei komplexen Wörtern kann die **Morphemstruktur** mit Hilfe der **Weglaßprobe** (des Eliminierungstests) ermittelt und hierarchisiert werden:

z.B.: Uneinheitlichkeit uneinheitlich (Einheitlichkeit) einheitlich Einheit ein	oder: Uneinheitlichkeit uneinheitlich- -keit un- -einheitlich einheit- -lich ein -heit
oder: Uneinheitlichkeit	

Für den ersten Schritt des "Eliminierens" gibt es bei diesem Beispiel also zwei Möglichkeiten, von denen die primäre nur historisch nachgewiesen werden könnte, synchronisch gelten sie als gleichberechtigt.
Diese Art der Analyse leitet übrigens schon zur Wortbildung und die Methode auch zur Syntax (Ermittlung der Satzstruktur) über.

Aufgaben (L 9)

9.1 Nennen Sie die 3 Aufgaben der Disziplin *Morphemik* und die vier Typen von *Morphemen.*

9.2 Bilden Sie aus den folgenden Phonemgruppen jeweils alle Kombinationsmöglichkeiten und stellen Sie fest, welche davon bedeutungstragend, also Morpheme, sind. Beachten Sie dabei, daß die phonemische Schreibung keine orthographische ist:
/ɑ:-l-t/ – /ɪ-m-t/ – /o:-r-t/ (je 6) – /ɔ/p/s/t/ (24)

9.3 Welche der unterstrichenen Wortteile repräsentieren Morpheme?

Gestirn	*gebeten*	*reifen*	*acht*	*Ungar*
gestern	*geben*	*Reifen*	*lacht*	*ungar*

9.4 Segmentieren Sie den folgenden Satz in Morpheme und bestimmen Sie die Morphemarten:
"Es gibt Leute, die glauben, alles wäre vernünftig, was man mit einem ernsthaften Gesicht tut." (Lichtenberg)
Welche neuen Probleme tauchen auf, z.B. bei *gibt, wäre, Leute, vernünftig, Gesicht*?

9.5 Die folgenden Wörter enthalten "-er". Wo ist es bedeutungslose Phonemfolge und wo Morphem? Klassifizieren Sie die Morpheme nach ihrer Bedeutung. Worin besteht die Sonderstellung von 2. und 12.?

1. *Glaser*	4. *Bruder*	7. *freier (Mann)*	10. *Kinder*
2. *besser*	5. *Finger*	8. *freier (als . . .)*	11. *welcher*
3. *Bohrer*	6. *Lider*	9. *Freier*	12. *Rekorder*

9.6 Welche der -er-Morpheme finden sich auch im Englischen? Werten Sie folgende Liste aus:
silver, higher, lower, teacher, master, driver, rubber

9.7 Die folgenden Wörter enden auf -ə. Stellen Sie fest, ob es sich bei diesem Schlußlaut um ein Phonem oder ein Morph handelt. Falls Morphe vorliegen, welche Morpheme repräsentieren sie?

a) *ihre matte Stimme* – *eine Matte aus Seide*
b) *Achte auf meine Worte.* – *Ich trinke noch 'ne Tasse.*
c) *Er sagt, er nehme das Gerede der Leute nicht so ernst.*

9.8 Bilden Sie den Plural der folgenden Wörter und versuchen Sie, das komplexe Pluralmorphem deutscher Substantive nach der Vorgabe zu vervollständigen (U = Umlaut, Ø = Nullmorphem/Nullallomorph):

1. *Lehrer*
2. *Laden*
3. *Schaf*
4. *Bart*
5. *Brett*
6. *Wald*
7. *Gabe*
8. *Mensch*
9. *Auto*

$$/\text{Plur}/ \rightarrow \left\{ \begin{array}{c} -\ \emptyset \\ \hline U -\ \emptyset \\ \hline -\ e \\ \hline - \\ \hline - \\ \hline - \\ \hline - \\ \hline - \\ \hline - \end{array} \right\} \qquad \text{vereinfacht:} \quad /\text{Plur}/ \rightarrow \left\{ \begin{array}{c} (U) -\ \emptyset \\ \hline (U) -\ e \\ \hline - \\ \hline - \\ \hline - \end{array} \right\}$$

9.9 Klassifizieren Sie die durch die Ableitungssilbe *-schaft* repräsentierten Morpheme semantisch. (Ein Wort ist dabei fehl am Platz.)

Arbeiterschaft *Bereitschaft* *Mitgliedschaft* *Wirtschaft*
Autorschaft *Gerätschaften* *Präsidentschaft* *Wissenschaft*
Barschaft *Kundschaft* *Stiefelschaft*

9.10 Gegeben sind folgende Sätze in Ewe, einer westafrikanischen Sprache, und ihre deutsche Übersetzung:

uwa ye xa amu – *Der Häuptling sah ein Kind an.*
uwa ye xa ufi – *Der Häuptling sah einen Baum an.*
uwa xa ina ye – *Ein Häuptling sah das Bild an.*
amu xa ina – *Ein Kind sah ein Bild an.*
amu ye vo ele ye – *Das Kind wollte den Stuhl.*
amu xa ele ye – *Ein Kind sah den Stuhl an.*
ika vo ina ye – *Eine Frau wollte das Bild.*

a) Erstellen Sie ein Glossar Ewe-Deutsch.
b) Welche Morpheme entsprechen den Artikeln im Deutschen?
c) Übersetzen Sie ins Ewe:
Die Frau wollte einen Stuhl. / *Die Frau sah das Kind an.*

9.11 Folgende chinesischen Wörter unterscheiden sich jeweils nur durch ihre *Töne*, d.h. den musikalischen Akzent. Handelt es sich bei diesen Tönen um Morpheme, Phoneme oder nur um distinktive Merkmale wie Stimmhaftigkeit, Zungenhöhe oder dgl.?

bī (zwingen) *bí (Nase)* *bǐ (Pinsel)* *bì (Währung)*
mā (Mutter) *má (Hanf)* *mǎ (Pferd)* *mà (schimpfen)*

9.12 Mit welcher Probe wird die Morphemstruktur von Wörtern ermittelt?

9.13 Ermitteln Sie die Morphemstrukturen der folgenden komplexen Wörter und stellen Sie deren Hierarchie durch Unterstreichen dar.

unkameradschaftlich	*Rücksichtslosigkeit*	Muster:
Verunsicherung	*(sich) befleißigen*	*undurchschaubare*
Machenschaften	*unaufrichtig*	

9.14 Der Morphembegriff bzw. die Morphemklassifizierung spielen auch für die Sprachtypologie eine entscheidende Rolle. So unterscheidet man zwischen **isolierenden** (analytischen) und **flektierenden** (synthetischen) Sprachen, je nachdem ob grammatische Beziehungen durch freie oder gebundene Morpheme ausgedrückt werden.
Wozu rechnen Sie Ihre Muttersprache, das Englische, das Deutsche? – Gelten die Charakterisierungen ausnahmslos?

****

Wortartenklassifizierung **(L 10)**

Die **Wörter** sind zwar akustisch-semantische Einheiten, sie sind jedoch nach Bedeutung und Funktion keineswegs einheitlich. Der Versuch, sie zu **klassifizieren**, ist sehr alt und hat zu immer neuen Einteilungen geführt, je nachdem welche **Kriterien** (Gesichtspunkte) dabei in den Vordergrund gerückt wurden. Dabei sind so viele neue **Termini** eingeführt worden, daß selbst Fachleute oft verwirrt werden.
Für die deutsche Grammatik blieben die 10 Wortarten der **traditionellen Grammatik** mit ihren lateinischen Termini bis zur Mitte unseres Jahrhunderts unangefochten. Nur für die unteren Schulklassen wurden (und werden) auch deutsche Bezeichnungen verwendet.
Dann jedoch kritisierten Vertreter der inhaltsbezogenen und funktionalen Grammatik die traditionelle Kriterienvermischung und etablierten neue Systeme nach **strukturellen** Gesichtspunkten. Gleichzeitig schlugen sie neue deutsche Begriffe vor, um der Eigenart des Deutschen gegenüber dem Lateinischen gerecht zu werden.
In der folgenden Tabelle sind dem traditionellen System die von GLINZ, ERBEN und W. SCHMIDT aus den 50er und 60er Jahren sowie GLINZ 1971 gegenübergestellt:

Einige Wortartensysteme im Deutschen					
TRADIT.	SCHULGRAM.	GLINZ 56	ERBEN	SCHMIDT	GLINZ 71
Verb	– Tuwort	Zeitwort	Aussagew.	Zeitwort	Verb
Substantiv	– Hauptwort	Namenwort	Nennwort	Dingwort	Nomen
Adjektiv	– Eigenschaftsw.	Artwort	Char.Beiw.	Eigensch.w.	Adjektiv
Artikel	– Geschlechtsw.	Anzeigewort	größenbez.	Stellvertr.	Pro-
Pronomen	– Fürwort	(Begleiter	Formw.	u.Begleit.	no-
Numerale	– Zahlwort	u. Stellv.)	– – –	– – –	men
Adverb	– Umstandsw.	Lagewort	– – –	Fü-	Par-
Präposition	– Verhältnisw.	(Par-	Füge-	ge-	ti-
Konjunktion	– Bindewort	tikel)	wort	wort	kel
Interjektion	– Ausrufewort	Ausrufswort	– – –	Ausdrucksw.	– – –

Dabei zeigt sich, daß die Neuerungen nicht den Bereich der drei Hauptwortarten betreffen, sondern vor allem eine Zusammenfassung der kleinen *Strukturwörter* zu Gruppen und die Aufgabe der Wortart *Numerale* (z.T. auch *Adverb* und *Interjektion*).
Die Neuklassifizierung von GLINZ 71 schießlich zeigt, daß er – wie andere auch – wieder zu den lateinischen Termini zurückgekehrt ist. Diese suggerieren keine zu speziellen Bedeutungen, sie sind jeder Generation geläufig und vor allem international verständlich, weshalb auch nur sie für den Fremdsprachenunterricht geeignet sind.

Die Verschiedenheit der Einteilungen beruht darauf, daß nach verschiedenen **Kriterien** klassifiziert werden kann. So können die Wortarten zunächst in zwei große Gruppen – flektierbare und nicht flektierbare (indeklinable) – unterteilt werden, die erstere wiederum in konjugierbare und deklinierbare. Diese **morphologischen** Kriterien ergeben also 3 Gruppen. Zur weiteren Differenzierung kann man **syntaktische** und **semantische** Kriterien benutzen. Als Beispiel für solch eine Klassifizierung wird hier die DUDEN-Grammatik (3.Aufl.) angeführt, vgl. die Tabelle auf der folgenden Seite. Sie läßt gut erkennen, wie die Kriterien von der relativ exakt beschreibbaren Morphologie über die Syntax zur ungleich komplizierteren Semantik hin immer problematischer werden. So ist "Bindewort" nur ein anderer Terminus für Konjunktion, aber kein syntaktisches Kriterium, Präpositionen bilden nicht nur "Nomenblöcke" (vgl. *seit heute)*, und die semantischen Begriffe sind zweifellos durchweg schwammig:

Wortartenklassifizierung in der DUDEN-Grammatik (³1973)

WORTART	MORPHOLOG.	SYNTAKTISCH	SEMANTISCH
Verb	konjugierbar	Prädikat(sbildung)	Geschehen, Sein
Substantiv	deklinierbar	andere Satzglieder	Gegenstände, Dinge
Adjektiv	"	Attribut, Artangabe	Eigenschaften
Artikel	"	Begleiter d. Subst.	Determination
Pronomen	"	Stellv. oder Begleiter	(wie Subst., Adj.)
Adverb	indeklinabel	Umstandsangabe, Attribut	Umstände
Konjunktion	"	Bindewort	Verbindung
Präposition	"	Nomenblock-Bildung	Verhältnisse
Interjektion	"	– – – –	emotion. Ausdruck

Eine andere Darstellung wählen BERGMANN u.a. mit morphologischen Kriterien für flektierbare und mit syntaktischen für nicht flektierbare Wörter (vereinfacht):

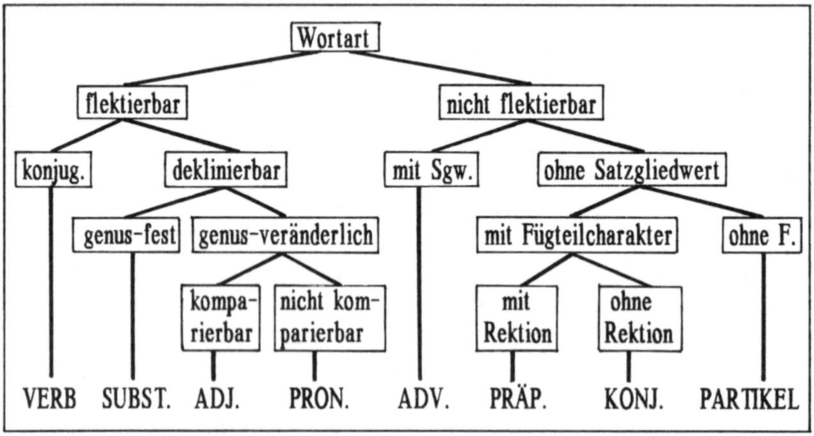

Artikel und Interjektion sind hierbei weggelassen. Im übrigen erscheint jede Klassifizierung angreifbar und als nur eine von vielen möglichen Lösungen. Hier wird auch deutlich, daß diese Lektion nicht nur die Morphologie betrifft.

Den konsequentesten Weg haben die amerikanischen Strukturalisten beschritten (BLOOMFIELD, HARRIS, FRIES u.a.), indem sie als einheitliches Kriterium nur die **Distribution** zuließen, d.h. die syntagmatische Umgebung und die paradigmatische Substitution (Ersetzbarkeit) der Wörter. Dabei läßt sich z.B. zeigen, daß manche Pronomen die gleiche Funktion wie Artikel haben, andere (auch Adverbien) nicht Stellvertreter des Substantivs, sondern ganzer Nominal- und Präpositionalgruppen sind, und daß schließlich infinite Verbgruppen eine Sonderstellung einnehmen, vgl.:

	Der	*alte*	*Mann*	*sitzt*		*auf*	*der*	*Bank,*	
und	*viele*		*Kinder*	*spielen*		*im*		*Park,*	
aber	*wir*			*müssen*	*nun*	*heim*			*(gehen),*
denn	*unser*		*Besuch*	*ist*	*eben*	*aus*		*Köln*	*angekommen.*

Aufgaben (L 10)

10.1 Bestimmen Sie die Wortart der folgenden Wörter (die Kontextlosigkeit und Kleinschreibung sind beabsichtigt):
gibt gift schön sagen sucht arbeiten gab gabe liebe

10.2 Erörtern Sie die Probleme bei der Wortartbestimmung der unterstrichenen Wörter in folgenden Texten. – Beachten Sie dabei den Unterschied "geschriebene/gesprochene" Sprache.

A) **Wachstum bei 250 Grad Celsius** (aus: DIE ZEIT)

Vor <u>gut</u> sechs Tagen entdeckte ein amerikanisches Forscherteam bei einer Tauchfahrt zu einer der Nahtstellen der Erdkruste <u>2500</u> Meter <u>tief</u> unter dem Meeresspiegel eine neue Lebenswelt. Auf dem Boden der Tiefsee, die <u>bis</u> <u>dahin</u> für eine dünnbesiedelte "Wüste" gehalten worden war, fand sich an heißen Unterwasserquellen eine unerwartete Fülle und Vielfalt von Organismen: <u>bis</u> <u>zu</u> drei Meter lange Röhrenwürmer, mächtige Muscheln, Schnecken, Krebse und Fische, aber auch <u>schwefeloxidierende</u> Bakterien <u>Seither</u> sind die Wissenschaftler <u>damit</u> beschäftigt, die Funde aus<u>zu</u>werten, die <u>diese</u> und spätere Expeditionen von den Oasen in der lichtlosen Tiefe mitgebracht haben. . . .

B) **Schülerinterview mit Günter Grass**

Schüler: Herr Grass, Sie lasen eben aus «Katz und Maus» <u>vor</u>. Unter <u>anderem</u> haben Sie in diesem Stück "Wirliebendiestürme" und mehrere <u>andere</u> Worte zusammengeschrieben. Hat <u>das</u> einen besonderen Zweck, soll darauf besonders hingewiesen werden? Oder –

Grass:	*Ja, das sind – äh –, das ist als Stilmittel, mein ich damit, das sind so Begriffe, sind ja eigentlich Schlagworte, Klischees – äh –, die ich – äh –, die auch so gespielt – – es wurde gesagt, wir singen jetzt "Wirliebendiestürme", und das is phonetisch auch übernommen. Und dazu kommt, daß dieses "Wirliebendiestürme" ein Zeitkolorit ist. 's wurde zu einer bestimmten, zu bestimmten Anlässen gesungen. Deswegen läßt es sich so zusammenfassen.*

10.3 Bestimmen Sie die Wortart der unterstrichenen Wörter:

"Ich glaube, daß das_1 das_2 Buch ist, das_3 du brauchst." –
"Ja_1, das habe ich ja_2 die ganze Zeit gesucht."

10.4 Warum bietet gerade die Klassifizierung der Artikel, Pronomen, Numeralia und Adverbien besondere Schwierigkeiten?

10.5 Welche Kriterien liegen folgenden Wortartdefinitionen zugrunde?

a) *"Adjektive bezeichnen Eigenschaften."*
b) *"Artikel sind Begleiter des Aubstantivs."*
c) *"Konjunktionen sind indeklinabel."*

10.6 Lesen Sie das Kapitel 15 A 7 "Die Wortart *Pronomen* als Sammelklasse" in: GLINZ, H.: Deutsche Grammatik. II. Frankfurt/M. 1971, S. 167 - 175. Beschreiben und kritisieren Sie GLINZ' Methode einer Neuklassifizierung.

****

Flexion **(L 11)**

Bei der Wortartenklassifizierung diente als morphologisches Kriterium hauptsächlich die **Flexion**. Sie ist ein typologisches Kennzeichen der indoeuropäischen Sprachen und im Deutschen noch relativ stark erhalten.

Definition: Flexion ist die formale Abänderung ("Beugung") der Wörter zum Ausdruck grammatischer Kategorien.

Die deutsche Flexion hat drei Hauptgruppen, die Konjugation der Verben, die Deklination der "Nomen" und die Komparation der Adjektive:

1. **Konjugation** der Verben			
Person		– 3 Personen:	1., 2., 3. Person
Numerus	(Zahl)	– 2 Numeri:	Singular, Plural
Tempus	(Zeit)	– 6 Tempora:	Präs., Prät., Perf., Plusqu., Fut.I, II
Modus	(Aussageweise)	– 3 Modi:	Indikativ, Konjunktiv, Imperativ
Genus verbi	(Handlungsrichtung)	– 2 Genera:	Aktiv, Passiv
2. **Deklination** der Substantive, Adjektive, Artikel und Pronomen			
Genus	(Geschlecht)	– 2 Genera:	maskulinum, femininum, neutrum
Kasus	(Fall)	– 4 Kasus:	Nominativ, Genitiv, Dativ, Akkusat.
Numerus	(Zahl)	– 2 Numeri:	Singular, Plural
3. **Komparation** der Adjektive (und mancher Adverbien)			
Positiv	(Grundstufe)		
Komparativ	(Vergleichs-, Höherstufe)		
Superlativ	(Höchststufe)		

Wir streben hier natürlich keine vollständige Darstellung der deutschen Grammatik an, sondern greifen nur einige Hauptprobleme heraus.
Für die Kategorienbestimmung und die Deklination der Adjektive vgl. die entsprechenden Aufgaben. Schwieriger als solche formalen Probleme sind besonders für DaF-Lerner die verbalen Kategorien **Tempus, Modus** und **Genus verbi**, da sie nicht nur grammatische, sondern auch pragmatische Bedeutungen haben.

Zu den Tempora

Traditionell wird den Tempora die Bedeutung von **Zeitstufen** zugeordnet, daneben manchmal auch die Kategorie der Abgeschlossenheit eines Prozesses:

unabgeschl.	abgeschlossen	Zeitstufe
Präsens		– Gegenwart
Präteritum	*Perfekt, Plusquamperfekt*	– Vergangenheit
Futur I	*Futur II*	– Zukunft

Vergleichen Sie damit aber die Beispiele in der folgenden Tabelle:

Bed. Tempus	ZUKUNFT	GEGENWART	VERGANG.	ALLG.(zeitlos)	BEFEHL
PRÄS.	Morgen reist Tante Ilse ab.	Es klingelt.	Da treffe ich gestern Olaf. (HIST. PRÄS.)	2 ist 8. Rauchst du?	Du hältst den Mund!
FUT.I	Sie wird bald abreisen. (+ HYPOTH.)	Er wird jetzt (wohl) essen. (HYPOTHET.)		Ein Idealist wird das nie zugeben.	Du wirst den Mund halten!
PRÄT.	Was gab's noch morgen in der Oper? (SUBJEKTIVES PRÄT.)	Wer bekam hier das Bier?	Gestern traf ich Olaf.		
PERF.	Das hab ich bald erledigt.		Vorhin hab ich ihn getroffen.	Ein Unglück ist bald geschehen.	
FUT.II	Das werde ich bald erledigt haben.		Er wird (wohl) gelogen haben. (HYPOTHET.)		
PLQU.			Davor hatte er mich gesehen.		

Welche Aussagen können aufgrund dieser – keineswegs vollständigen – Tabelle über die Tempusbedeutungen gemacht werden?

▷ Abgesehen vom Plusquamperfekt sind alle Tempora polyfunktional (erfüllen sie mehrere Funktionen).

▷ Welches Tempus für welche Zeitstufe am meisten gebraucht wird, muß die Statistik ergeben; etwa für die Zukunft: Präsens vor Futur I, für die Gegenwart: Präsens, für die Vergangenheit: Perfekt vor Präteritum, zumindest in der gesprochenen Sprache.

▷ Die nichtzeitlichen Kategorien zeigen, daß die Sprecher flektierender Sprachen in einem gewissen "Zwang" stehen, formale Kategorien zu verwenden.

▷ Ist die Bedeutung "Hypothetisch" (Ausdruck der Vermutung) eine zeitliche Kategorie?

Das Nebeneinander von Perfekt und Präteritum schließlich ist im Deutschen ein so komplexes Thema (es betrifft die Sprachgeschichte, Dialekte, Medium, Stil usw.), daß es hier nicht erörtert werden kann.

Zum Konjunktiv

Beim Konjunktiv I und II herrscht hinsichtlich der Form und der Verwendung selbst bei manchen deutschen Sprechern Unsicherheit. Die Erklärungen in den Grammatiken tradieren oft eine veraltete Norm und sind häufig mehr an spitzfindiger Logik orientiert als an der Sprachwirklichkeit. – Betrachten wir einige Beispielsätze:

1)	Er sagte:	"Ich *bin*		nicht benachrichtigt worden."		IND.
2)	Er sagte,	er *sei*		nicht benachrichtigt worden.		KONJ. I
3)	Er sagte,	er *wäre*		nicht benachrichtigt worden.		KONJ. II
4)		Sie *haben*	(Er *hat*)	es nicht gewußt.		IND.
5)	Sie sagten,	sie *haben*	(er *habe*)	es nicht gewußt.		KONJ. I
6)	Sie sagten,	sie *hätten*	(er *hätte*)	es nicht gewußt.		KONJ. II
7)		Sie *werden*	(Er *wird*)	damit nicht fertig.		IND.
8)	Sie sagten,	sie *werden*	(er *werde*)	damit nicht fertig.		KONJ. I
9)	Sie sagten,	sie *würden*	(er *würde*)	damit nicht fertig.		KONJ. II
10)	Er sagte,	er *ist*		nicht benachrichtigt worden.		IND.

Der Unterschied zwischen (2) und (3) ist kein semantischer. Beide zeigen die **indirekte Rede** im Vergleich zur direkten in (1). Das Nebeneinander von (2) und (3) erklärt sich aus dem Gesamtsystem der Konjugation in der Sprachgeschichte: Heute fällt der Konj. I in einigen Fällen formal mit dem Indikativ zusammen (sie haben, werden) – vgl. (4) und (5) sowie (7) und (8). Um die **Form eindeutiger** zu machen, wird dort eher der Konj.II benutzt – vgl. (6) und (9). Schließlich wird der Konj. II auch auf die anderen Personalformen **übertragen**, um das **System** zu **vereinheitlichen**, wobei aber die Konj.-I-Formen weiter benutzt werden. Übrigens werden Konj.I und II für die indirekte Rede heute in der Umgangssprache durch den **Indikativ** verdrängt, und man hört meist Äußerungen wie (10).

Der Konjunktiv dient nicht nur zum Ausdruck der indirekten Rede, sondern auch zum Ausdruck von Wunsch, Befehl, Aufforderung, Skepsis, Zweifel und vor allem Irrealität (konditional und Vergleich: *wenn, als ob*). Die Häufigkeitsverteilung kann dabei (nach JÄGER) etwa folgendermaßen angegeben werden:

Konj. I	ind. Rede (37 %)	Irr. (Vgl.) + Aufford. (3 %)	(40 %)
Konj. II	ind. Rede (21 %)	Irr. (Vgl. + Kond.) + Zweifel (39 %)	(60 %)

Die deutschen Bezeichnungen "Wirklichkeits-" und "Möglichkeitsform" (oder gar "Höflichkeitsform") für Indikativ und Konjunktiv sind eher irreführend und sollten höchstens zum Ausdruck gewisser semantisch-pragmatischer Funktionen verwendet werden.

Zum Passiv

Ähnlich wie bei den Modi sind auch die deutschen Bezeichnungen "Tatform" und "Leideform" für Aktiv und Passiv irreführend. Man vergleiche folgende Beispielsätze:

1) A *schlägt* B.	8) B *wird* (von A) *geschlagen.*
2) A *leidet* (unter B).	9) B *wird* (von A) *belohnt.*
3) B *bekommt* einen Brief.	
4) Das *ist zu schaffen.*	10) Jetzt *wird* aber *gearbeitet!*
5) Das *läßt sich machen.*	11) Es *wurde* wie wild *getanzt.*
6) Die Ware *verkauft sich* gut.	
7) Der Fall *kommt zur Sprache.*	

(12) Die Tür *öffnete sich.*	→	Die Tür *wurde geöffnet.*
(13) Die Konferenz *endete.*	→	Die Konferenz *wurde beendet.*
(14) Die Preise *steigen.*	→	Die Preise *werden erhöht.*
(15) Man *hat* ihn *gefoltert.*	→	Er *wurde gefoltert.*

Die Sätze (2) bis (7) drücken kein "aktives Tun" aus, sondern **passivische Bedeutungen in Aktivform**, was sich durch Umformungen leicht zeigen läßt. Wir sprechen bei (3) bis (7) von "Passiv-Ersatzformen".
Umgekehrt leidet B in (9) sicher nicht, und (10) und (11) zeigen **Passivformen mit aktivischer Bedeutung**. Die Erklärung dafür kann in einer geschmeidigeren Syntax durch möglichen Positionstausch von Subjekt und Objekt gesehen werden.
Die Fälle (12) bis (15) dagegen zeigen, daß die Weglaßbarkeit des "Täters" (Agens, Subjekt des Aktivsatzes) in Passivsätzen zu einem bewußten **Verschweigen** dieses "Täters" benutzt werden kann. Das gilt allerdings auch für manche Aktivsätze, wo eine **Manipulation** noch schwerer zu durchschauen ist. – Doch nicht immer liegt ein bewußtes Verschweigen vor, oft nur ein **Weglassen** des Überflüssigen oder ein **Nicht-Wissen**. Der Gebrauch von Aktiv und Passiv ist ein lohnendes Feld für die Sprachkritik, die jedoch bei allem Scharfsinn vorsichtig sein muß.

Aufgaben (L 11)

11.1 Bei welchen morphologischen Kategorien des Deutschen spielt der Umlaut eine Rolle?

11.2 Testen Sie Ihre Sicherheit in der deutschen Grammatik und ergänzen Sie die fehlenden Flexionsendungen:

Carl-Friedrich von Weizsäcker zur Kernenergie:
Das Gorleben-Hearing war für all..... unmittelbar Beteiligt..... ein..... eindrucksvoll....., für mich ein..... ermutigend..... Erfahrung. Während rings im Land..... und in d..... Welt d..... Polarisierung d..... Meinung..... über d..... Kernenergie noch ständig anwächst, war hier d..... Erfahrung, daß Vertreter beid..... Seit..... ernsthaft miteinander reden, einander als Fachleute und als moralisch..... Persönlichkeit..... im Gespräch immer mehr achten lernen können. . . .

11.3 Eine besondere Schwierigkeit bietet im Deutschen die dreifache Deklination der Adjektive (stark, gemischt und schwach), je nachdem ob vor dem Adjektiv kein, ein unbestimmter oder ein bestimmter Artikel (bzw. Artikelwort) steht.
Deklinieren Sie die folgenden 9 Ausdrücke im Singular und Plural und stellen Sie fest, wie viele der 72 Adjektivendungen verschieden sind. – Deuten Sie Ihr Ergebnis morphemisch.

neuer Wein	*sein neuer Wein*	*der neue Wein*
weißes Brot	*sein weißes Brot*	*das weiße Brot*
heiße Suppe	*seine heiße Suppe*	*die heiße Suppe*

11.4 Wieviele finite Konjugationsformen (auch analytische) lassen sich von einem transitiven deutschen Verb bilden, z.B. von *tragen*? Wieviele der Formen sind verschieden?

11.5 Welche Zeitstufen kann das Präsens im Deutschen ausdrücken?

11.6 Bestimmen Sie im folgenden Textausschnitt die Verbalformen nach
a) ihren formalen Tempora, und
b) ihrer zeitlichen Bedeutung (Vorvergangenheit, erzählte Vergangenheit, unmittelbare Vergangenheit, Gegenwart, Zukunft und zeitlose Geltung).

"Nun, du wirst sehen, daß es kinderleicht ist. Den Anfang haben wir schon gemacht. Jetzt gehen wir und bürsten deine Hosen und Schuhe ein wenig, sie haben es nötig. Und dann wirst du einen Shimmy mit mir tanzen." – "Da sehen Sie, rief ich eifrig, "daß ich doch recht hatte!"... (aus: Hesse, Der Steppenwolf)

11.7 Bestimmen Sie Form und Funktion (Bedeutung) der Konjunktive in den folgenden Sätzen:

Herr Bauer erzählte mir, er sei beim Einkaufen übervorteilt worden. Er sagte: "Ich wüßte gern, um wieviel. Wenn ich aufgepaßt hätte, wäre das nicht passiert. Könnten Sie so freundlich sein, mir bei der Aufklärung zu helfen?"

11.8 Der folgende Text enthält 5 "täterlose" passivische Ausdrücke. Wo liegt nach Ihrer Ansicht Verschweigen, Nicht-Kennen oder einfach Vernachlässigen des "Täters" vor? – Begründen Sie Ihre Meinung.

Hamburg: Kultur konsequent

Die Opera Stabile, Experimentierbühne der Staatsoper, wird in der nächsten Saison geschlossen (1). Auch beim Thalia-Theater fürchtet man (2a), auf Grund von Etatkürzungen die Studiobühne "Tik" schließen zu müssen (2b). Den Museen wurden 9 Millionen Mark Investitionen und 30 Prozent des Ankaufsetats gestrichen (3). – 12 Prozent mehr Geld hingegen erhielt (4) die Stadtteilkultur, und für insgesamt 4 Millionen soll ein Parkplatz an der "Fabrik" gebaut werden (5).

11.9 Übersetzen Sie folgende 8 Sätze in Ihre Muttersprache, um zu vergleichen, mit welchen formalen Mitteln dort die Konjunktivbedeutungen ausgedrückt werden:

a) Sie beschuldigte mich, ich hätte das Buch gestohlen.
b) Wenn sie doch nur rechtzeitig gekommen wäre!
c) Er sagte mir, daß sein kleiner Bruder Keuchhusten hätte.
d) Ich hörte, sie sei hinausgegangen.
e) Er erzählte überall herum, meine Eltern wären bankrott.
f) Wenn ich du wäre, würde ich aufgeben.
g) Wenn ich Zeit hätte, käme ich mit. (vgl. auch Indikativ!)
h) Man nehme täglich dreimal eine Tablette.

****

In Lektion 9 (Morphemik) wurde schon erwähnt, daß aus Morphemen Wörter gebildet werden, daß es komplexe Wörter gibt und daß Wörter akustisch-graphische und semantisch-funktionale Einheiten der Sprache sind.
Wie entstehen Wörter? Die Sprachgeschichte läßt sich nicht so weit zurückverfolgen, um die Entstehung eines "Stammwortschatzes" zu erklären, darüber gibt es nur einige Hypothesen. Nur selten kann man neue, sogenannte Wortschöpfungen beobachten, z.B. als Lautmalerei. Aber wir erleben ständig, wie aus den Stammwörtern neue Wörter gebildet werden. Diese Erscheinung heißt Wortbildung. Ihre Typen und Muster, vor allem die (heute noch) produktiven, untersucht die Wortbildungslehre. Sie ist ein Teil der Grammatik und gehört zur Morphologie, teilweise aber auch zur Syntax.

Gehen wir von einem Beispieltext aus:

Rettung aus Raumnot (aus: DER SPIEGEL 31/1984)

Eine amerikanisch-sowjetische Zusammenarbeit im Weltall wünscht sich die Reagan-Administration – trotz aller Rüstungsbemühungen. Ziel der Kooperationsbemühungen ist, wie US-Präsident Reagan kürzlich erläuterte, "eine gemeinsame, simulierte Rettungsaktion im Weltraum": Astronauten und Kosmonauten sollen sich dabei gegenseitig aus der Klemme helfen. Dazu müßten die Andock-Mechanismen sowjetischer und amerikanischer Raumstationen einander angeglichen, der Funksprechverkehr und die Regeln für den Aufenthalt außerhalb eines Raumschiffes aufeinander abgestimmt werden. Die Zusammenarbeit im Weltraum, falls sie zustande kommt, würde an das Apollo-Sojus-Projekt von 1975 anknüpfen, bei dem amerikanische und sowjetische Raumfahrer in der Erdumlaufbahn ein Koppelmanöver ausführten.

Der Text besteht aus 92 Wörtern. Die Hälfte davon (46) sind einfache Lexeme, vor allem kleine Strukturwörter. Die andere Hälfte ist entweder mittels **Affixen abgeleitet** (*Rettung, Aufenthalt, Klemme, anknüpfen* – 16) oder aus zwei oder mehr Lexemen **zusammengesetzt** (*Raumnot, dabei, 1975, Apollo-Sojus-Projekt* – 20) oder stellt eine Kombination aus beidem dar (*Rüstungsbemühungen, gegenseitig, Andock-Mechanismen* – 10). Es sind vor allem diese Wörter, die die Infomation des Textes enthalten. Die sekundär gebildeten Wörter stellen die Hauptmasse unseres Wortschatzes.

Für den Grammatiker werfen sie eine Reihe von Fragen auf:

- ▷ Welches sind die Ursachen für die Wortbildung?
- ▷ Welche Strukturtypen sind heute noch produktiv?
- ▷ Welche semantische Funktion haben Ableitungsmorpheme?
- ▷ Lassen sich Entwicklungstendenzen in der Wortbildung erkennen? (zu dieser letzten Frage vgl. das Kapitel "Historiolinguistik")

Ursachen für die Wortbildung

Die meisten Ableitungen und Zusammensetzungen unseres Beispieltextes sind so alt, daß die Ursachen ihrer Entstehung schwer festzustellen sind. Viele aber stammen nachweislich erst aus diesem Jahrhundert, vor allem aus dem "Raumfahrtzeitalter" (*sowjetisch; Funksprechverkehr, Raumnot, -station, -schiff, -fahrer, Apollo-Sojus-Projekt; Reagan-Administration*; auch *Koppelmanöver, Andock-Mechanismen* u. dgl. sind in ihrem speziellen Sinn neu). Die Bezeichnung neuer Dinge ist der Hauptgrund für Wortbildungen. Aber es gibt noch andere Gründe. Man unterscheidet 3 Gruppen (wobei die Beispiele oft für mehrere Ursachen gleichzeitig gelten können; hier und im folg. vor allem nach ERBEN):

a) **Objektive Ursachen:** ständiger Bedarf an Neuwörtern für neue Dinge und Ideen	**Beispiele:** *Kernkraft, Raumfahrt, Umweltschutz*
b) **Subjektive Ursachen:** Wirkung und Beeinflussung soziale Auf-, Ab-, Umwertung soziale Selbstdarstellung	 *supervolumig, dotterfrisch* *Gastarbeiter; Chauvi* *Kauffrau*
c) **Sprachstrukturelle Ursachen:** Motiviertheit (Durchsichtigkeit) Eindeutigkeit bei Homonymen Ausgleich von Flexionslücken syntaktische Transposition (Wortartwechsel) und Transformation (Satzstrukturänderung) Informationsverdichtung durch "Univerbierung" (zu 1 Wort) Augenblicksbildungen Ökonomie, Kürze	 *Bahnsteig (für "Perron")* *Vogelbauer (für "Bauer")* *Regenfälle (Plural)* *Rede: reden, be-, ausreden, Gerede, Redner, redlich, beredt, redselig* *Haltestelle, Einbahnstraße, Naßkopierer* *Brandtrede, Kohlreise* *Stabi, DDR-ler, APO, OP,*

Strukturtypen der Wortbildung

Man kann zunächst die **Umsetzung** eines endungslosen Wortes in eine andere Wortart (der *Feind* —› jemandem *feind* sein; *tief* —› das *Tief*) und die **syntaktische Konversion** eines Wortes mit Flexionsendung (*treffen* —› das *Treffen; neues* Material —› etwas *Neues*) zur sogenannten impliziten oder **inneren Wortbildung** zusammenfassen.
Wichtiger aber ist die **Neuprägung** von Wörtern, weniger durch **Abbau** (*Oberkellner* —› *Ober; Omnibus* —› *Bus*) als durch **Aufbau**: hier finden sich die beiden Haupttypen der Wortbildung:
Die **Zusammensetzung** (Komposition) bildet neue Wörter aus zwei oder mehr Lexemen, bisweilen parataktisch (= additiv: *Maler-Dichter; bittersüß*), vor allem aber hypotaktisch durch **Determinativkomposita** aus Bestimmungs- und Grundwort (primär: *Bergwerk, Raumnot*; höheren Grades: *Funksprechverkehr*). Ein Sonderfall ist die **Zusammenrückung** zweier Wörter, die noch getrennte Flexion haben (*lange(r) Weile* —›*Langeweile*). Die Zusammenrückung wird manchmal auch dadurch definiert, daß das neue Wort nicht die Wortart des Grundwortes hat (*nimmer satt* —› *der Nimmersatt*). – (Text weiter auf der folg. Seite)

Strukturtypen der Wortbildung	**Beispiele**
I innere (implizite) Wortbildung	
a) Umsetzung	*feind, Tief*
b) syntaktische Konversion	*Treffen, Neues*
II Neuprägung	
A) Abbau (Verkürzung)	*Ober, Bus*
B) Aufbau – 1) Zusammensetzung	
a) paratakt. (= Kopulativkomp.)	*Maler-Dichter, süßsauer*
b) hypotaktisch	
Determinativkomposita	
primär	*Bergwerk, Skisport*
höheren Grades	*Steinkohlenbergwerk*
Zusammenrückung	*Nimmersatt, Langeweile*
2) Ableitung (Derivation)	
Präfixbildung	*aufbauen, Geschrei*
Suffixbildung	*Turner, bärtig*
höheren Grades	*Veruntreuung, Erwerb-Ø*
Zusammenbildung	*Liebhaber*

Der zweite Haupttyp ist die **Ableitung** (Derivation) mittels Affixen (Prä- und Suffixen). Auch hier treten primäre (*aufbauen, Rettung*) und solche höheren Grades (*Aufenthalt*) sowie als Sonderfall die **Zusammenbildung** auf, wo ein Kompositum geschlossen abgeleitet wird (*Liebhab-er*).

Der Beispieltext oben zeigt, daß von den Strukturtypen die Determinativkomposita und Ableitungen bei weitem am häufigsten auftreten. Schwierig zu beurteilen sind besonders alte Bildungen (*falls, einander*) und Fremdwörter (etwa: *"Kooperation"* ← *ko(n)* und *Operation* ← lat. *operatio* ← *opus*), auch *Astronaut* und *Kosmonaut* sind Zusammensetzungen, allerdings neu aus griechischen Wurzeln gebildet und aus dem Amerikanischen bzw. Russischen jeweils ins Deutsche übernommen, so als wären sie Bezeichnungen für zwei Raumfahrer-"Nationalitäten".

Eine andere Möglichkeit, Strukturtypen zu erfassen, ist nach der Wortart gegeben, vgl. folgende Übersicht der Hauptwortarten:

	KOMPOSITION			DERIVATION		
	Subst.	Adj.	Verben	Subst.	Adj.	Verben
aus Subst.	Tagtraum Tagebuch	grasgrün mausetot	radfahren kopfstehen	Freundin Unglück	freundlich glücklich	befreunden mißglücken
aus Adj.	Glatteis Oberlicht	hellbraun naßkalt	dicketun kleinhacken	Röte Klugheit	rötlich unklug	erröten klügeln
aus Verben	Treibeis Badehose	druckreif triefnaß	fließpressen glühschweißen	Fahrzeug Lehrer	befahrbar gelehrig	abfahren belehren

Zur semantischen Funktion der Ableitungsmittel

Die Derivations-Affixe haben sich zwar aus selbständigen Wörtern entwickelt, doch ist deren ursprüngliche Bedeutung verblaßt (z.B. *be* ← *bei; ver* ← *vor*), und sie haben neue Bedeutungen kategorialer Art (Wortartwechsel: *Krank<u>heit</u>*) oder semantisch modifizierender Art bekommen, vgl. folgende Tabelle der **Modifikationen** durch Ableitungsmittel. Die Bedeutung der Termini geht aus den beigefügten semantischen Merkmalen hervor:

SUBSTANTIVE			
Deminution		(klein, niedlich)	*Bäumchen, Büchlein, Minirock*
Augmentation		(groß, stark)	*Übermensch, Superhit, Unzahl, Erzgauner*
Negation		(nicht, gegen)	*Unrast, Mißgunst, Nichtraucher, Antifaschist*
Taxation	1.	(falsch, schlecht)	*Fehlgriff, Mißklang, Untat*
	2.	(früher, ehemalig)	*Altpräsident, Exfußballer*
	3.	(stellvertretend, 2.)	*Vizekanzler, Prorektor*
	4.	(Ausnahme, zusätzl.)	*Sonderfall, Extrawurst*
Motion	1.	(für weibl. Pers.)	*Köchin, Hostesse, Friseuse*
	2.	(für männl. Pers.)	*Maler, Gänserich, Friseur*
Kollektion		(gesamt, viel, alle)	*Gestänge, Ärzteschaft, Dickicht, Schuhwerk*
Soziation		(zusammen, Partner)	*Ko-Autorin, Mitschuldige*
ADJEKTIVE			
Gradation		(sehr, ganz)	*uralt, grundfalsch, saudumm*
		(zu sehr)	*übereifrig, superstark, hyperkorrekt*
		(etwas, ungefähr)	*dümmlich, quasineutral*
Negation		(s. oben + scheinbar)	*unrein, amusisch, inkompetent, pseudoexakt*

Aufgaben *(L 12)*

12.1 Ordnen Sie folgende Wörter den unten aufgeführten Ursachen für Wortbildungen zu:
Raumpflegerin (für "Putzfrau"), *Kernkraft, Rauhreif* (für "Reif"), *Standlicht, down* (niedergeschlagen), *Assistent* (für "Gehilfe"), *Zwischenprüfung, Sonnenenergie, Fleischsorten, cool* (abgeklärt).

a) Bedarf an Neuwörtern
b) Modewort
c) soziale Aufwertung
d) Eindeutigkeit
e) Ausgleich für fehlenden Plural
f) Univerbierung

12.2 Ordnen Sie die unterstrichenen Wörter den Wortbildungstypen zu:
Max Müller studiert Deutsch an der Uni Köln und hat ein Flugblatt mit neunzehn Thesen verfaßt und verteilt, in dem er den Lehrkräftemangel kritisiert. Er behauptet, Leitung und Verwaltung der Hochschule seien gleichermaßen an den überfüllten Hörsälen schuld. Allerdings dokumentiert er die Misere mit ei-

nem Foto aus der Universität München. Diese Fälschung wurde jedoch als ein Dummerjungenstreich abgetan.

a) reiner Wortartwechsel
b) Kopulativkomposita
c) Determinativkomposita
d) Zusammenrückung
e) Derivation (Ableitung)
f) Abbau (Verkürzung)

12.3 Eine Sonderform der Komposition ist die **Verschmelzung** aus Teilen zweier Wörter nach dem Muster *Motel* ← *Motor Hotel*. Aus welchen Wörtern sind folgende neuen Begriffe "verschmolzen"? Erklären Sie daraus ihre Bedeutung.

Stagflation – *Kurlaub* – *Tomoffel* – *Schiege* – *Medizyniker*

12.4 Formen Sie folgende Komposita syntaktisch um:
(Muster: *Fahrbahnkontakt* → *Kontakt mit der Fahrbahn*
Privateigentum → *privates Eigentum*)

a) *Kofferraumschloß*
b) *Lenkunterstützung*
c) *Bremskraftverstärker*
d) *Störeinflüsse*
e) *Kraftstoffeinfüllklappe*
f) *Sicherheitsrisiko*
g) *Volkseigentum*
h) *Vermögensbildungsinstitut*
i) *Friedensbewegung*
j) *Bundestag*

12.5 Bilden Sie zu folgenden Adjektiven (lateinischer Herkunft) die verneinte oder Gegenbedeutung, indem Sie jeweils ein Element davorsetzen (Muster: *-relevant* → *irrelevant*):

-legal	*-formell*	*-kompetent*	*-real*	*-loyal*
-mobil	*-direkt*	*-offiziell*	*-aktiv*	*-potent*
-human	*-regulär*	*-transitiv*	*-solvent*	*-tolerant*

a) Überprüfen Sie Ihre Ergebnisse anhand eines Wörterbuches.
b) Sind die so entstandenen Adjektive Produkte der Wortschöpfung, Derivation, Flexion, Komposition oder Zusammenrückung?
c) Formulieren Sie eine Regel für die Verteilung der verschiedenen hinzugefügten Elemente.

12.6 Geben Sie je ein Beispiel (Ableitungen) für folgende Modifikationen

a) Deminution
b) Augmentation
c) Negation
d) Taxation (schlecht)
e) Motion (weiblich)
f) Motion (männlich)
g) Kollektion
h) Gradation (sehr)

****

KAPITEL 5: SYNTAX

(L 13)

Einführung: Wort – Satzglied – Satz

Die – aus Morphemen gebildeten – Wörter werden in der Kommunikation zu **Sätzen** kombiniert. Zwischen den Ebenen "Wort" und "Satz" läßt sich mit Hilfe von Proben noch eine Ebene **Satzglied** ermitteln:

1) durch die **Umstellprobe** (Verschiebeprobe, den Permutationstest)

	Der Student	*strickt*	*warme Socken.* – ABC
	Warme Socken	*strickt*	*der Student.* – CBA
	Strickt	*der Student*	*warme Socken?* – BAC
(daß)	*der Student*	*warme Socken*	*strickt.* – ACB

(Die Stellungstypen BCA und CAB sind im Deutschen höchstens in gebundener Sprache aus Gründen des Reims oder Metrums zulässig.)

2) durch die **Ersatzprobe** (den Substitutionstest)

Der Student	*strickt*	*warme Socken.*
Oskar	*macht*	*etwas.*
Er	*tut*	*es.*

Bei diesen Proben zeigt sich, daß bestimmte Wortgruppen zusammen verschoben oder ersetzt werden, die **Satzglieder**. Der Beispielsatz besteht aus 5 Wörtern, aber nur aus 3 Satzgliedern. – Das Attribut betrachten wir als "Satzglied-Teil".

Mit den Satzgliedern, Sätzen, ihrer Struktur und ihren Bildungsregeln beschäftigt sich die **Syntax** (Satzlehre).

Die grundlegende Frage müßte nun lauten: Was ist ein Satz? Sie ist auch schon oft gestellt und versuchsweise beantwortet worden. In den 30er Jahren haben RIES und SEIDEL 223 **Satzdefinitionen** gesammelt, z.B.:

Ein Satz ist der Ausdruck des Gedankens.	– psychologisch
Ein Satz besteht aus Subjekt und Prädikat.	– logisch
Ein Satz ist eine Klangeinheit unter einem Spannbogen.	– intonatorisch

Ein Satz wird durch Punkt, Frage- oder Ausrufungszeichen abgeschlossen.	–	orthographisch
Ein Satz ist eine Verbalphrase.	–	dependentiell
Ein Satz ist eine verbale Setzung.	–	operational

Aber schon diese wenigen Definitionen sind kaum miteinander zu vergleichen, da sie von ganz verschiedenen Aspekten, Kriterien und Ebenen der Sprache ausgehen. Eine kurze allgemeingültige Satzdefinition kann es deshalb nicht geben.

Exkurs zur Geschichte der Linguistik

Schon seit dem Altertum haben sich Philosophen, Grammatiker und Sprachlehrer mit Sprache und Grammatik beschäftigt. Doch erst die Entdeckung der **Verwandtschaft der indoeuropäischen Sprachen** (1786 durch William JONES) führte zu einer wissenschaftlichen Sprachforschung im modernen Sinne, besonders in Deutschland.

Die Sprachwissenschaft des 19. Jahrhunderts war vor allem an der Sprachgeschichte interessiert. Man nennt ihre Methode **historisch-vergleichend**. Die Laute, Formen und Wortbedeutungen wurden bis zu den ältesten schriftlichen Quellen zurückverfolgt (Phonetik, Morphologie, Etymologie) und mit anderen Sprachen verglichen, um die Sprachverwandtschaft aufzudecken, eine "Ursprache" zu rekonstruieren, vor allem aber um **Lautgesetze** zu finden (vgl. dazu das Kapitel "Historiolinguistik"). Gleichzeitig entstanden je nach Sprachzweig die verschiedenen Philologien, besonders die von J. GRIMM begründete Germanistik, aber auch die Romanistik, Anglistik, Slavistik, Keltologie u.a.
Daneben wurden Syntax und Semantik weniger beachtet. Doch wurden mit der Einführung der allgemeinen Schulpflicht (im 18. Jahrhundert) Lehrbücher u.a. auch für den muttersprachlichen Grammatikunterricht notwendig. Diese Grammatik mußte relativ einfach sein und praktischen Ansprüchen genügen. So entwickelte K. F. BECKER (1820/30) auf der Grundlage der lateinischen eine deutsche **"Schulgrammatik"**, die von der Wissenschaft meist ignoriert wurde, aber trotzdem bis heute als **"traditionelle Grammatik"** weiterlebt und für pädagogische Zwecke benutzt wird. Sie betrifft vor allem die Lehre von den Formen, Wortarten und Satzgliedern und stimmt in groben Zügen mit der wissenschaftlichen Grammatik überein.

Die große Wende zur modernen Linguistik im 20. Jahrhundert brachte der von F. de SAUSSURE begründete **Strukturalismus**. Er basiert vor allem auf dem Zeichenbegriff, auf der Struktur des Sprachsystems ("langue") aus Elementen und Regeln sowie auf dem Prinzip der Synchronie gegenüber der früheren historischen Orientierung.
Im Anschluß an SAUSSURE bildeten sich linguistische Schulen in Genf, Prag (JAKOBSON, TRUBETZKOY: Phonologie), Kopenhagen (HJELMSLEV: Glossematik) und besonders in den USA, wo die Erforschung der Indianersprachen Tradition war (BOAS, SAPIR) und ein geeignetes Feld für die strukturelle Methode bot. Dort wurde auf der Grundlage eines strengen Formbegriffs (BLOOMFIELD) die Syntax der **Konstituentengrammatik** (FRIES, HARRIS) und daraus schließlich die **GTG = Generative Transformationsgrammatik** (CHOMSKY) entwickelt, die weltweite Beachtung und Verbreitung fand.
Weniger einflußreich waren andere strukturelle Grammatiktheorien wie die inhaltbezogene (WEISGERBER), die operationale (GLINZ), die funktionale (in der DDR), die stratifikationale (in England) u. a. Wichtig dagegen ist auch die **Dependenz-** oder **Valenzgrammatik** (TESNIERE) geworden.
Besonders die Prinzipien der Konstituenz und Dependenz in der Form der GTG und der Valenzgrammatik haben eine starke Wirkung auch auf die **pädagogische Grammatik** ausgeübt, ohne allerdings die traditionelle Grammatik völlig zu verdrängen.

Gegen Ende der 60er Jahre führte die Kritik an der "reinen" Linguistik des Strukturalismus zu einer Erweiterung des Forschungsbereichs durch Einbeziehung von Nachbarwissenschaften bei der Untersuchung und Beschreibung der **Sprachverwendung**. So wurde der Blick von den syntaxorientierten Grammatiktheorien auf umfassendere Fragen gelenkt, vor allem auf philosophisch-pragmatische, semantische, textwissenschaftliche, soziologische, psychologische und didaktische.

Traditionelle Grammatik

Die traditionelle (Schul-)Grammatik wird hier nicht dargestellt, sondern vorausgesetzt und etwas problematisiert. Ihre Syntax analysiert den Satz nach Wortart, Satzglied und morphologischen Kategorien (vgl. zur *Wortartenklassifizierung* und *Flexion* im vorigen Kapitel). Das läßt sich an geeigneten Beispielsätzen leicht demonstrieren:

	WORTART	SATZGLIED	MORPHOLOGISCHE KATEGORIEN
Die	best. Artikel	Subjekt	Nomin. Plur. (neutrum)
Kinder	Substantiv		Nomin. Plur. neutrum
grölen	Verb	Prädikat	3. Pers. Plur. Präs. Ind. Aktiv
auf	Präposition	Adv. Best. des Ortes	
dem	best. Artikel		Dativ Sing. (maskulinum)
Hof.	Substantiv		Dativ Sing. maskulinum

Aber selbst einfache Sätze werfen dabei oft Probleme auf, vgl. den ersten Teil eines Aphorismus von G. Laub (zum zweiten Teil siehe Aufg. 13.9):

Ich	Pers.pron.	Subjekt	Nomin. Sing. 1. Person
bin	Verb	Prädikat	1. Pers. Sind. Präs. Ind. Aktiv ?
auch	Adv. / Part. ?	Adv.Best. ?	
nur	Adv. / Part. ?	Adv.Best. ?	
ein	unbest. Art.	Präd.nomen	Nomin. Sing. maskulinum
Mensch.	Substantiv		Nomin. Sing. maskulinum

Abgesehen von Einzelproblemen wird die traditionelle Syntax vor allem in zwei Punkten kritisiert:

▷ Sie vermischt auf unwissenschaftliche Weise Kriterien (z.B. morphologische, syntaktische und semantische bei der Klassifizierung der Wortarten).

▷ Sie läßt die Hierarchie der Satzstruktur unberücksichtigt.

Dennoch behält die traditionelle Grammatik ihre Bedeutung wegen ihrer grundlegenden Terminologie, ihrer internationalen Verbreitung und für den Sprachunterricht.

Aufgaben

13.1 Erklären Sie die verschiedenen Bedeutungen des Wortes *Grammatik* in den folgenden Sätzen:

a) *Die Valenzgrammatik stammt von Lucien Tesnière.*

b) *Die deutsche Grammatik gilt als relativ schwierig.*

c) *Wo hab ich nur meine englische Grammatik hingelegt?*

13.2 Der Ermittlung von Satzgliedern dient u.a. die Verschiebeprobe. Inwiefern genügt sie für die beiden folgenden Beispielsätze nicht?

Dies Haus wird bald abgerissen werden.
Es sollte lieber renoviert werden.

13.3 Welche linguistische Entdeckung begründete die historisch-vergleichende Sprachwissenschaft in Europa?

13.4 Warum lag der Schwerpunkt der Sprachwissenschaft des 19. Jahrhunderts auf der Lautlehre?

13.5 Auf welches Teilgebiet verlagerte sich der Schwerpunkt der Linguistik im 20. Jahrhundert?

13.6 Lesen Sie zum Vergleich mit dem Exkurs in dieser Lektion eine ausführliche Darstellung der Wissenschaftsgeschichte in einem der Einführungsbücher von IMHASLY u.a. (S. 35-60), ZARNIKOW (S. 7-58) oder MOUNIN/PELZ (S. 15-21).
Gesamtdarstellungen finden sich in HELBIG (Geschichte), LEPSCHY und HEESCHEN.

13.7 Welche Disziplin / Wissenschaftsmethode / Grammatiktheorie haben folgende Linguisten begründet?

a) J. GRIMM
b) F. de SAUSSURE
c) N. S. TRUBETZKOY
d) Z. S. HARRIS
e) N. CHOMSKY
f) L. TESNIERE

13.8 Analysieren Sie auf traditionelle Weise folgendes Satzgefüge:

Wenn Oskar Astronomie studiert hätte, wäre er jetzt vielleicht Direktor des Planetariums in Wuppertal.

13.9 Analysieren Sie den 2. Teil des Aphorismus von G. Laub (vgl. S. 70):

Aber sagen Sie 's bitte nicht weiter.

13.10 Nennen Sie 2 Kritikpunkte an der traditionellen Schulgrammatik.

****

Strukturelle Syntax **(L 14)**

Im Gegensatz zur traditionellen Grammatik bemühten sich die Strukturalisten um exakte, nachprüfbare Methoden, einheitliche Kriterien und um die Entdeckung von Strukturen.
Die wichtigsten **Methoden** waren dabei:

- ▷ die Segmentierung und Klassifizierung von Elementen,
- ▷ Proben: Austausch-, Weglaß-, Umstell- und Ersatzprobe,
- ▷ die Untersuchung der Distribution von Elementen,
- ▷ die graphische Darstellung von Strukturen durch Schemata.

Die Hauptziele der strukturellen Syntax sind,

- ▷ die Struktur von Sätzen zu beschreiben und
- ▷ die Regeln für grammatisch richtige Sätze zu finden.

Im folgenden werden 3 strukturalistische Grammatiktheorien behandelt.

IC-Grammatik (IC-Analyse; Konstituentenstrukturgrammatik)

So ermittelten die amerikanischen Linguisten FRIES, HARRIS, GLEASON u.a. die Satzstruktur ähnlich wie die Morphemstruktur komplexer Wörter, vgl. (L 9). Sie nannten die Bestandteile des Satzes **Konstituenten** (engl. *constituents*) und entdeckten eine Hierarchie dieser Konstituenten mit verschiedenen Ebenen. Die Hierarchie besteht darin, daß die Wörter des Satzes einen verschiedenen Status haben und zum Teil mit anderen zu Gruppen (Satzgliedern) zusammengefaßt werden können, die mit Kategoriensymbolen bezeichnet werden. Neu ist dabei eher die Methode als die Erkenntnis. – Beispiele (1) - (3):

(1)

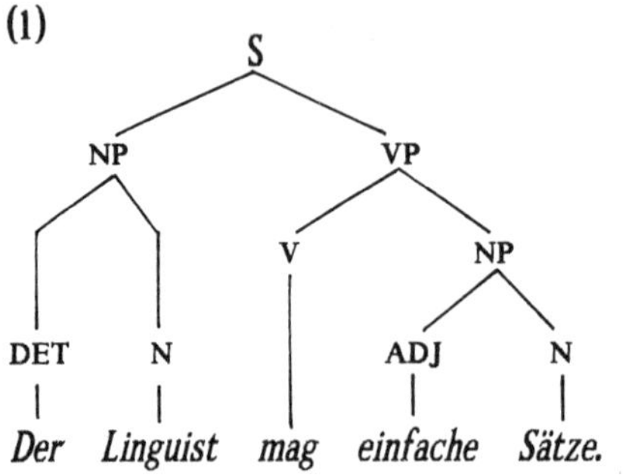

Symbole

S	Satz
NP	Nominalphrase
VP	Verbalphrase
N	Nomen (Substantiv)
DET	Determinator (Artikel)
V	Verb
ADJ	Adjektiv
PP	Präpositionalphrase
PREP	Präposition
PRON	Pronomen
ADV	Adverb

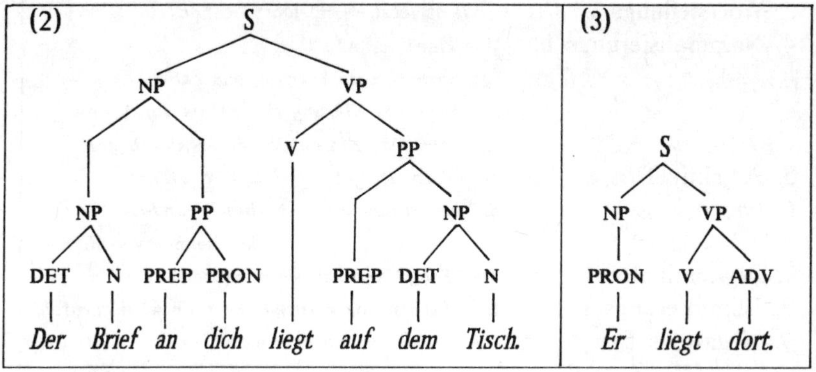

Das Stammbaumschema kann auch durch ein Kastenschema ersetzt werden, vgl. Satz (1). Auffällig ist die binäre Verzweigung: jeder "normale" Satz besteht zunächst aus NP und VP, die etwa Subjekt und Prädikat entsprechen und verschiedene Binnenstrukturen haben können. Bei mehreren gleichen Symbolen kann übrigens indiziert werden: NP_1, NP_2 usw. Die Sätze (2) und (3) haben die gleiche Grundstruktur, wobei in (3) die Subjekt–NP durch ein Pronomen und die lokale PP durch ein Ortsadverb ersetzt worden sind. Diejenigen Konstituenten, die direkt unter einem "Knoten" (einer Verzweigung) stehen, heißen **unmittelbare Konstituenten** (engl. *immediate constituents*, abgekürzt **IC** – daher der Name dieser Grammatiktheorie). So sind z.B. *der* (DET) und *Linguist* (N) unmittelbare Konstituenten einer NP, diese NP und die VP wiederum unmittelbare Konstituenten des Satzes (S).

Die IC-Analyse ist typisch für die gesamte amerikanische Linguistik vor CHOMSKY, die auch **taxonomischer Strukturalismus** genannt wird (*taxonomisch* bedeutet soviel wie *systematisch, segmentierend und klassifizierend*). Die Wortarten- und Satzgliedbegriffe sind dabei distributionell definiert und entsprechen nur zum Teil der traditionellen Grammatik. FRIES hat sogar auf die traditionelle Terminologie ganz verzichtet und die Wortarten mit Nummern bezeichnet.

HARRIS vereinfachte die Grammatik enorm, indem er zeigte, daß die meisten Sätze **Transformationen** aus relativ wenigen "Kernsätzen" sind. Er unterschied 9 Transformationen, von denen 1 - 6 reversibel (umkehrbar) sind, 7 - 9 dagegen nicht:

1. Passiv-T	*Sie ruft ihn.* ⟷ *Er wird von ihr gerufen.*
2. Einleitungs-T	*Wir lachten.* ⟷ *Da lachten wir.*

3. Wortstellungs-T	*Er liest jetzt ←→ Jetzt liest er.*
4. Nominalisierungs-T	*Wir klären den Fall.* *←→ Unsere Klärung des Falles.* *←→ Die Klärung des Falles durch uns.* *←→ Das Klären des Falles durch uns.*
5. Adjektiv-T	*Der Turm ist rot. ←→ Der rote Turm.*
6. haben-T	*Sie hat Freunde. ←→ ihre Freunde / die Freunde von ihr*
7. Pronominalis.-T	*Das Schiff kentert. ←→ Es kentert.*
8. Eliminierungs-T	*Er wird von ihr gerufen. ←→ Er wird gerufen.*
9. Negations-T	*Ich lese. ←→ Ich lese nicht.*

Mit der IC-Analyse und dem Transformationsbegriff waren die wichtigsten Grundlagen für die folgende Grammatiktheorie geschaffen.

Die Generative Transformationsgrammatik (GTG) I

Die GTG wurde von Noam CHOMSKY begründet und in zwei Phasen entwickelt, die seinen Hauptarbeiten entsprechen, «Syntactic Structures» (1957) und «Aspects of the Theory of Syntax» (1965).
Die Theorie kann hier natürlich nur knapp in ihren Hauptgedanken zusammengefaßt werden.

CHOMSKY ging von der IC-Grammatik seines Lehrers HARRIS aus, kritisierte aber deren **statische** Konzeption, d.h. die Beschreibung von Zuständen, die reine Identifizierung von Elementen nach Form, Vorkommen und Funktion und setzte sich zum Ziel, den **Prozeß der Erzeugung** von Sätzen zu beschreiben (Erzeugung = Generierung, daher *generativ*). Er stellte hohe Anforderungen an die wissenschaftliche Methode, an Exaktheit, Eindeutigkeit, Widerspruchsfreiheit und Ökonomie (größtmögliche Knappheit und Einfachheit) und benutzte Mittel der formalen Logik und Mathematik, die zunächst in der Linguistik ungewohnt waren, aber eine geradezu "elegante" Darstellung erlaubten. Vielleicht ist seine wissenschaftstheoretische Leistung höher zu bewerten als die grammatische.

In der 1. Phase ersetzte CHOMSKY die statische IC- oder PS- (= Phrasenstruktur-)Grammatik durch eine generative Grammatik, indem er Erzeugungsregeln zugrundelegte, und zwar **Formations- = Ersetzungsregeln**, z.B.:

S —> NP + VP
NP —> DET + N
VP —> V + NP

(zu lesen: "Ersetze S durch NP + VP", oder: "Expandiere S zu NP + VP" usw.)

Die Formationsregeln ergeben ein Verzweigungsdiagramm (*Phrase Marker, P-Marker*) ähnlich der IC-Struktur. (s. die Baumstruktur rechts)
Für die Endsymbole (DET, N, V, ...) werden mittels **Lexikonregeln** Lexeme eingesetzt:

DET —> *die, ein*
N —> *Frau, Bild*
V —> *malt*

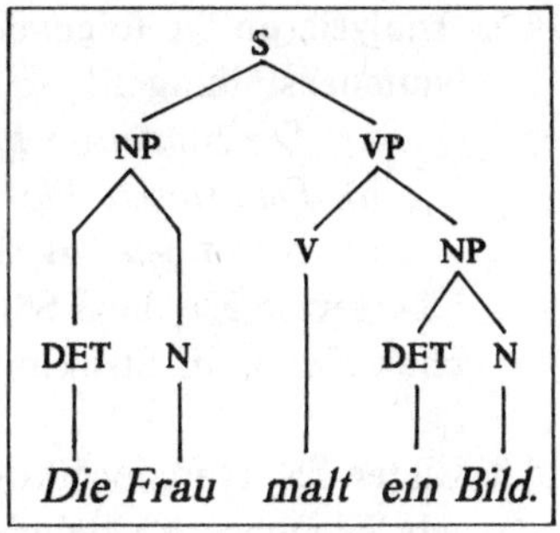

Diese Syntax generiert den Satz *Die Frau malt ein Bild.* Sie ist aber noch zu einfach, um andere mögliche Sätze auszuschließen wie:

Ein Bild malt die Frau. – (*Bild* = Akkusativ = Objekt wie oben)
**Ein Bild malt die Frau.* – (*Bild* = Nominativ = Subjekt)
**Ein Frau malt ein Bild.*
usw. (* bedeutet: "ungrammatisch")

Eine solche Syntax erzeugt auch nur Kernsätze. Die meisten Sätze entstehen jedoch durch **Transformationen** aus diesen Kernsätzen, z.B.:

Die Frau malt ein Bild. + *Die Frau hört Radio.* → *Die Frau malt ein Bild und hört Radio.* (Konjunktions-T)

Du gehst jetzt heim. → *Du gehst jetzt heim.* (Aussage)
Du gehst jetzt heim. → *Du gehst jetzt heim?* (Frage)
Du gehst jetzt heim. → *Du gehst jetzt heim!* (Befehl)

Außer Konjunktions- und Intonations-Transformationen werden bei CHOMSKY auch Kongruenz, Negation und Affirmation, so- und w-Transformationen, Frage- Nominalisierungs- und Adjektiv-Transformationen erwähnt (vgl. mit HARRIS, oben S. 73f). Sie erklären auch Homonymien als Transformationen aus verschiedenen Kernsätzen:

alte Männer und Frauen —< *(alte Männer) und Frauen* / *alte (Männer und Frauen)*

die Ehrung der Soldaten —< *X ehrt die Soldaten* / *die Soldaten ehren Y*

Es wurde der Brief von Peter verlesen. —< *Peter verlas den Brief.* / *Man verlas Peters Brief.*

Aufgaben (L 14)

14.1 Nennen Sie zwei Hauptziele der strukturellen Syntax.

14.2 Analysieren Sie folgende Sätze nach ihrer IC-Struktur in Stammbaumdarstellungen:

a) *Die Studentin hielt ein kurzes Referat.*
b) *Das riesige Plakat wirbt für Zahncreme.*
c) *Wann beginnt morgen die Demo?*

Übersetzen Sie die 3 Sätze auch in Ihre Muttersprache und vergleichen Sie die IC-Strukturen in beiden Sprachen.

14.3 Bilden Sie Transformationen aus folgenden Kernsätzen (manchmal gibt es mehrere Möglichkeiten):

PASSIV	*Die Klassenälteste teilt die Papiere aus.*
	Die Freunde gratulieren dem Wettkampfsieger.
FRAGE	*Sie hat noch nie Tigerfleisch gegessen.*
NOMINALISIERG.	*Aladin träumt.*
	Ali träumt ständig im Unterricht.
	Die Klasse bereitet ein Tanzfest vor.
WORTSTELLUNG	*Sie schenken dem Lehrer Bonbons.* (mind. 8!)
ELIMINIERUNG	*Du mußt endlich mal ausspannen.*

14.4 Welche "Kernsätze" liegen folgenden Ausdrücken zugrunde?

a) *die Erforschung der Verhältnisse*
b) *die Entwicklung der Verhältnisse*
c) *die Entwicklung des Films*
d) *freie Märkte und Kleinbetriebe*

14.5 Worin bestand CHOMSKYs Hauptkritik an der IC-Grammatik?

14.6 Erstellen Sie die Formations- und Lexikonregeln für folgende Sätze:

Das breite Floß treibt auf dem schlammigen Fluß.
Warum gibt Frau Schulze patzige Antworten?

14.7 (Zur Wiederholung:) Welche drei Proben dienen zur Ermittlung von Satzgliedern?

****

Als Verbindung der Lektionen 14 und 15 hier eine schematische Darstellung des Aufbaus der GTG:

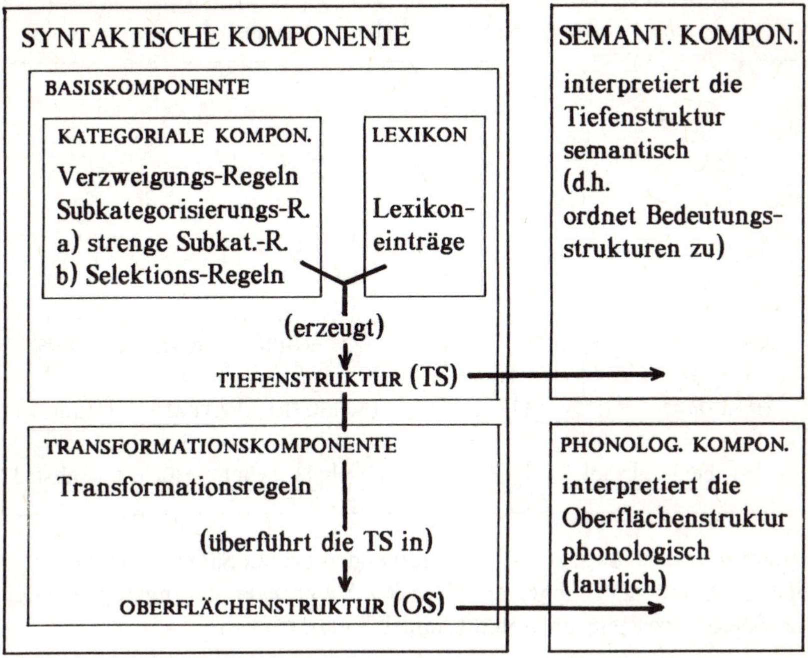

Bei seiner Neukonzeption in der sogenannten zweiten Phase versuchte CHOMSKY vor allem, Probleme der **Semantik** zu lösen, ohne dabei die Syntax als Fundament der Grammatik aufzugeben.
So werden mit Hilfe der **Verzweigungsregeln** (*branching rules*) und der **strengen Subkategorisierungsregeln** (*strict subcategorization rules*) wieder wie oben P-Marker generiert, wobei die Regeln kontext-unabhängig funktionieren.
Neu in der Basiskomponente sind jedoch die sogenannten **Selektionsregeln** (*selectional rules*), die die **syntaktischen Merkmale** (*syntactic features*) wie z.B. [zählbar], [abstrakt], [belebt], [menschlich] usw. bei den Lexikoneinträgen angeben, um sinnlose Sätze zu vermeiden, indem die Merkmale der Einheiten **im Kontext kompatibel** (verträglich) sein müssen, vgl. die folgenden Beispiele (die Darstellung ist auf das Wesentliche vereinfacht – Kompatibilitäten sind unterstrichen):

DET	→ *das, den*			
N	→ *Kind*	(N, NEUTR)	–	[+zählb -abstr +bel +hum]
	→ *Bus*	(N, MASKUL)	–	[+zählb -abstr -bel]
V	→ *wein-*	(V, INTRANS)	–	[+bel ____]
	→ *seh-*	(V, TRANS)	–	[+bel ____ -abstr]

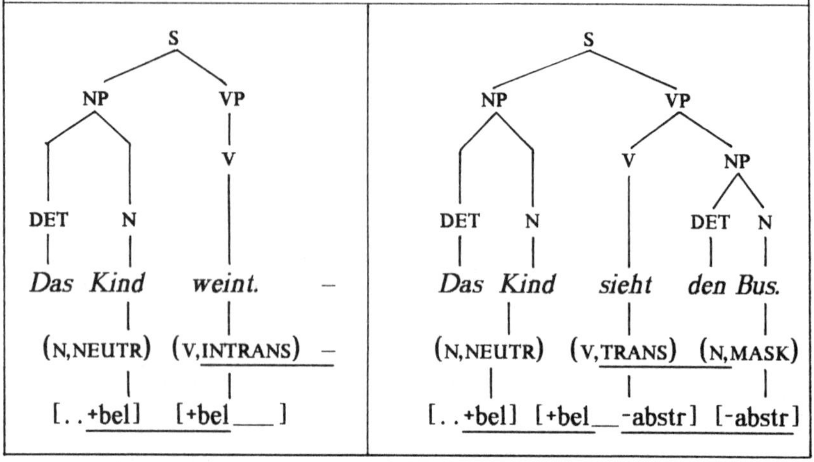

Ungrammatisch dagegen sind die folgenden beiden Sätze, da Unverträglichkeiten auf der Ebene der strengen Subkategorisierungsregeln oder der Selektionsregeln auftreten (doppelt unterstrichen):

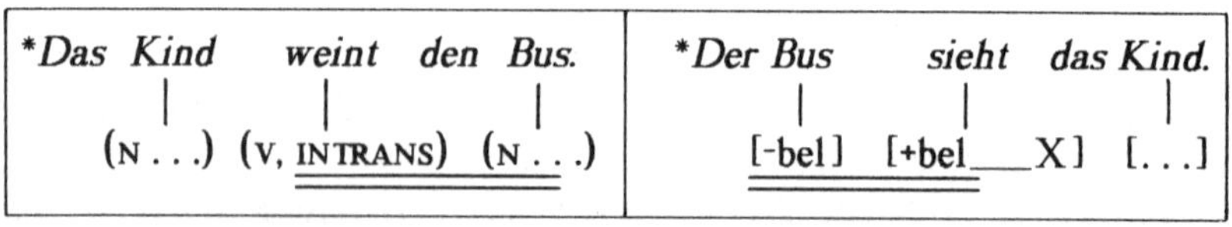

Das Resultat der Generierung in der Basiskomponente sind nicht mehr Kernsätze, sondern **Tiefenstrukturen** (TS). Diese werden in der semantischen Komponente semantisch interpretiert, indem den Einheiten Bedeutungsstrukturen zugeordnet werden, die spezieller sind als die *syntactic features.* Hier wurde CHOMSKY durch Arbeiten seiner Schüler, besonders KATZ und FODOR, ergänzt, vgl. das Kapitel "Semantik".
Eine Tiefenstruktur ist so abstrakt, daß sie schwer darstellbar ist, deshalb wird oft eine "offene" Schreibung gewählt wie z.B. D– KIND– WEIN–. Die TS ist sozusagen ein Bündel von möglichen Bedeutungen, die nur die

semantischen Grundbeziehungen gemeinsam haben. Erst die semantische Interpretation gibt ihr den Sinn des Gemeinten, wonach der Satz später generiert und durch die entsprechenden Transformationen konkretisiert wird.

Das Konzept der Tiefenstruktur geht vor allem auf 3 Probleme zurück:

1. diskontinuierliche Konstituenten:

   ER EINHOL– DU ⟶ *Er holt dich ein.*

2. strukturelle Mehrdeutigkeit:

   D– SOLDAT– GRÜSS– (x) ⟶ *das Grüßen der Soldaten*
   (x) GRÜSS– D– SOLDAT– ⟶ *das Grüßen der Soldaten*

3. synonyme Paraphrasen wie Aktiv/Passiv:

   WIR LOB– ER ⟶ *Wir loben ihn.*
   WIR LOB– ER ⟶ *Er wird von uns gelobt.*

Die TS werden in der Transformationskomponente durch Transformationsregeln zu Oberflächenstrukturen (OS) transformiert, etwa:

D– MANN– KOCH– D– SUPPE ⟶	
⟶ *Der Mann kocht die Suppe.*	(Aktiv-Transformation)
⟶ *Er kocht sie.*	(Pronominalisierungs-T)
⟶ *Die Suppe wird gekocht.*	(Passiv-T mit Tilgung)
⟶ *Kocht der Mann die Suppe?*	(Frage- + Wortstellungs-T)
⟶ *der die Suppe kochende Mann*	(Partizip-I-Transf.)
⟶ *die von dem Mann gekochte Suppe*	(Partizip-II-Transf.)

Bei komplexen Sätzen ergibt sich eine ganze "Transformationsgeschichte" (T-Kette). Zunächst sind hier die Tiefenstrukturen dreier Sätze gegeben, dann die Transformationen, schließlich die Kette:

S :	D– MANN– HEISS– OLAF	
S':	D– MANN– SEI– JUNG–	
S":	D– MANN– KOCH– D– SUPPE	
S :	$T_{FRAGE\ (WORTST\ +\ INTON)}$	– *Heißt der Mann Olaf?*
S':	$T_{ADJ\ +\ TILG}$	– *(der) junge (Mann)*
	$T_{EINBETTUNG}$	– *Heißt der junge Mann Olaf?*
S":	$T_{REL\text{-}PRON\ +\ WORTST}$	– *der die Suppe kocht*
	$T_{EINBETTUNG}$	– *Heißt der junge Mann, der die Suppe kocht, Olaf?*

1) —$T_{FRAGE\ (WORTST\ +\ INTON)}$ ↗ $T_{EINBETTUNG\ 1}$ ↗ $T_{EINBETTUNG\ 2}$
2) ——$T_{ADJ\ +\ TILGUNG}$——↗
3) ——$T_{REL\text{-}PRON\ +\ WORTST}$——↗

Die wichtigsten Typen von T-Regeln sind:

1. Hinzufügung (Addition) – z.B. für Konjunktionen,
2. Tilgung (Deletion) – z.B. für Einbettungen,
3. Ersetzung (Substitution) – z.B. für Pronominalisierungen,
4. Umstellung (Permutation) – z.B. für die Wortstellung.

Die Oberflächenstrukturen werden schließlich in der phonologischen Komponente phonologisch interpretiert, unser Beispiel etwa:
haıst de:ʁ jʊŋə man de:ʁ di: zʊpə kɔxt o:laf ——↗(Frage-Intonation)
Vgl. dazu das Kapitel "Phonologie". – Geschriebene Sprache ist sekundär.

Die GTG als Sprachtheorie

Die GTG ist nicht nur eine Syntaxtheorie, sondern auch eine umfassende Sprachtheorie.
CHOMSKY geht von einem "idealisierten Sprecher/Hörer" mit einer perfekten muttersprachlichen **Kompetenz** aus. Das ist eine methodisch bedingte Abstraktion. Die Kompetenz ist ein intuitives Wissen um grammatische Richtigkeit. In der **Performanz** entscheidet dann der Sprecher über Sinnlosigkeit und Akzeptabilität. – Beispielsätze:

(1) **Ich hole dem alten Onkel von Bahnhof ab.*
(2) **Ich hole die kühle Frage vom Bahnhof ab.*
(3) **Ich hole den von meinen jetzt meine in Köln wohnende Tante besuchenden Eltern angekündigten Onkel vom Bahnhof ab.*

Satz (1) ist zwar sinnvoll, aber **ungrammatisch**, d.h. grammatisch falsch, Satz (2) ist dagegen grammatisch, aber normalerweise **sinnlos**, Satz (3) schließlich ist grammatisch und sinnvoll, aber praktisch **nicht akzeptabel**.

Die muttersprachliche Kompetenz wird vom Kind erworben, indem es die sprachlichen Elemente "speichert" und die grammatischen Regeln **internalisiert** (verinnerlicht, automatisiert). Daß Kinder unbewußt abstrakte Regeln anwenden, sieht man einmal daran, daß sie richtige Sätze hervorbringen bzw. verstehen können, die sie so nie zuvor gehört haben. Zum anderen machen sie oft Fehler, indem sie durch Analogie anstatt

unregelmäßiger richtiger Formen (*bringen – brachte*) "regelmäßige" falsche bilden (**bringte*), die ihnen niemand beigebracht hat.
Damit argumentiert CHOMSKY gegen die schematische Lerntheorie des Behaviorismus und für einen **Mentalismus**, der schon in der Tradition des deutschen Sprachphilosophen W. v. HUMBOLDT liegt. Wiederholt beruft sich CHOMSKY auf dessen Satz, die Sprache mache von endlichen Mitteln unendlichen Gebrauch.

Daß die **Wirkung** seiner wissenschaftlichen Methode auf die Linguistik vielleicht seine Wirkung auf die Grammatikforschung noch übertrifft, wurde oben schon angedeutet. Seine "Aspects" enthalten eine komplette Metatheorie zur deskriptiven Grammatik und bieten eine schon lange notwendige Differenzierung unklarer Begriffe.
So stellt die GTG ein eindrucksvolles Gebäude über den Bereichen generative Linguistik, Sprachtheorie, Psycholinguistik, Sprachphilosophie und Wissenschaftstheorie dar. Wirkungsvoll war sie auch für die Sprachdidaktik und ist sie bis heute besonders für die Computerlinguistik.

Kritik an der GTG

Die GTG hat aber nicht nur schnell Anerkennung und weite Verbreitung gefunden, sondern ist auch auf **Kritik** gestoßen.
Zunächst waren es Schüler und Anhänger von CHOMSKY selbst, die eine **interne Kritik** übten, d.h. Kritik innerhalb der generativen Grammatik. Sie forderten eine Ersetzung der Syntax durch die Semantik als Fundament der Grammatik (vgl. die "Generative Semantik" im nächsten Kapitel und die sogenannte "Kasusgrammatik").
Die **externe Kritik** betraf vor allem folgende Punkte:

- ▷ Statt der traditionellen Beschränkung der GTG auf die Satzgrenze wurde eine Erweiterung zur Textgrammatik gefordert.
- ▷ Die GTG wurde mitunter als leere Kombinatorik, formalistisch und neo-positivistisch bezeichnet. Stattdessen sollte eine pragmatische Orientierung an Intentionen und Funktionen stehen.
- ▷ Zum Teil wurde der GTG auch eine rein computerlinguistische Ausrichtung nachgesagt und ihr Anspruch, mentale Prozesse zu beschreiben, verneint.

Aufgaben (L 15)

15.1 Geben Sie die graphische Darstellung des Aufbaus der GTG auf Seite 77 in wenigen Sätzen wieder, indem Sie ihre Bestandteile und die darin ablaufenden Prozesse beschreiben.

15.2 Welche Probleme führten zur Einführung des Konzeptes einer "Tiefenstruktur"?

15.3 Inwiefern legen die drei folgenden Sätze *eine* Tiefenstruktur nahe?
  a) *Stundenlang verhört die Polizei den Clown.*
  b) *Der Clown wird (von der Polizei) stundenlang verhört.*
  c) *Das Verhör des Clowns (durch die Polizei) dauert Stunden.*

15.4 Stellen Sie die Transformationsgeschichte des folgenden komplexen Satzes dar (Hilfestellung: Ausgangspunkt sind dabei 3 TS und 6 Transformationen: ADJ, EINBETT, NEG und REL-PRON, NS-WORTST, EINBETT.)
  Der neue Fernseher, den Carlos gekauft hat, ist nicht billig.

15.5 Welche Transformationen der Tiefen- zur Oberflächenstruktur sind erforderlich:
  a) für die Wortstellung allgemein,
  b) für die Bildung eines Konjunktionalsatzes,
  c) für die Pronominalisierung,
  d) für die Koordination gleichartiger Satzglieder?

15.6 Welcher Satz ist ungrammatisch, welcher sinnlos und welcher unakzeptabel?
  a) *Das Stahlwerk verschaukelt die Landschaft.*
  b) *Die Waren, die die neue Fabrik, mit der wir den Vertrag, der im Juli ausgehandelt wurde, abgeschlossen haben, geschickt hat, sind eingetroffen.*
  c) *Dem Computern gehören die Zukunft.*

15.7 Zeigen Sie mit Hilfe der strengen Subkategorisierungs-Regeln, daß folgende Sätze ungrammatisch sind:
  a) * *Klaus besucht oft.*
  b) * *Die Passagiere verlassen übermüdet dem Nachtboot.*

15.8 Zeigen Sie mit Hilfe der Selektionsregeln, daß folgende Sätze sinnlos sind:

a) * *Das Frühstück heiratet den Dauerregen.*
b) * *Die Ameisen diskutieren das Moskitonetz.*
c) * *Die Eskimos wohnen aus Gewohnheit.*

15.9 Schreiben Sie folgende OS in phonologischer (phonemischer) Transkription (eine Aufgabe zur Wiederholung):

Laßt euch doch von den Anfangsschwierigkeiten der Transformationsgrammatik nicht abschrecken!

15.10 Inwiefern ist CHOMSKYs GTG auch psycholinguistisch orientiert?

15.11 Erklären Sie folgende Fehler im kindlichen Sprachgebrauch:

a) *Petra hat sich den Fuß verstaucht und ist heim gehunken.*
b) *Das Eis ist heute noch glätter als gestern.*

15.12 Erklären Sie allgemein den Unterschied zwischen einer internen und einer externen Kritik. – Geben Sie ein Beispiel außerhalb der Linguistik.

****

Die Dependenzgrammatik (Valenzgrammatik) I (L 16)

Die Dependenzgrammatik stammt von Lucien TESNIÈRE (1893-1954) und wurde von deutschen Linguisten wie HELBIG und ENGEL weiterentwickelt. Auch HAYS in den USA, MEL'ČUK in der Sowjetunion u.a. haben dazu bedeutende Beiträge geleistet.
Mittelpunkt ist dabei nicht das Prinzip der Konstituenz, sondern das der Dependenz, d.h. der Abhängigkeit zwischen den Elementen des Satzes. Allerdings hat TESNIERE diese Abhängigkeit nicht exakt definiert und formalisiert, sondern eher intuitiv mit Beispielen gearbeitet, etwa:

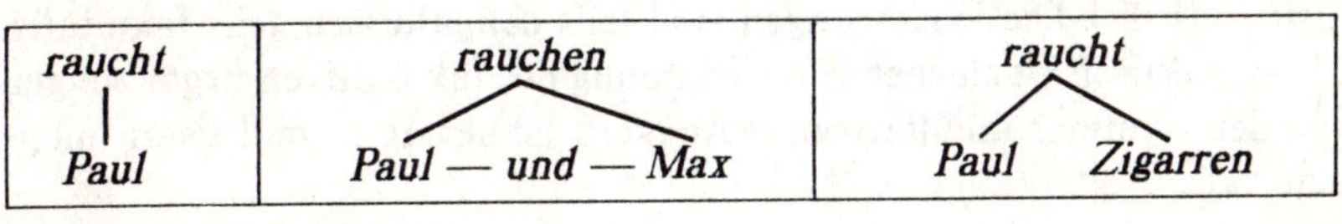

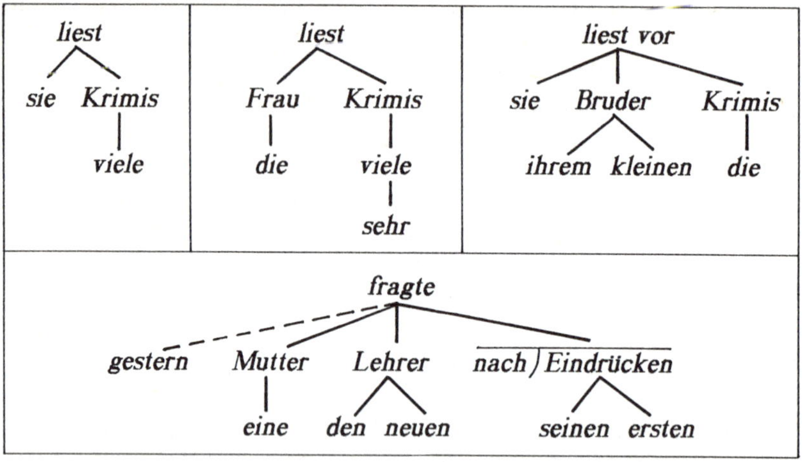

Die innere Satzstruktur ergibt sich als Hierarchie mit dem finiten **Verb** (Prädikat, Verbalkomplex) an der Spitze. Anders gesagt, das Verb ist das strukturelle Zentrum des Satzes. Es eröffnet Leerstellen für "Mitspieler" (Aktanten), die **Ergänzungen** (E_0 – E_9). TESNIERE hat als Sprachlehrer Satzstrukturen – besonders lateinische und deutsche – oft anhand eines Schlüsselbundes demonstriert: die Satzglieder hängen am Verb wie die Schlüssel am Ring. Das erinnert auch an das Atommodell, und dem entspricht der Ausdruck **Valenz** (oder Wertigkeit) des Verbs.
Im Deutschen gibt es 0- bis 4-wertige Verben, z.B.:

0-wertig:	*regnen, tauen*	3-wertig:	*geben, erzählen*
1-wertig:	*blühen, schlafen*	4-wertig:	*bringen, kaufen*
2-wertig:	*lieben, gehören*		

Ferner können freie **Angaben** (A; "Umstände") und **Attribute** hinzutreten, die jedoch grundsätzlich syntaktisch weglaßbar sind, d.h. der Satz wird ohne sie nicht ungrammatisch (graphisch dargestellt durch gestrichelte oder durchkreuzte Linien: – – –, -×-×-).

Zu den Ergänzungen gehören nicht nur das Subjekt (E_0) und die Objekte (E_1 – E_4), sondern auch gewisse Adverbiale Bestimmungen (Ort/Zeit, Richtung: E_5 – E_6), Prädikativa (E_7 – E_8) und Infinitive (E_9), vgl. die Liste in (L 17). Die Ergänzungen sind teils **obligatorisch**, teils **fakultativ**, d.h. syntaktisch weglaßbar. Eine Trennung der fakultativen Ergänzungen von den – immer fakultativen – Angaben ist streng formal kaum möglich, vgl.:

Die Kinder spielen (Fußball).	– E
Die Kinder spielen (im Garten).	– A
Die Kinder spielen (im Garten) (Fußball).	– A, E

Zwar wurde als Trennungskriterium die Gliedsatzrolle der Angaben vorgeschlagen, doch befriedigt diese Lösung oft praktisch nicht. Dann muß aus der Angabe meist ein "kommentierender" Satz gebildet werden (b):

a) *Die Kinder spielen im Garten.*
  → *Die Kinder spielen, während sie im Garten sind.*
b) *Die Kinder spielen heute.*
  → *Die Kinder spielen. Das geschieht heute.*

Semantisch jedoch ist die Trennung deutlich. Ergänzungen sind immer von der Bedeutung her eng zum Verb gehörig, man sagt "sinn-notwendig". Wenn gespielt, gegessen, gelesen usw. wird, ist klar, daß *etwas* gespielt gegessen, gelesen wird. Wo, wann, wie oder warum das geschieht, ist jedoch beliebig.

Das Dependenzprinzip bezieht sich auch auf die Binnenstruktur von Verbalkomplexen (*Sie muß dort verdammt schäbig behandelt worden sein. – Ein Brötchen soll damals 2 Pfennig gekostet haben.* – vgl. Aufg. 16.7), und es erlaubt die direkte Darstellung komplexer Satzstrukturen ohne Transformationen (allerdings tauchen dabei Kategoriensymbole für den Nebensatz-Anschluß auf), vgl. die Sätze:

Wir sehen einen Panda, der Fahrrad fährt.	*Wir sehen, daß der Panda Fahrrad fährt.*
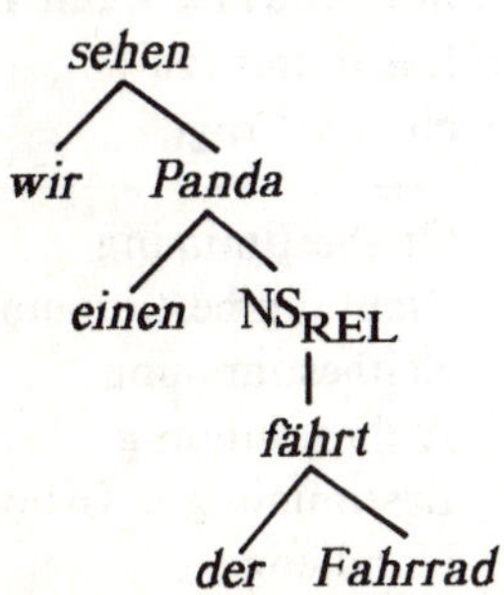	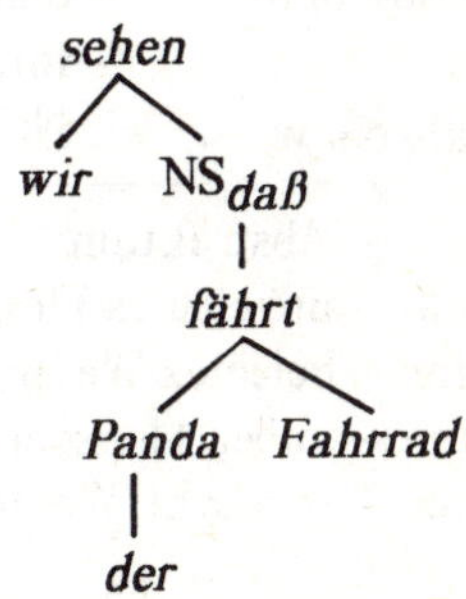

Valenzwörterbücher

Dic Valenzgrammatik wurde in Leipzig und Mannheim in Form zweier Valenzwörterbücher ausgearbeitet, die zunächst eine kleinere Zahl von Verben (knapp 500 Lexeme mit ca. dreimal soviel Varianten) nach ihrer Valenzstruktur beschreiben. Sie sind in erster Linie für den DaF-Unterricht gedacht, enthalten aber auch jeweils die Theorie in ausführlichen Einleitungen.

Das Wörterbuch von HELBIG/SCHENKEL ([1]1969) beschreibt die Verben und ihre Varianten auf 3 Stufen:

I nach der **Zahl** der obligatorischen und fakultativen **Ergänzungen**,
II nach deren **Art**, d.h. **syntaktisch** nach Wortart und Form,
III nach deren **semantischen** Merkmalen (bestimmten Restriktionen).

Beispiel:

I **zuhören** 1 + (1) = 2
II zuhören —→ Sn, (Sd)
III Sn —→ Hum (*Die Kinder hören zu.*)
Sd —→ 1. Hum (*Sie hören den Eltern zu.*)
2. Act (*Sie hören dem Singen zu.*)

Die wichtigsten Analyse-Kategorien und ihre Symbole sind dabei:

Sn, Sa, Sd, Sg	– Substantiv im Nomin., Akk., Dativ, Genitiv
Adj, Adv, Part, p	– Adjektiv, Adverb, Partizip, Präposition
unbest Num	– unbestimmtes Numerale
Pron, Refl	– Pronomen, Reflexivpronomen
-Art	– ohne Artikel
+def Art/-def Art	– mit bestimmtem / unbestimmtem Artikel
pS, pAdj, pPart	– Subst. mit Präp., Adj. mit Präp., Part. mit Präp
I, Inf	– Infinitiv ohne "zu", Infinitiv mit "zu"
$NS_{daß/ob/w}$	– Nebensatz mit daß / ob / w-Frage

Abstr	– Abstraktum	Loc	– Ortsbestimmung
-Anim	– unbelebtes Ding	Dir	– Richtungsbestimmung
+Anim	– belebtes Wesen	Temp	– Zeitbestimmung
-Hum	– außer Menschen	Mod	– Artbestimmung
+Hum	– menschl. Wesen	Caus	– Bestimmung d. Grundes
		Act	– Handlung

Im Anschluß an dieses Wörterbuch wurden von HELBIGS Mitarbeitern auch Valenzwörterbücher für Substantive und Adjektive erstellt, denn bei vielen von ihnen kann man ebenfalls sinn-notwendige Ergänzungen nachweisen, z.B. (Ergänzungen unterstrichen):

die Hälfte des Geldes	*Sie ist böse auf die Chefin.*
sein Drang nach Ruhm	*Sie ist der Chefin böse.*

Das kleine Valenzlexikon (KVL) von ENGEL/SCHUMACHER ([1]1976) beschreibt die Verben ebenfalls nach Zahl und Art der Ergänzungen und gibt zusätzliche grammatische Informationen wie z.B. zu den Korrelaten (*Ihr gefällt es hier.*) und zur Passivbildung. Aber es klassifiziert die Ergänzungen anders (siehe in der nächsten Lektion) und verzichtet vor allem ganz auf die problematische Semantik.
Beispiel:

zuhören 0 (3 P2 *Die Kinder hören (der Großmutter) zu.*

Das bedeutet, "zuhören" hat ein obligatorisches Subjekt sowie ein fakultatives Dativobjekt und es kann, obwohl es intransitiv ist, ein Passiv bilden (*Ihr wird . . . zugehört.*)

Aufgaben (L 16)

16.1 Stellen Sie die Dependenzstrukturen folgender Sätze dar:

a) *Die Taxis hupen.*
b) *Taxis hupen und Mopeds knattern.*
c) *Das Semester dauert achtzehn Wochen.*
d) *Monika studiert Mathe, Physik und Chemie.*
e) *Er dachte an seinen nach Kiew delegierten Freund.*
f) *Gestern gab eure charmante Nichte meinem unglücklichen Cousin ein wunderbares Buch.*
(Übersetzung eines Originalbeispielsatzes von TESNIERE)

16.2 Bilden Sie mit den Verben *sich beschweren, sich entschuldigen, sich bedanken* je 1 Satz zur nebenstehenden Dependenzstruktur:

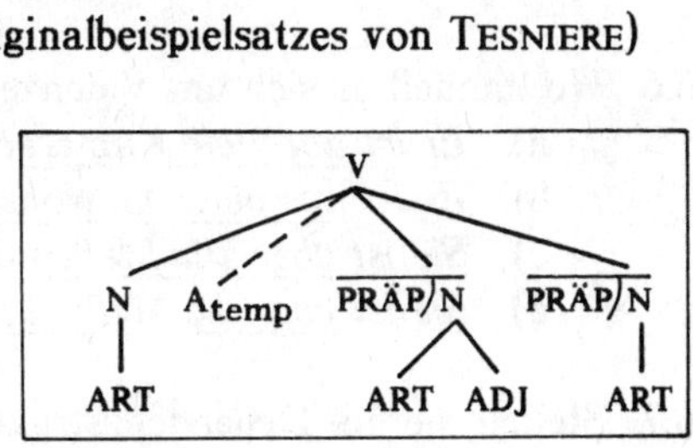

16.3 Stellen Sie die Dependenzstrukturen der folgenden komplexen Sätze dar und benutzen Sie dabei die nebenstehenden Notationen:

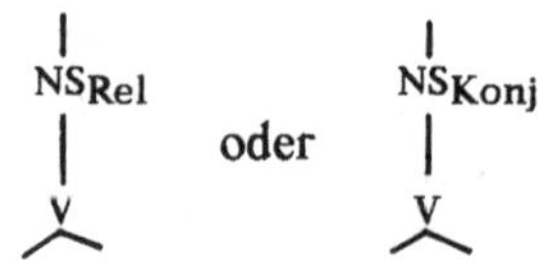

a) *Die Statisten, die an der Aufführung mitgewirkt hatten, bekamen, als sie fertig waren, einen kargen Imbiß.*

b) *Weil sein Flugzeug in London vereiste, konnte der Minister in München jene Rede nicht halten, in der es um die künftige Raketenabwehr ging.*

16.4 Unterscheiden Sie in dem Text Verben, Ergänzungen und Angaben. (Beachten Sie dabei: 1. Neben- und Vollverben bilden einen Verbalkomplex, wobei das infinite Vollverb die Valenzen angibt. – 2. Satzglieder können durch Gliedsätze und durch die direkte Rede – als E_1 – ersetzt werden.)

Der Maler Spitzweg empfing in seinem Atelier einen Besucher, der von einem Bild zum andern ging, vor einem besonders stehenblieb und sagte: "Ich kann mich daran nicht sattsehen." – "Ich auch nicht", sagte Spitzweg, "und darum möchte ich es auch verkaufen."

16.5 Unterstreichen Sie die Ergänzungen und setzen Sie die fakultativen in Klammern. (Zusatzfrage: Welche fakultativen Ergänzungen sind in dem Text weggelassen?)

Muster: *Sie sprach endlos (über ihre Scheidung). – (zu/mit jmdm.)*

Rossini verlegte sich in späteren Jahren auf das Erfinden neuer Kochrezepte. Die Musik interessierte ihn nur noch herzlich wenig. Als er von einer Verehrerin seiner Musik gefragt wurde, welche Töne er für die schönsten auf Erden halte, entgegnete Rossini: "Wenn der Braten in der Pfanne schmort und eine Weinflasche geöffnet wird."

16.6 Wo handelt es sich um Valenzen (Ergänzungen) der Adjektive?

a) *Er ist auf viele Kameraden eifersüchtig.* + Erg

b) *Er ist aus purer Gewohnheit eifersüchtig.* – A kausal

c) *Sie ist über alle Maßen enttäuscht.* – A modal

d) *Sie ist über die Maßnahmen enttäuscht.* + Erg

16.7 Stellen Sie die Dependenzstrukturen folgender Sätze mit Verbalkomplexen anhand des Musters dar. Beachten Sie dabei die Sonder-form des Partizips II von Modalverben (= Infinitiv!):

Muster:

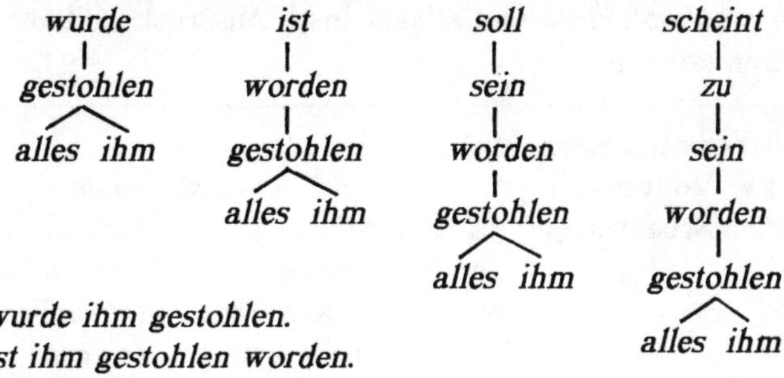

Alles wurde ihm gestohlen.
Alles ist ihm gestohlen worden.
Alles soll ihm gestohlen worden sein.
Alles scheint ihm gestohlen worden zu sein.

a) *Sie wird krank gewesen sein.*
b) *Er hat furchtbar lachen müssen.*
c) *Man hätte ihn laufen lassen sollen.*
d) *Die Frage könnte entschieden worden sein.*

16.8 Vergleichen Sie (auch bewertend) die Valenzbeschreibungen der Verben *achten, mitteilen, stören* und ihrer Varianten in den beiden Valenzwörterbüchern nach Gemeinsamkeiten und Unterschieden.

16.9 Versuchen Sie eine Beschreibung der Valenz und Distribution der folgenden drei Verbvarianten je nach der Methode von HELBIG/SCHENKEL und des KVL:

gestatten – *Er gestattete (uns) den Zugang/hineinzugehen.*
reden – *Sie redet (zu/mit ihm) (über etwas).*
sehen (in) – *Sie sehen in dem Popsänger ein Idol.*

****

Die Dependenzgrammatik II (L 17)

Da die von ENGEL begründete Version der Dependenzgrammatik relativ weite Verbreitung gefunden hat – auch in didaktischen Werken –, folgt in dieser Lektion zunächst eine Liste der Satzglieder gemäß seiner Darstellung – mit Beispielen. Die Methode, Ergänzungen zu bestimmen, beruht auf "Anaphorisierung", d.h. jeder Ergänzung entsprechen **Anaphern**, das sind einfachste und allgemeinste Ausdrücke, die die Ergänzung ersetzen können.

A) **Verbalkomplex** (Vk)

Vv:	Vollverben			z.B.: *singen*	
Nv:	Nebenverben:	Va	Hilfsverben	*(gesungen)*	*haben*
		Vm	Modalverben	*(singen)*	*können*
		Vn	Modalitätsverben	*(zu singen)*	*pflegen*
		Vi	Infinitivverben	*(singen)*	*lassen*
		Vp	Partizipialverben	*(vorgesungen)*	*kriegen*
Vz:	Verbzusätze:	(betonte, trennbare Präfixe)		*vór(singen)*	

B) **Ergänzungen**

		ANAPHERN	BEISPIELE	TRADIT.
E_0	Nominativ-E.	er, sie, . . .	*Ich schlafe.*	Subjekt
E_1	Akkusativ-E.	ihn, sie, . . .	*Ich sehe ihn.*	Akk.obj.
E_2	Genitiv-E.	dessen, deren	*Ich gedenke seiner.*	Gen.obj.
E_3	Dativ-E.	ihm, ihr, . . .	*Ich danke ihr.*	Dat.obj.
E_4	Präpositiv-E.	dar- (auf . . .)	*Ich denke an dich.*	Präp.obj.
E_5	Situativ-E.	da, dort, dann	*Ich wohne hier.*	Adv.Best.
E_6	Direktiv-E.	von da/dahin	*Ich fahre dorthin.*	Adv.Best.
E_7	Subsumtiv-E.	so, es	*Ich bin Lehrer.*	Präd.Nom.
E_8	Qualitativ-E.	so, es, solch-	*Ich bin krank.*	Präd.ivum
E_9	Verbativ-E.	es (zu) tun	*Ich lasse bitten.*	Inf.konstr.

Nachtrag zur E_3:

E_{s3}	Dativus commodi (sympath.)	– *Er kauft ihr ein Buch.*
E_{i3}	Dativus incommodi	– *Die Vase ging mir kaputt.*
E_{e3}	Dativus ethicus	– *Na, du bist mir einer.*
E_{p3}	Pertinenzdativ	– *Er sah ihr ins Gesicht.*
	(entspr.: Pertinenz-Akkusativ)	– *Er trat ihn/ihm auf den Fuß.*

C) **Attribute** (von Substantiven oder Adjektiven)

als E: *Sie hat Hunger auf Kuchen.*
Wir sind neugierig auf alles Fremde.
Er ist uns bekannt.

als A: *Der neue Mantel war recht teuer.*
«Als Vaters Bart noch rot war» (ein Romantitel)

D) **Angaben** (für das Kategorialsymbol I kann auch A stehen)		
Ik	kausal	*deshalb, aus diesem Grunde*
	konditional	*dann, unter dieser Bedingung*
	konsekutiv	*also, infolgedessen, folglich*
It	temporal	*damals, vorher, nachher*
Iloc	lokal	*dort, im Taxi*
If	final	*dazu, zu diesem Zweck*
	konzessiv	*trotzdem, trotz dieser Umstände*
	(instrumental)	*damit, mit/mittels einer Notlüge*
Ikr	konkomitant	*mit den Eltern, ohne Krawatte*
	restriktiv	*betreffs/hinsichtlich dieses Umstands*
Iv	Valuativa	*fast, endlich*
	indefinit temporal	*immer, oft, manchmal, selten*
Iex	Existimatoria (5 Subklassen)	*vermutlich, erstens, immerhin, eigentlich, tatsächlich*
Imod	Modificativa	*Er übt fleißig. Er übt lange.*
Ineg	Negations-Ang.	*nicht, nie* (letzteres indefinit temporal?)
In	"adjungierte Adverbialia" (8 Subklassen)	*Mach nur so weiter. Sie spielt sogar Baß. Es wird schon klappen. Er ist eben faul.* (= Modalpartikeln)

Fast alle aufgelisteten Satzglieder können auch durch **Gliedsätze** vertreten werden, d.h. Nebensätze eben in der Position von Satzgliedern, wodurch sich eine detaillierte inhaltliche Einteilung der Nebensätze ergibt. Während die **Hauptsätze** nur 3 Arten aufweisen:

1. Konstativsatz ("Aussagesatz") – V in Zweitstellung: *Er lügt.*
2. Interrogativsatz ("Fragesatz")
   a) Ergänzungsfrage – V in Zw.st., Fragew.: *Wer lügt?*
   b) Entscheidungsfrage – V in Spitzenstellung: *Lügt er?*
3. Imperativsatz ("Befehlssatz") – V in Spitzenstellung: *Lüg nicht!*,

können die **Nebensätze** zunächst **formal** in 2 Gruppen eingeteilt werden: a) eingeleitete (V in Endstellung) und b) nicht eingeleitete:

a)	1. Infinitivsatz (reduzierter S.)	*Er begann, laut zu schreien.*
	2. Konjunktionalsatz	*Du willst also, daß ich gehe.*
	3. Relativsatz	*Das ist der Typ, den ich meine.*
	4. Indirekter Fragesatz	*Ich weiß genau, wo das ist.*
b)	1. abhängiger "Hauptsatz"	*Sie sagt, sie kommt um zwei.*
	2. konditionale u. konzessive	*Klappt es nicht, ist es auch egal.*
	3. Partizipialsatz (I und II)	*Alles überdenkend, ging er fort.*

Inhaltlich-funktional ergeben sich je nach dem Satzglied, das ersetzt wird, drei große Gruppen: Ergänzungs-, Attribut- und Angabesätze.

Ergänzungssatz:

E_0	*Wer wagt, gewinnt*	E_5	*Bleib, wo du bist.*
E_1	*Sie nimmt, was sie kriegt.*	E_6	*Ich geh, wohin du willst.*
E_2	*Er rühmt sich, das zu können.*	E_7	*Ich bleibe, der ich war.*
E_3	*Sie hilft, wem sie kann.*	E_8	*Bleib, wie du bist.*
E_4	*Ich zweifle, ob sie ihn liebt.*	E_9	*Hört auf, so zu grinsen.*

Attributsatz (hier mit Ergänzungsfunktion zu Nomen und Adj.):

NE_2	*die Tatsache, daß er glaubt*	(= *seines Glaubens* – Genitiv)
NE_4	*die Frage, ob er glaubt*	(= *nach seinem Glauben* – Präp.)
AE_4	*fähig, an etwas zu glauben*	(= *zum Glauben an etw.* – Präp.)
AE_9	*geneigt, das zu glauben*	(– Infinitiv)

Angabesatz (hier nach HELBIG/BUSCHA und DUDEN):

lokal	*Er arbeitet, wo er will.*
temporal	*Er starb, als er schon über 80 war.*
modal i. e. S.	*Sie grüßte, indem sie leicht nickte.*
instrumental	*Man steigert sich enorm, indem man übt.*
spezifizierend	*Er stört insofern, als er rumalbert.*
fehlender Umstand	*Sie lügen, ohne rot zu werden.*
stellvertr. Umstand	*Ihr redet, statt zu handeln.*
restriktiv	*Soviel ich weiß, ist er Maler*
adversativ	*Ihr redet, während wir handeln.*
proportional	*Je mehr er übt, desto aufgeregter ist er.*
komparativ (gleich)	*Es ist genauso kalt, wie es gestern war.*
" (ungleich)	*Sie sieht viel jünger aus, als sie ist.*
" (irreal, hypoth.)	*Er schrie, als müsse er sterben. (als ob . . .)*
kausal i. e. S.	*Er freut sich, weil er Vater geworden ist.*
konditional	*Wenn du willst, gehen wir gleich.*
"	*Läßt man ihn los, fällt er sofort um.*
konzessiv	*Er konnte nicht, obwohl er wollte.*
"	*Ist es auch eisig kalt, geht er doch baden.*
konsekutiv	*Sie schrie so laut, daß es weh tat.*
final	*Sie paukt, damit sie besteht. (um zu . . .)*
(weiterführender NS	*Regine trinkt, was mich maßlos aufregt.)*

Satzmuster

Die Kombinationen der 10 Ergänzungen ergeben Satzmuster, auch *Satzbaupläne* genannt. Im Kleinen Valenzlexikon kommen 49 vor, die hier als Liste mit Beispielsätzen (sowie Angabe über die Anzahl der dazugehörigen Verben in Klammern) aufgeführt werden:

-	(5)	*Es taut.*	046	(2)	*Sie floh vor ihm nach Peru.*
1	(5)	*Gibt es einen Gott?*	048	(11)	*Er denkt schlecht von uns.*
15	(1)	*Hier gibt es Pizza.*	05	(51)	*Er ist nicht hier.*
34	(4)	*Uns fehlt es an allem.*	056	(1)	*Sie starten um 9 von Basel.*
35	(1)	*Mir gefällt es hier.*	058	(4)	*Das liegt schwer im Magen.*
38	(3)	*Ihm geht es glänzend.*	06	(72)	*Die Tür führt auf den Hof.*
4	(2)	*Klappt es mit der Reise?*	07	(9)	*Hans wird Kellner.*
44	(1)	*Dabei kommt es auf alle an.*	08	(41)	*Ich habe es eilig.*
47	(1)	*Es ist ein Übel mit ihm.*	09	(5)	*Er meinte zu träumen.*
48	(2)	*Damit sieht es schlecht aus.*	01	(378)	*Sie essen Bratäpfel.*
5	(1)	*Es klingelt draußen / um 9.*	011	(4)	*Sie lehrt ihn das Tanzen.*
6	(2)	*Es regnet ins Fenster.*	012	(1)	*Er versichert uns dessen.*
7	(3)	*Es wird Tag.*	013	(60)	*Er verdankt uns den Sieg.*
8	(3)	*Es ist dunkel.*	0134	(2)	*Er bot uns Geld für die Uhr.*
9	(3)	*Es gilt auszuhalten.*	0136	(1)	*Er bringt es dir ins Büro.*
0	(101)	*Die Wunde blutet.*	0138	(1)	*Er lohnt uns das schlecht.*
02	(5)	*Er bedient sich eines Tricks.*	014	(162)	*Sie hält dich für ein Genie.*
03	(33)	*Das Trinken schadet dir.*	0144	(4)	*Er verkauft es dir für 3 DM.*
034	(13)	*Ich danke dir für den Rat.*	0145	(1)	*Er versteckt es dort vor ihr.*
036	(1)	*Sie folgte ihm nach Nepal.*	0148	(2)	*Er kauft alles billig bei Aldi.*
038	(5)	*Er begegnete uns schroff.*	015	(23)	*Wir glaubten sie in Irland.*
039	(1)	*Er bedeutete uns zu gehen.*	016	(73)	*Sie legt das Buch ins Regal.*
04	(228)	*Sie achtet auf Fehler.*	017	(17)	*Sie nennen ihn einen Guru.*
044	(18)	*Sie reden mit ihm darüber.*	018	(44)	*Er macht die Suppe warm.*
045	(1)	*Er wartet auf uns am Kino.*			

Aus einer solchen Auflistung ergeben sich syntaktisch-semantische Verbklassen klarer und detaillierter als in der traditionellen Grammatik, z.B. transitive Verben (enthalten 01), subjektlose (ohne 0), Richtungsverben (mit 6) usw. Auch statistische Angaben gehen daraus hervor: die Masse der deutschen Verben gehört zu den Satzmustern 01, 04, 014 und 0, aber auch Richtungs- und Dativ-Verben sind relativ häufig.

Bedeutung und Kritik der Valenzgrammatik im Vergleich zur GTG

Die Valenz- (oder Dependenz-) Grammatik ist keine Sprachtheorie wie die GTG, sondern eine Syntaxtheorie. Sie ist weder vollständig noch einheitlich noch so explizit und formalisiert wie jene.
Sie beruht auf dem Dependenzprinzip und geht nicht von S —→ NP + VP aus, sondern stellt das Verb ins Zentrum des Satzes. Ihre Stärke besteht in der Anschaulichkeit und didaktischen Eignung, besonders bei flektierenden Sprachen.
Viele Linguisten plädieren für eine Kombination der Konstituenten- und der Dependenzgrammatik (z.B. HAYS) oder praktizieren eine solche Kombination sogar (z.B. HERINGER).

Aufgaben (L 17)

17.1 Um welche der 10 Ergänzungen handelt es sich bei den unterstrichenen Satzgliedern?

a) *Ingo lebt in Hamburg.*
b) *Er ist Kfz-Schlosser.*
c) *Wem gehört der Hund?*
d) *Hier bedarf es der Tat.*
e) *Sie sank in den Sessel.*
f) *Hast du die Karten?*
g) *Lisa pflegt oft zu sticken.*
h) *Leo ist faul wie die Sünde.*
i) *Sie erschrickt über das Wort.*
j) *Das Wort erschreckt sie.*

17.2 Bestimmen Sie (inhaltlich) die Angaben in folgenden Sätzen:

a) *Oskar schläft meist oben ohne.*
b) *Früher war alles viel billiger.*
c) *Der Film ist ja gar nicht gelaufen.*
d) *Unter diesen Umständen können wir nicht arbeiten.*
e) *Wir versuchen es aber trotzdem.*
f) *Wegen Umbaus geschlossen!*
g) *Für diese Analyse brauchst du eine exakte Methode.*
h) *"Cogito – ergo sum." – Ich denke, also bin ich.*
i) *Ja, in Bremen, da regnet es viel.*
j) *Sie haben das ganz ohne Werkzeug geschafft.*

17.3 Bestimmen Sie die 10 verschiedenen Angabe-(Neben-)sätze:

(a) *Siegfried war so stark, daß er für normale Arbeit untaug-*

lich war. (b) *Nachdem er den Drachen erschlagen hatte, badete er in dessen Blut.* (c) *Nur wo das Lindenblatt klebte, blieb er verwundbar.* (d) *Dann zog er nach Worms, um Kriemhild zu heiraten.* (e) *Er konnte sich übrigens unsichtbar machen, indem er eine Tarnkappe aufsetzte.* (f) *Obschon er allen freundlich half, hatte er viele Feinde.* (g) *Besonders Brunhild haßte ihn, da er sie einst überlistet hatte.* (h) *Und je mehr Erfolg er hatte, desto neidischer wurden seine Gegner.* (i) *Während seine Frau meinte, ihm zu helfen, lieferte sie ihn an seine Mörder aus.* (j) *Vielleicht hätte er nicht so jung sterben müssen, wenn er nicht so stark gewesen wäre.*

17.4 Von den Inhaltsbeziehungen gehört die Konzessivität (obwohl x → y) zu den grammatisch kompliziertesten. Sie kann verschieden ausgedrückt werden, zeigt Verwandtschaft zur kausalen (da x → y) und adversativen Beziehung (x → aber y), und sie kann auf verschiedenen Syllogismusformen beruhen (Prämissen → Schlußfolgerung).
Übersetzen Sie die folgenden Sätze in Ihre Muttersprache, und vergleichen Sie die Ausdrucksformen in beiden Sprachen. Wo liegen mögliche Fehlerquellen Deutschlernende?

a) *Obwohl die Arbeit schwer ist, muß sie geschafft werden.*
b) *Ich muß ihn wiedersehen, sei es auch nur für einen Tag.*
c) *Wir gehen spazieren, ob es regnet oder die Sonne scheint.*
d) *Wie man es auch betrachtete, ihr Los schien bedauernswert.*
e) *Das Wesen der Kunst ist zu allen Zeiten dasselbe, mögen ihre Äußerungen auch noch so verschieden aussehen.*

17.5 Bestimmen Sie die Satzmuster nach dem KVL. (Fakultative Ergänzungen in Klammern. – Streichen Sie zuerst die Angaben!)

a) *Im Osten wird es langsam aber sicher hell.*
b) *Sie streicht den Zaun grasgrün.*
c) *Hinrich ist stellvertretender Parteisekretär geworden.*
d) *Man riet uns dringend zu gehen.*
e) *Das kostet dich doch nicht gleich den Kragen.*
f) *Wer reitet so spät durch Nacht und Wind?*
g) *Sie bezichtigt ihn der seelischen Grausamkeit.*
h) *Wir treffen uns mit euch an der Würstchenbude.*
i) *Die Post liefert uns täglich die Zeitung ins Haus.*
j) *Ja, was erlauben Sie sich eigentlich!*

k) *Gestern regnete es mal wieder nonstop den ganzen Tag.*
l) *Er schnarcht immer so laut im Unterricht.*
m) *Man hat ihn gerade zum Chefkopierer ernannt.*

17.6 Die folgenden Satzmuster finden sich *nicht* im KVL. Versuchen Sie, sie zu bestimmen:
a) *Ihn hungert nach Liebe.*
b) *Er schämt sich vor uns seiner Fehler.*
c) *Die Sache dient ihnen nur als Vorwand.*
d) *Er arbeitet für den Professor als Hilfskraft.*
e) *Sie trat in Hamlet als Ophelia auf.*
f) *Er blickte streng in die Runde.*
g) *Er stellte sie uns geradezu als ein Genie dar.*
h) *Das macht mich lachen.*

17.7 Bestimmen Sie die Satzbaupläne folgender Varianten von *legen*. – Worin besteht die Besonderheit?
a) *Sie legt das Heft auf den Tisch.*
b) *Sie legt (ihm) die Karten.*
c) *Sie legt die Wäsche.*
d) *Die Henne legt / legt nicht.*

17.8 (Eine Mammutaufgabe) Analysieren Sie die folgenden 3 Sätze
1) *Neulich erhielten den Physik-Nobelpreis zwei Japaner.*
2) *Die Hauptrolle in dem Film spielt ein Inder.*
3) *Dem jungen Boxer gelingt ein Treffer.*

a) gemäß der traditionellen Grammatik (nur Wortart u. Satzglied),
b) nach der IC-Grammatik (Stammbaum),
c) nach der GTG (Expansionsregeln sowie Lexikonregeln für jeweils Subjekt-N und Verb),
d) nach der Dependenz-/Valenzgrammatik.

17.9 Vergleichen Sie die 4 Grammatiktheorien in einer tabellarischen Übersicht nach folgenden Kriterien:
Hauptcharakteristika – wiss. Exaktheit – Strukturbegriff – statisch/ dynamisch – Bereich: Syntax oder mehr – Beschränkung auf den Satz – didaktische Eignung (Ihre Meinung)

****

KAPITEL 6: SEMANTIK

(L 18)

Semantik und Bedeutung

Die Semantik ist die Lehre von der Bedeutung. Sie ist zwar hauptsächlich an die Ebene des Wortes gebunden, erfaßt aber alle Schichten und Bereiche der Sprache, da diese als Zeichensystem und das Zeichen als bedeutungstragend definiert sind.
Die Semantik ist schwieriger zu untersuchen als die Syntax. Man kann zwar neben der Intuition auch intersubjektiv überprüfbare **Methoden** der Hermeneutik (Deutung), der Psychologie und des Strukturalismus anwenden, die semantischen Hypothesen sind jedoch meist nicht streng exakt zu veri- oder falsifizieren.
Die **praktische Anwendung** der Semantik ist vielfältig und betrifft die Lexikographie, das Definieren, Interpretieren und die Stilistik ebenso wie die Sprachdidaktik, Übersetzung und maschinelle Sprachverarbeitung.

Wichtig sind grundsätzlich zwei Unterscheidungen:

Bedeutung (potentiell, lexikalisch – semantischer Aspekt)	–	**Sinn** (aktuell, konkret od. Referenz auf ein Objekt – sigmat. Aspekt)
Referenz auf Individuen (dieses Haus, diese Häuser)	–	**Referenz auf Klassen** (ein Haus, Häuser)

Daneben können verschiedene **Bedeutungsarten** unterschieden werden:
1. denotative Bedeutung (Hauptbedeutung; begrifflich, logisch),
2. konnotative Bedeutung (Nebenbedeutung; assoziativ, wertend)
   a) affektive Bedeutung (emotional, subjektiv)
   b) stilistische Bedeutung (situativ, je nach Textsorte)
3. kollokative Bedeutung (kontextabhängig, je nach der Kompatibilität mit kontextuellen Elementen).

Beispiel: – So hat das Wort *Birne* zumindest 3 denotative Bedeutungen: FRUCHT, GLÜHBIRNE und KOPF (salopp). Die letztere ist stark affektiv besetzt und stilistisch als niedrig festgelegt (jeweils abwertend: "lächerlich"; allerdings kann der affektive Wert auch oft emotionale Nähe signalisieren). Kollokativ erlauben die Bedeutungen nur gewisse Kombinationen, z.B. *Ich habe die Birne verloren.* gilt nur für die Bedeutungen FRUCHT und GLÜHBIRNE, nicht aber als Synonym für die Redewendung *Ich habe den*

Kopf verloren. – Andererseits gilt etwa *blond* nur für Haare, *wiehern* nur für Pferde, es sei denn sie werden metaphorisch verwendet (*eine kühle Blonde* = ein helles Bier; *der Kommissar wieherte* = lachte).

Traditionelle Semantik

Den Begriff *Semantik* gibt es erst seit 1897 (BRÉAL: Essai de sémantique), aber schon seit je haben sich Philologen und Sprachwissenschaftler mit der Bedeutung beschäftigt, im 19. Jahrhundert natürlich vor allem historisch orientiert.
So versuchte man, die **Etymologie** von Wörtern zu erforschen (d.h. die "echte", ursprüngliche Bedeutung), indem man nicht nur ihre Laut-, sondern auch ihre Bedeutungsgeschichte zurückverfolgte. Dabei entdeckte man weitverzweigte **Wortfamilien** der indoeuropäischen Sprachen. Diese gehen auf etymologische Wurzeln zurück, die neben den linguistischen auch kulturgeschichtliche Aufschlüsse über das Leben prähistorischer Gemeinschaften geben, vgl. dazu das 10. Kapitel.
Beispiel für eine Wortfamilie (in Ansätzen):

indoeuropäische Wurzel **kap-* ("halten, packen")	
dt: *haben, heben*	latein.: *capere, -cipere*
(urspr.: "festhalten")	(urspr.: "packen, fassen")
Habicht, Hafen, Hefe ...	dt. FW: *kapieren, Kapsel, Kasse* ...
Haft, heftig, Heft ...	*Prinzip, Disziplin, Konzept* ...

Bei der historischen Betrachtung werden **Bedeutungsveränderungen** deutlich, besonders in zwei Dimensionen:

B.-erweiterung:	mhd: *vrouwe*	(adlige Frau)	→	nhd: *Frau*
B.-verengung:	mhd: *hōchzīt*	(allg.: Fest)	→	nhd: *Hochzeit*
B.-"verbesserung":	mhd: *houbet*	(allg.: Kopf)	→	nhd: *Haupt*
B.-"verschlechterung":	mhd: *wīp*	(allg.: Frau)	→	nhd: *Weib*

Die Bedeutungserweiterung von *vrouwe* zu *Frau* ist übrigens zugleich eine "Verschlechterung", die eine allgemeine Erscheinung darstellt:

mhd:	(adlig)	–	*vrouwe*	→	nhd:	*Dame*	–	(hoch)
	(Ehefrau)	–	*wīp*	→		*Frau*	–	(neutral)
	(Jungfrau)	–	*dierne*	→		*Weib*	–	(z.T. niedrig)
						Dirne	–	(z.T. vulgär)

Damit ergibt sich ein gemeinsames Arbeitsgebiet für die Disziplinen Semantik, historische und Soziolinguistik, denn die Erklärung für den Vorgang kann nur interdisziplinär aus sprachlichen, historischen und sozialen Ursachen gefunden werden.

Neben der historischen Betrachtung entwickelte die traditionelle Semantik aber auch Begriffe für die wichtigsten **Bedeutungsbeziehungen** zwischen Wörtern:

Homonymie: ein Lautkörper repräsentiert (etymologisch) verschiedene Wörter mit verschiedenen Bedeutungen:

LK <
- W_1 — *Reif* — Bed_1 (RING)
- W_2 — *Reif* — Bed_2 (RAUHREIF)
- W_3 — *reif* — Bed_3 (ENTWICKELT)

Polysemie: das gleiche Wort repräsentiert verschiedene Bedeutungen (auch metaphorische):

(W) – *Hund* <
- Bed_1 (TIER)
- Bed_2 (FÖRDERKARREN im Bergbau)
- Bed_3 (SCHIMPFWORT; metaphor.)

Synonymie: Bedeutungsähnlichkeit bis -gleichheit; letztere ist jedoch praktisch nicht erreichbar, wenn man auch die Konnotationen einbezieht (vgl. auch Aufg. 1.1).

Apfelsine – Orange *Zimmer – Stube*
Erdkunde – Geographie *anfangen – beginnen*
Frauenarzt – Gynäkologe *sehr gut – hervorragend*

Antonymie: Bedeutungsgegensatz (nicht immer -negation!). Sie erfaßt nur bestimmte Bereiche des Wortschatzes und spiegelt ein polares Denken wieder. Dabei werden drei Arten von Bezeichnungen unterschieden:

a) kontradiktorische (sich ausschließende, ohne Gradskala)
Leben – Tod, legal – illegal, wachen – schlafen

b) konträre (aber mit einer Skala zwischen den Polen)
lang – kurz, dumm – klug, früh – spät
eine Skala: *heiß* ← *warm* ← *lau* ↔ *kühl* → *kalt* → *eisig*

c) konverse (relationale, eher Paare als Gegensätze)
Eltern – Kinder, tiefer – höher, geben – bekommen

Hyponymie: Einordnung von Unterbegriffen (Hyponymen) unter einen Oberbegriff (Hyperonym):

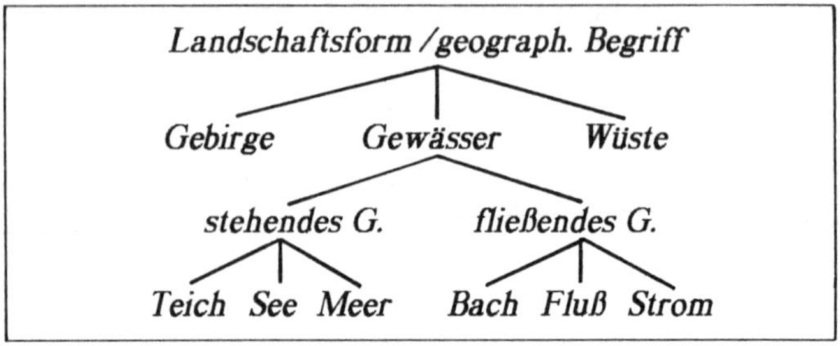

Die Hyponymie kann auch mit Hilfe der Mengenlehre dargestellt werden, wobei die Inklusion in beiden Richtungen gesehen werden kann: Ein Oberbegriff schließt potentiell sämtliche Hyponyme in sich ein, die jedoch auch immer die Bedeutung des Oberbegriffs als Information enthalten,

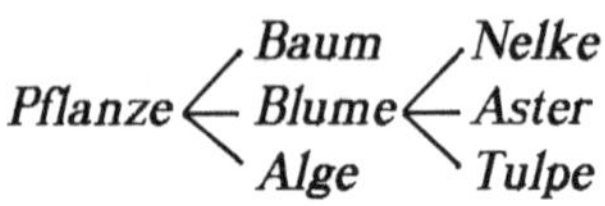

Aster ⊂ *Blume* ⊂ *Pflanze*

Aufgaben (L 18)

18.1 Ordnen Sie folgende 4 Synonymgruppen nach ihrer stilistischen "Höhe" bzw. affektiven Wertung:
Muster: *Haupt* (hoch), *Kopf* (neutral), *Birne* (niedrig)

a) *Gesicht, Visage, Antlitz*	c) *Wagen, Karre, Auto*
b) *Gaul, Roß, Pferd*	d) *essen, speisen, fressen*

Welche Wörter sind affektiv am stärksten besetzt? – Warum?

18.2 Vogelstimmen: Ordnen Sie die kollokativ zusammengehörigen Begriffe einander zu:

1) *krähen*	5) *krächzen*	a) *Huhn*	e) *Vogel*
2) *schlagen*	6) *zwitschern*	b) *Gans*	f) *Specht*
3) *schnattern*	7) *piepsen*	c) *Kücken*	g) *Hahn*
4) *gackern*	8) *klopfen*	d) *Nachtigall*	h) *Krähe*

18.3 Ermitteln Sie mit Hilfe eines etymologischen Wörterbuchs die Herkunftssprachen folgender Wörter:

1) *Sputnik*	4) *elegant*	7) *Kotau*	10) *Dolmetscher*
2) *Professor*	5) *Theater*	8) *Algebra*	11) *boxen*
3) *Tabu*	6) *Chemie*	9) *Tochter*	12) *Pingpong*

18.4 Bestimmen Sie, ob Homonymie oder Polysemie vorliegt, und erläutern Sie die verschiedenen Bedeutungen durch Synonyme:

a) *Die Suppe kostet 2,50. – Paul kostet lieber die Krabben.*
b) *Das Schloß hat 99 Zimmer. – Dies Schloß ist verrostet.*
c) *Das Tau ist gerissen. – Nachts fiel Tau. – der Buchstabe Tau*
d) *bergauf im 2. Gang – ein Gehörgang – ein wiegender Gang*

18.5 Definieren Sie die Begriffe *Homophonie* und *Homographie* (Teilbegriffe der Homonymie) anhand folgender Beispiele:

Homophone			Homographen		
Wal	–	*Wahl*	*übersétzen*	–	*úbersetzen*
Mohr	–	*Moor*	*umfáhren*	–	*úmfahren*
malen	–	*mahlen*	*sie rasten*	–	*sie rasten*
Lied	–	*Lid*	*sie kosten*	–	*sie kosten*
Namen	–	*nahmen*	*modérn*	–	*módern*

18.6 Spielen Sie in der Gruppe das "Teekessel-Spiel". 2 Mitspieler gehen aus dem Zimmer, vereinbaren ein polysemes Wort (oder Homonyme) wie *Schloß, Gang, Tau* usw., kommen herein und beschreiben der Reihe nach ihren "Teekessel" (um die richtigen Wörter zu vermeiden), z.B. (für das Lösungswort *Krebs*):

A: *Mein Teekessel ist ein Tier.*
B: *Mein Teekessel ist lebensgefährlich.*
C: *Mein Teekessel ist sehr weit entfernt.*
A: *Mein Teekessel ist eine Delikatesse.* usw.

Die übrigen Mitspieler raten um die Wette oder nehmen, wenn sie glauben, die Lösung zu wissen, an den Beschreibungen teil, z.B.:

X: *C's Teekessel ist tagsüber unsichtbar. ...*

18.7 Ordnen Sie die folgenden Synonympaare nach dem Grad ihrer Bedeutungsähnlichkeit: "etwa gleich" – "sehr ähnlich" – "ähnlich"

1) *Samstag – Sonnabend*	4) *Frühling – Lenz*
2) *wandern – schreiten*	5) *Kiefer – Föhre*
3) *Auskunft – Information*	6) *Fahrrad – Drahtesel*

18.8 Wie heißen die Antonyme von:

a) *alt,* d) *grün,*
b) *ankommen,* e) *schwimmen* ?
c) *Vater,*

Wo ergeben sich Zuordnungsprobleme?

18.9 Wählen Sie die Antonyme aus (nach Ulrich, S. 205):

1) *uralt*	–	*zeitnah*	*modern*	*brandneu*	*schlagfertig*
2) *geschwätzig*	–	*leise*	*einsilbig*	*tonlos*	*bescheiden*
3) *glatt*	–	*eben*	*spröde*	*gewellt*	*rauh*
4) *abwärts*	–	*aufwärts*	*rückwärts*	*vorwärts*	*seitwärts*
5) *Milde*	–	*Rachsucht*	*Güte*	*Haß*	*Härte*
6) *gewandt*	–	*schwerfällig*	*verschlafen*	*abwesend*	*versonnen*
7) *lustig*	–	*benommen*	*betrübt*	*langweilig*	*sanft*
8) *Lob*	–	*Leid*	*Glück*	*Tadel*	*Verachtung*
9) *Pulver*	–	*Blei*	*Stein*	*Stoff*	*Festkörper*

18.10 Ordnen Sie folgende Antonyme den 3 Klassen zu (a) kontradiktorisch – (b) konträr – (c) konvers:

A	*lebendig – tot*	I	*ledig – verheiratet*
B	*Höhe – Tiefe*	J	*Kunde – Verkäufer*
C	*schwer – leicht*	K	*bestehen – durchfallen*
D	*Wirt – Gast*	L	*arm – reich*
E	*teuer – billig*	M	*ärmer – reicher*
F	*kaufen – verkaufen*	N	*Wirbeltiere – Wirbellose*
G	*falsch – wahr*	O	*weiblich – männlich*
H	*grob – höflich*	P	*Lehrer – Schüler*

18.11 Suchen Sie die Oberbegriffe zu:

a) *Stuhl, Hocker, Sessel*
b) *Bett, Liege, Couch*

Gehören auch *Baumstumpf* und *Heuhaufen* in die Gruppen?

18.12 Ergänzen Sie das zweite Wortpaar und beschreiben Sie die vorliegende semantische Beziehung, und zwar diesmal auch zum Teil mit eigenen Kategorien (nach Ulrich, S. 198f):

Muster:

Spiegel zu *Glas* wie <u>*Messer*</u> zu: *Gabel, Löffel,* <u>*Stahl,*</u> *Griff*
(semantische Beziehung: Teil / Material / "besteht aus")

Reichtum : Luxus – Glück : Freude, Verdienst, Hoffnung, Treue
Tür : Angel – Rad : Reifen, Felge, Spur, Achse
Bett : Matratze – Kommode : Schublade, Furnier, Sessel, Schloß
Mantel : Knopf – Tür : Angel, Riegel, Treppe, Schlüssel
Holz : sägen – Papier : reißen, schneiden, falten, kleben
Abend : Morgen – Herbst : Sommer, Ernte, Frühling, Winter
China : Asien – Benin : Amerika, Europa, Asien, Afrika

****

(L 19)

Das semantische Differential (Polaritätsprofil)

Das semantische Differential eines Begriffs dient zur Ermittlung seiner **konnotativen** Bedeutung. Die Frage lautet: Wie wird der Begriff **intuitiv** eingeschätzt, wird er positiv oder negativ oder neutral **bewertet?**
Da eine rationale, objektive Wertung nicht möglich ist, benutzt die Psychologie die Methode der **Assoziation**, meist mit Hilfe von antonymen – also polaren – Adjektiven, woraus später die Wertung ermittelt werden kann. Die graphische Darstellung ergibt dann **Polaritätsprofile.**
Beispiele für die Einschätzung zweier Begriffe durch deutsche und chinesische Studentinnen und Studenten:

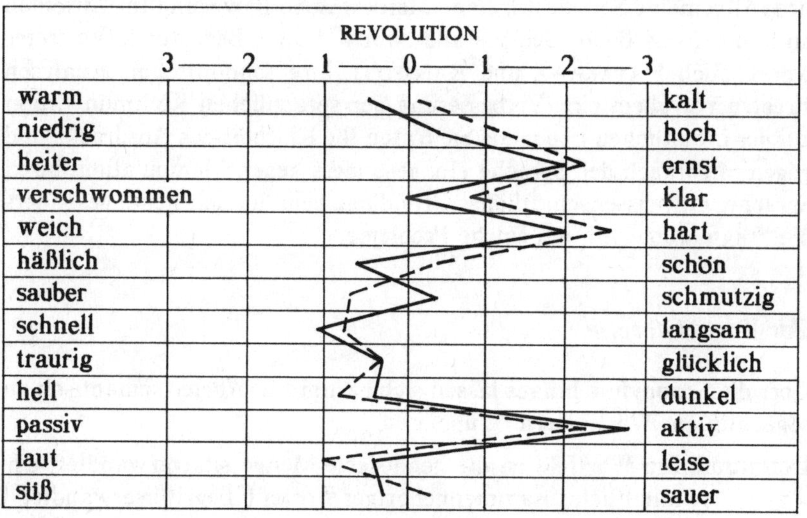

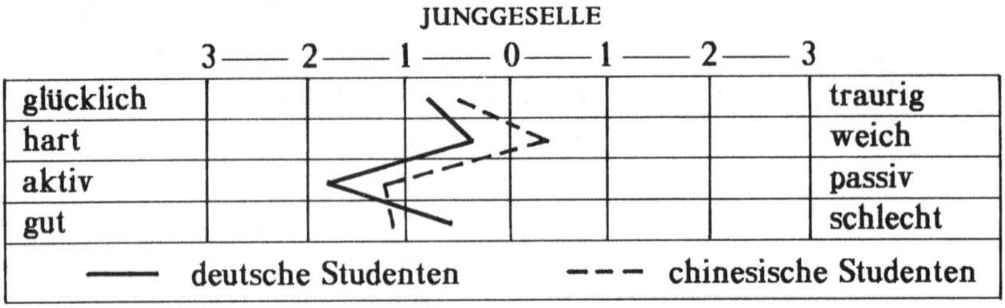

Auf diese Weise können nicht nur verschiedene Informantengruppen zu demselben Begriff befragt, sondern auch Synonyme durch dieselbe Gruppe verglichen werden, etwa solche verwandten Begriffe wie REVOLUTION, UMWÄLZUNG, UMSTURZ, REVOLTE usw.
Je mehr Informanten befragt werden, desto allgemeingültiger wird das Ergebnis. Die Befragung kann mit soziologischen Daten der Informanten in Beziehung gesetzt werden, um bestimmte Zielgruppen für einen bestimmten Wortgebrauch zu untersuchen. Andererseits sollte eine Befragung aus Gründen der Unbefangenheit anonym sein.
Die Methode wurde schon vor dem 2. Weltkrieg in Amerika (OSGOOD) und Deutschland (HOFSTÄTTER) entwickelt, von vielen Linguisten aber wegen der Subjektivität der Aussagen als nicht wissenschaftlich abgelehnt. Doch stellt sie auch einen Vorläufer moderner psycho- und soziolinguistischer Methoden dar.
Von besonderer Bedeutung wurde diese Methode für die **General Semantics** (Allgemeine Semantik), eine amerikanische Bewegung im Anschluß an KORZYBSKIS Buch "Science and Sanity" (1933). Bedeutende Vertreter waren auch HAYAKAWA und RAPOPORT. Ihre semantischen Analysen strebten vor allem eine Verbesserung der sprachlichen Kommunikation auf der inhaltlichen Ebene an. Sie traten für Klarheit des Ausdrucks und gegen Mißbrauch der Sprache ein, besonders gegen Manipulation durch Sprache. Auf wissenschaftlicher Grundlage bemüht sich heute besonders die Pragmalinguistik um solche Probleme.

Zur Wortfeldtheorie

Über die Synonymie hinaus lassen sich bestimmte Wörter semantisch zu sogenannten "Wortfeldern" gruppieren.

Definition: Ein Wortfeld ist die gegliederte Menge sinnverwandter, d.h. inhaltlich zusammengehöriger Wörter ("Begriffsverwandter").

Z.B. die "Verben des Gehens": *gehen, laufen, wandern, rennen,* . . . oder die "Verben der Fortbewegung": *gehen, fliegen, reiten, schwimmen,* . . . Diese Wörter sind in einem bestimmten Kontext austauschbar, d.h. es ergeben sich beim Austauschen sinnvolle Sätze, wenn auch mit unterschiedlichem Sinn,

z. B.: *Wir gehen/reiten/fahren/fliegen langsam dahin.*
(aber nicht: * *Wir brüllen langsam dahin.*)

oder: *Sie gehen/laufen/rennen/wandern durch den Park.*
(aber nicht: * *Sie schwimmen durch den Park.*)

Die Wortfeldforschung begann mit J. Trier 1931 (diachronisch) und wurde besonders von L. Weisgerber betrieben. Dabei wurde schon erkannt, daß die Bedeutungen der Wörter einander bedingen und sich im Laufe der Zeit gegeneinander "verschieben"; doch zunächst wurde noch nicht der Strukturgedanke zu Hilfe genommen.

Bekannte Wortfelduntersuchungen betreffen z.B. den "Sinnbezirk des Verstandes" (*klug, schlau, weise, listig,* . . .), die Verben des Sterbens, der Fortbewegung, der Nahrungsaufnahme usw.; die Farben, Gewässer, Sitzgelegenheiten, räumliche Adjektive u. dgl.

Die **Relativität der Bedeutungen** zeigt sich besonders deutlich am Beispiel eines "unechten" Feldes (einer künstlichen Terminologie), wie es verschiedene Schulnotenskalen darstellen:

1 – 4	sehr gut	gut	genügend	ungenügend		
1 – 5	sehr gut	gut	befriedigd.	ausreichd.	ungenüg.	
1 – 6	sehr gut	gut	befriedg.	ausreich.	mangelh.	ungenüg.

Weisgerber hat sich auch an die sehr schwierige Gliederung von Feldern abstrakter Begriffe gewagt und z.B. versucht, das Feld "Verstoß gegen die Norm" zu ordnen. Eine so feine Differenzierung enthält allerdings viel Subjektives, d.h. andere Sprecher des Deutschen würden in vielen Details sicher zu anderen Einordnungen gelangen. Der Grund liegt vor allem darin, daß die angegebenen Unterscheidungskriterien wie "Aufhören des Nichtwollens" oder "ungebührlich" selbst der Objektsprache und nicht etwa einer Metasprache oder gar einem mathematischen System mit genau definierten Begriffen angehören. Zudem sind einige Wortfeldglieder juristisch definiert, die meisten aber nicht. Das Beispiel soll hier vor allem zeigen, wie unbefangen die frühere Wortfeldforschung noch mit der Intuition arbeitete und wie wenig sie ihre Theorie und Methoden reflektierte und an der Exaktheit anderer Wissenschaften maß:

Verstoß gegen die Norm	ohne Wissen u. Wollen	Wissen möglich	Verpflichtung zum Wissen	Ansatz des Wissens	Aufhören d. Nichtwissens	mit Wissen und Wollen	aus Anlage
unzweckmäßig	*Versehen*	*(Bock, Lapsus)*	*Gedankenlosigkeit*	*Unbedachtheit*	*Unüberlegtheit*	*Sinnlosigkeit*	*Torheit*
ungehörig	*Fehler*	*Schnitzer*	*Ungeschickl.k.*	*Ungehörigkeit*	*Unfug*	*Böswilligkeit*	*Tölpelei*
unvernünftig	*Irrtum*	*Fehlgriff*	*Dummheit*	*Unbesonnenheit*	*Unvernunft*	*Verrücktheit*	*Narrheit*
ungebührlich	*Entgleisung*	*Mißgriff*	*Unziemlichkeit*	*Ungebührl.k.*	*Unverschämth.*	*Gemeinheit*	*Flegelei*
nicht satzungsgem.	*Verletzung*	*Zuwiderhandlung*	*Überschreitung*	*Übertretung*	*Widersetzlichk.*	*Vergehen*	*(Rebellion)*
(unrechtmäßig)	*Verfehlung*	*Fehltritt*	*Übergriff*	*Übeltat*	*Missetat*	*Verbrechen*	*Schurkerei*
unsittlich	*Verirrung*	*Untat*	*Schandtat*	*Ruchlosigkeit*	*Frevel*	*Sünde*	*Teufelei*

Aufgaben (L 19)

19.1 Erstellen Sie in Ihrer Lerngruppe semantische Differentiale selbstgewählter Begriffe durch spontanes Assoziieren mit Antonympaaren und durch Auswertung der Einzelprofile.

19.2 Welcher Begriff paßt nicht in seine Reihe?

a) *Schuhe – Pullover – Brille – Pyjama*
b) *Stuhl – Regal – Spiegel – Aquarium*
c) *quadratisch – zylindrisch – kreisförmig – elliptisch*
d) *Moment – Minute – Stunde – Sekunde*

19.3 Benennen und ergänzen Sie folgende Wortfelder:

a) *Mantel – Kleid – Hut – Hemd* – ...
b) *verschlingen – dinieren – fressen* – ...
c) *fett – beleibt – korpulent – dick* – ...
d) *Volksrepublik – Monarchie – Diktatur* – ...

19.4 Setzen Sie das jeweils passende der folgenden Wörter ein:
fehlerhaft, mißverständlich, versehentlich, falsch, illusorisch

a) *Er übersetzte "monkey" ________ mit "Mönch".*
b) *Er übersetzte den Artikel teilweise ________ .*
c) *Sie sammelte ________ auch einige Giftpilze.*
d) *Ihre Zukunftspläne waren total ________ .*
e) *Zweideutige Worte sind oft ________ .*

Versuchen Sie auch, die Beziehungen zwischen den 5 Wörtern genauer zu erklären.

19.5 Gegeben sind Bezeichnungen für die Partner zwischenmenschlicher Beziehungen: *Freund, Kollege, Bekannter, Kommilitone* u.a. Diskutieren Sie die Frage, ob sich diese Bezeichnungen etwa wie Mosaiksteine klar voneinander abgrenzen oder aber in ihrer Bedeutung überlappen. Entwickeln Sie Testmethoden.

****

Strukturelle Semantik und Komponentenanalyse (L 20)

Die Wortfeldtheorie war zwar ein erster Versuch, Wortbedeutungen nicht nur rein intuitiv zu erfassen, doch der Anstoß zur exakten Analyse von **Bedeutungsstrukturen** kam erst aus der Phonologie. Wie dort finden sich auch in der Semantik Minimalpaare (hier von Wörtern), die in unmittelbarer Opposition stehen und durch einfache distinktive Merkmale unterschieden werden können, und zwar durch **semantische Merkmale**, die man auch "inhaltsunterscheidende Züge" oder **Seme** nennt, vgl. die beiden folgenden Schemata:

PHONOLOGIE				
distinktive Merkmale		labial	dental	"guttural"
Explosive	stl.	*p*	*t*	*k*
	sth.	*b*	*d*	*g*
Spiranten	stl.	*f*	*s*	*ç*
	sth.	*v*	*z*	*j*

Während für die Phonologie als distinktive Merkmale Artikulationsart (Verschluß, Reibung, Stimmhaftigkeit) und -ort (labial, dental, guttural) dienen, müssen für die Semantik neue Kriterien (wie Alter, Geschlecht, Spezies u. dgl.) gefunden werden, und zwar so allgemein und ökonomisch wie möglich und so speziell wie nötig.

SEMANTIK

distinktive Merkm.		Mensch	Pferd	Katze	Löwe	Pinguin
+erwachsen	männl.	*Mann*	*Hengst*	*Kater*	*Löwe*	*(P-Männchen)*
	weibl.	*Frau*	*Stute*	*Katze*	*Löwin*	*(P-Weibchen)*
-erwachsen	männl.	*Junge*	*Fohlen*	*(Kätzchen)*	*((Löwenjunges))*	*(((junger Pinguin)))*
	weibl.	*Mädchen*				

Die Hierarchie der Merkmale ist dabei beliebig, vgl. die beiden Stammbaumdarstellungen:

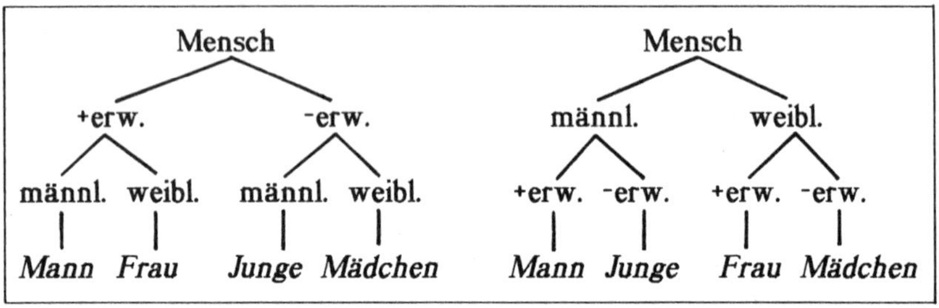

Die vorrangige Differenzierung bei den Tieren nach Geschlecht und der Sammelbegriff *Kind* legen allerdings nahe, das Merkmal GESCHLECHT höher anzusetzen (Stammbaum rechts). – Das obige Beispiel zeigt auch, daß die Differenzierungen verschieden genau sind, je nachdem wie "nahe" die betreffenden Tiere dem Menschen stehen, Haus- und Jagdtiere wohl am nächsten.

Der nächste Schritt bestand darin, nicht nur ein Wortfeld, sondern auch die Bedeutung eines Lexems selbst, ein **Semem**, als Struktur zu verstehen, und zwar aufgebaut aus den einzelnen Semen. Diese werden auch als **Komponenten** bezeichnet, und mit ihrer Hilfe können Komponentenanalysen durchgeführt werden. So kann man wieder analog beschreiben:

/p/ bedeutet: labialer stimmloser Verschlußlaut
Frau bedeutet: erwachsener weiblicher Mensch
Irrtum bedeutet: unbewußter unvernünftiger Normverstoß

Das letzte Beispiel zeigt übrigens, daß mit der strukturellen Semantik und speziell mit der Komponentenanalyse die Wortfelder der älteren Semantik **re-interpretiert**, d.h. neu und genauer dargestellt werden können. Dazu wird meist eine Stammbaumdarstellung gewählt. Z.B. hat WEISGERBER das Wortfeld "Aufhören des Lebens" noch in Kreisform ohne Angabe der Kriterien geordnet:

Man kann nun dieses Wortfeld in einem Raster (einer Matrix, Tabelle) oder als Stammbaum durchsichtiger machen, wie es K. BAUMGÄRTNER in seiner reinterpetierenden Komponentenanalyse "Verben des Sterbens" getan hat:

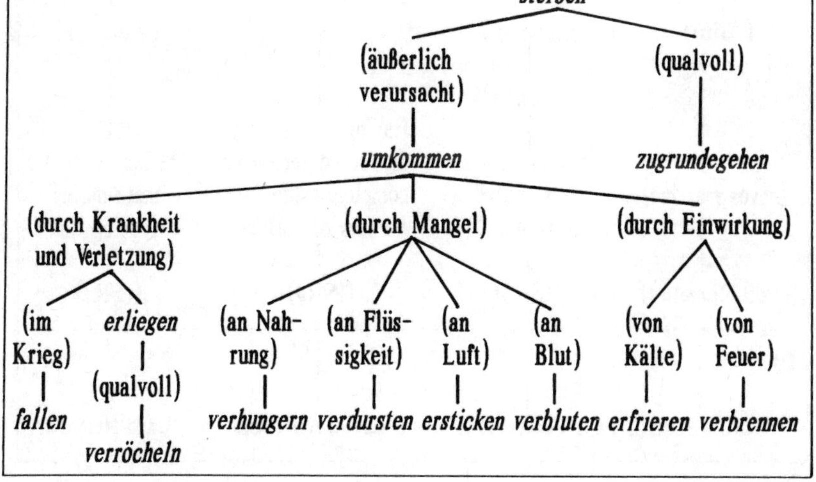

Die Komponentenanalyse liegt auch der **Semantik in der GTG** zugrunde.
Zunächst enthalten schon die Lexikoneinträge der Basiskomponente semantische Merkmale (s. Stammbaum rechts).
Die semantische Interpretation der Tiefenstruktur erfolgt aber erst in der **semantischen Komponente** der GTG. CHOMSKYS Schüler KATZ, FODOR u.a. gingen davon aus, daß dort ebenfalls ein **Lexikon** sowie sogenannte **Projektionsregeln** fungieren. Das Lexikon enthält die **Lesarten** (readings) eines Lexems, d.h. die Bedeutungen etwa von Homonymen oder polysemen Wörtern. – Hier das Beispiel *bachelor* aus KATZ/FODOR (original):

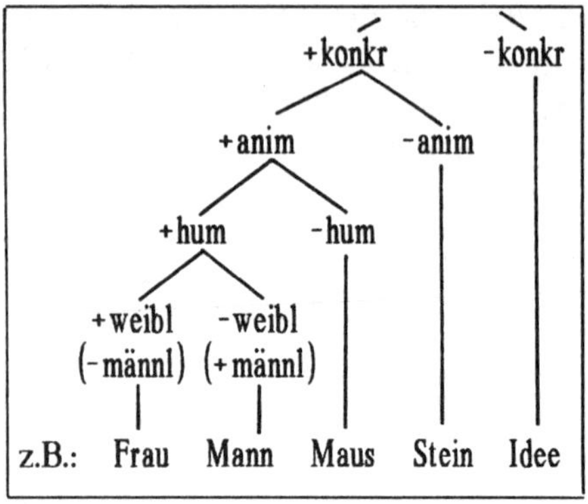

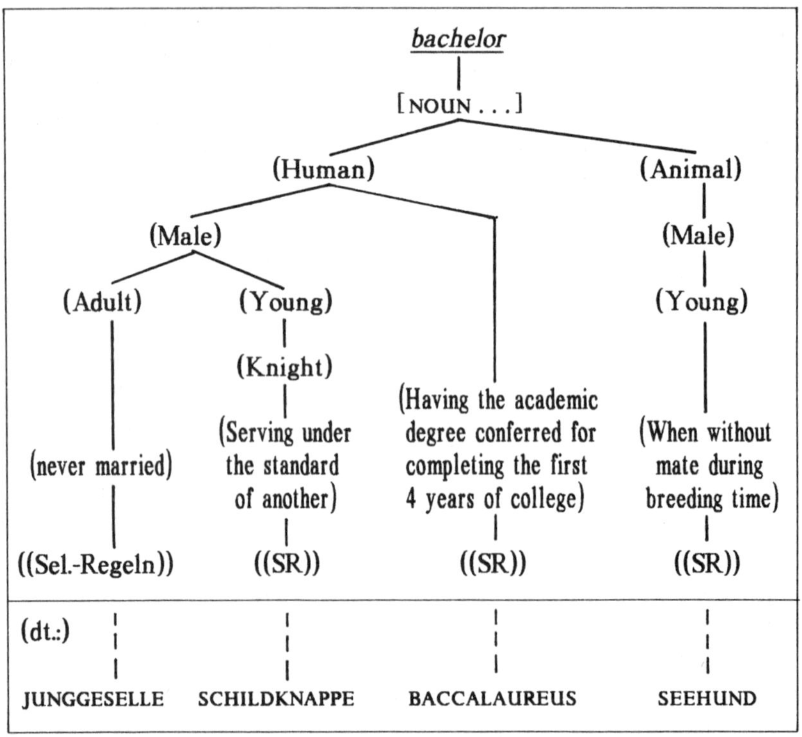

Die Projektionsregeln leiten die Satzbedeutungen ab, indem sie die Lesarten der Lexeme im Satz zusammenfügen, soweit sie kompatibel sind, d.h. zusammenpassen.
Nicht nur *bachelor* hat mehrere Bedeutungen, sondern auch etwa *ball*, auf deutsch "Ball", "Kugel", "großes Tanzfest". So ergeben sich im Satz verschiedene Kombinationsmöglichkeiten, die die Lexeme mehr oder weniger **disambiguieren**, d.h. monosemieren (eindeutig machen), vgl.:

A bachelor is playing with a ball. – (nicht: "Tanzfest")
A bachelor is invited to a ball. – (nur: "Tanzfest")

Dabei spielen die SR (selectional restrictions = Selektionsbeschränkungen, semantische Valenzen) auch des Verbs eine entscheidende Rolle, womit auch eine Verbindung zur Valenzgrammatik gegeben ist.

Aufgaben *(L 20)*

20.1 Was verstehen Sie unter der "Re-Interpretation eines Wortfeldes" durch die strukturelle Semantik?

20.2 Differenzieren Sie das folgende Wortfeld "Gewässer" mit Hilfe von 2 Merkmalen (Kriterien) und + und -: *See, Fluß, Teich, Bach.*
Wie können auch *Strom* und *Ozean* miteinbezogen werden?

20.3 Strukturieren Sie das Wortfeld "Fahrzeuge" mit 6 Merkmalen:
Fahrrad, Flugzeug, Motorrad, Dampfer, Bahn, Auto, Segelboot.

20.4 Differenzieren Sie das Wortfeld "Sportarten" mit möglichst wenig (3) semantischen Merkmalen:
Fußball, Tennis, Fechten, Wasserball, Rudern (8er), Turmspringen.

20.5 Differenzieren Sie das Wortfeld "literarische Texte" mit 3 semantischen Merkmalen (ohne Ausnahmen zu berücksichtigen):
Roman, Erzählung, Epos, Gedicht, Biographie, Brief.

20.6 Gegeben ist folgendes Wortfeld ("Transfer von Besitztum"):
kaufen, verkaufen, mieten, erben, schenken, stehlen.
Versuchen Sie eine Reinterpretation durch Komponentenanalyse. Ermitteln Sie also zuerst genügend distinktive Seme, um die Verben

zu differenzieren (mindestens 4). Beschreiben Sie anschließend die Bedeutung der Verben als Summe ihrer Komponenten.

Beispiel: *kaufen* ist der Transfer einer Sache gegen Entgelt und endgültig, wobei das Subjekt (der Käufer) aktiv am Transfer beteiligt und danach der Besitzer der Sache ist.

20.7 Vergleichen Sie folgende Gebäudebezeichnungen mit den Entsprechungen in Ihrer Muttersprache. – Gibt es Unterschiede bei den semantischen Merkmalen?

Krankenhaus	*Pavillon*	*Tor*	*Restaurant*
Klinik	*Kiosk*	*Tür*	*Speisesaal*
Poliklinik	*Hütte*	*Pforte*	*Gasthaus*
Sanatorium	*Laube*	*Eingang*	*Kneipe*

20.8 Das deutsche Wort *Ente* kann folgende Bedeutungen haben:

Ente$_1$ – VOGEL *Ente*$_3$ – FRISUR (von Männern)
Ente$_2$ – AUTO (Citroën) *Ente*$_4$ – FALSCHMELDUNG (Presse)

a) Stellen Sie analog zum *bachelor*-Beispiel einen Stammbaum mit semantischen Merkmalen auf (ANIM, KONKR, TECHN USW.)

b) Zeigen Sie, welche Bedeutungen in den folgenden Sätzen möglich sind, und warum: (1) *Die Ente sieht furchtbar aus.*
(2) *Die Ente prallte auf einen Mercedes.*

****

Lexikographie **(L 21)**

Als Beispiel für die praktische Anwendung der Semantik sei hier kurz die Lexikographie behandelt.

Definition: Lexikographie ist die Theorie und Praxis der Wörterbuchschreibung.

Sie versucht, die Struktur der **Lexik** (des Wortschatzes) einer Sprache im **Lexikon** zu kodifizieren, und basiert auf der linguistischen Teildisziplin **Lexikologie**, die die Lexik systematisch beschreibt.

Objekte der Lexikologie sind alle selbständigen Sprachzeichen und ihre festen Kombinationen, die sozusagen als allgemeine "Versatzstücke" verwendet werden, grob gesagt: Wörter und Wendungen:

Lexeme (freie Morpheme)	–	*Fuß, krank, morgen; ich, die, weil, ...*
Wortbildungen	–	*fußkrank, kränkeln; Ich-Roman, ...*
idiomatische Wendungen	–	*zu Füßen fallen; mein anderes Ich;*
	–	*jemanden krank schreiben, ...*

Diese Elemente sind bedeutungstragend, frei und stammen fast alle aus "offenen Klassen". Nicht dazu gehören also Laute, gebundene Morpheme, beliebige Satzglieder und Sätze.

Wörterbücher sind meist **semasiologisch** angelegt, d.h. sie geben für einen Lautkörper (ein Stichwort, Lemma) dessen Bedeutung und Verwendung an (durch Paraphrasen und Satzbeispiele). Solche Wörterbücher sind größtenteils **alphabetisch** angeordnet. Einige berücksichtigen auch die Wortbildung und verzeichnen unter einem Stammwort auch diejenigen Komposita und Ableitungen, in denen das Stammwort nicht am Anfang steht. Schließlich gibt es auch **rückläufige** Wörterbücher ähnlich den traditionellen Reimlexika.
Wörterbücher, die dagegen von der Bedeutung (dem Begriff) ausgehen, heißen **onomasiologisch** (vgl. etwa die Begriffswörterbücher von DORNSEIFF oder WEHRLE-EGGERS). Ihre Probleme der Anordnung und beim Auffinden der Elemente liegen auf der Hand.
Vgl. Sie folgende reduzierte Beispiele aus drei Wörterbüchern:

rein alphabetisch	wortbildungsorientiert	bei DORNSEIFF "fahren" unter:
Fahne	*Fahne*	*Bewegung, Beförderung,*
Fähnrich	*Schnapsfahne, ...*	*Wagen, Schiff, Flugzeug,*
Fahrabteilung	*fahren*	*Richtung,*
Fahrdienstleiter	*abfahren, Abfahrt, ...*	*Reise zu Land, Schiffahrt*
Fähre	*Fahrer, Radfahrer, ...*	und als Redewendungen:
fahren	*Fahrzeug*	*in die Glieder fahren,*
Fahrenheit	*Fähre*	*in den Sinn fahren,*
Fahrer	*Fahrt, Wohlfahrt,*	*aus der Kutte fahren,*
Fahrt	*Fährte, fertig, ...*	*aus der Haut fahren,*
Fährte	*führen, verführen, ...*	*in die Höhe fahren,*
Fahrzeugpark	*Fahrenheit*	*die Hoffnung fahren lassen,*
Faible	*Faible*	*Schlitten fahren mit jmdm.*

Einige Wörterbücher sind nicht vorrangig paradigmatisch, sondern **syntagmatisch** orientiert, z.B. Valenz- und Stilwörterbücher. Die meisten Wörterbücher berücksichtigen nur Teil- oder **spezielle Aspekte**, z.B. Orthographie- und Aussprachewörterbücher oder fach- und sondersprachliche, etymologische, Dialekt-, Namen- und Fremdwörterbücher, natürlich auch fremdsprachliche Lexika.

Zur Geschichte der Lexikographie

Seit dem 8. Jahrhundert gibt es lateinisch-deutsche Glossare. Um 1400 tauchen dann auch einsprachige deutsche Wörterbücher auf, da sich das Deutsche in Verwaltung und Religion emanzipierte.
Im 15. und 16. Jahrhundert ging es vorrangig um die regionalen Gemeinsprachen, im 17. und 18. Jahrhundert aber schon um die Erfassung der Standardsprache in großen deutschen Wörterbüchern, und seit dem 19. Jahrhundert entstanden zahlreiche philologisch fundierte Wörterbücher, allen voran das berühmte GRIMMsche "Deutsche Wörterbuch" (1854-1960, 32 Bände).
Heute macht sich der Einfluß der strukturellen Semantik auf Theorie und Methoden der Lexikographie bemerkbar, und die Computer bieten neue Möglichkeiten bei der Wörterbucherstellung.

Aufgaben (L 21)

21.1 Vergleichen Sie die folgenden Lexikoneinträge zu dem Stichwort *Mensa* und erklären Sie die Unterschiede funktional (auf den jeweiligen Zweck bezogen):

__Mensa__, w. (lat.), Tisch, inbes. Altarplatte. __Mensa (academica)__, "akademischer Tisch", billige Speisegelegenheit für Studenten.
(KEYSERS Fremdwörterlexikon, 1950)

__Mẹn/sa__ lat. (Mittags"tisch" für Studenten; Altarplatte) w; -, -s u. . . .sen; __Mẹn/sa aca/de/mi/ca__ [-akademika] (Mittagstisch an Hochschulen) w; - -, . . .sae (. . .sä) . . .cae (. . .zä)
(DUDEN 1: Rechtschreibung, 1973)

__Mensa__ w "Speisesaal für Studenten": Junge Kurzform für 'Mensa academica' "akademischer Mittagstisch": zugrunde liegt das lat. Substantiv mēnsa "Tisch, Tafel; das Speisen".
(DUDEN 7: Etymologie, 1963)

__'Mensa__ f comedor m universitario.
(LANGENSCHEIDTS HANDWB. SPANISCH II, [12]1980)

21.2 Charakterisieren Sie Ihnen bekannte Wörterbücher nach folgender Klassifikation:

a) einsprachig	f) fachsprachlich	k) präskriptiv
b) zweisprachig	g) sondersprachlich	l) statistisch
c) mehrsprachig	h) Fremdwörterbuch	m) begrifflich
d) etymologisch	i) Autorenwörterbuch	n) rückläufig
d) historisch	j) Umgangssprache	o) idiomatisch

21.3 Rückläufige Wörterbücher wenden das alphabetische Prinzip nicht vom Wortanfang, sondern vom Wortende her an, z.B. ein Ausschnitt:

....	....	*balladesk*	*Basilisk*
Netzwerk	*Grenzbezirk*	*burlesk*	*Kiosk*
Schnitzwerk	*Ersatzbezirk*	*chevaleresk*	....
Gewirk	*Kork*	*pittoresk*	*brüsk*
Bezirk	*Flaschenkork*	*grotesk*	*Klamauk*
Jagdbezirk	*Neuyork*	*Obelisk*	....

Wozu können solche Wörterbücher dienen?

21.4 Statistische Wörterbücher ordnen die Lexeme nach ihrer Gebrauchshäufigkeit. So hat z.B. WÄNGLER in seinem "Rangwörterbuch hochdeutscher Umgangssprache" (Münster 1963) die ca. 1000 häufigsten Wörter in gesprochenem Deutsch ermittelt. Die ersten 20 sind:

die, sein, der, ich, ein-, das, in, haben, und, nicht, sie,
zu, den, du, werden, ja, mit, er, wir, so.

Die ersten Substantive *(Jahr, Tag, Mann, Zeit, Kind, Frau)* erscheinen erst von etwa der 80. Stelle an.

Der "Russian Word Count" von ŠTEJNFELDT (zuerst Tallinn 1963) verzeichnet als 20 häufigste Wörter (aus der Jugendliteratur):

i (und) – v (in) – na (auf) – ne (nicht) – on (er) – ja (ich) –
čto (daß, was) – s (mit) – etot (dieser) – byt' (sein, Verb) –
a (und, aber) – ves' (ganz, all-) – oni (sie Pl.) – ona (sie) –
kak (wie) – my (wir) – k (zu) – u (bei) – ty (du) – za (für)

Die ersten Substantive *(rebjata, den', god, delo, ruka, škola – Kinder, Tag, Jahr, Sache, Hand, Schule)* erscheinen erst nach Rang 50.

a) Erklären Sie den Zusammenhang zwischen Wortart und textueller Häufigkeit.
b) Welche Anwendung sehen Sie für die Fremdsprachenlinguistik?

****

KAPITEL 7: TEXTLINGUISTIK

Allgemeines – Textsyntax (L 22)

Die Textlinguistik geht von der pragmatischen Erkenntnis aus, daß die sprachliche Kommunikation nicht in isolierten Sätzen vor sich geht, sondern in **Äußerungen** verschiedenster Größe, die in die **Situation** und den **Kontext** eingebettet und über die Satzgrenzen hinaus ("transphrastisch") strukturiert, d.h. grammatisch (semantisch und syntaktisch) verbunden sind. Wir nennen solche Äußerungen **Texte.**

Vgl.:

isolierte Beispielsätze

> *Es zieht. — Grinsend brachte der Kellner das lauwarme Bier. — Die Leitung brannte durch. — Die Professoren ärgern die Studenten. — In Hongkong gibt es eine neue deutsche Kneipe.*

Text A: Eine Anekdote

> *Als der Dichter Freiligrath sich verlobte, verschickte er Verlobungskarten. An einen seiner Freunde schrieb er dazu: "Die beiliegende Karte ist das Neueste, was ich habe drucken lassen, und ich meine – das Beste!"*

Text B: Ein Dialog

> *"Guten Tag!" – "Guten Tag, Frau Yang!" – "Haben Sie heute Unterricht?" – "Nein, und Sie?" – "Hahaha, ich auch nicht. Auf Wiedersehen!" – "Tschüß! Guten Appetit!"*

Im Gegensatz zu den isolierten Sätzen sind die beiden Texte nicht nur situativ und inhaltlich (thematisch), sondern auch grammatisch verbunden. So gibt es bestimmte **Wiederaufnahmen** schon genannter Elemente:

der Dichter Freiligrath	←	*er, seiner, er, ich, ich*
Verlobungskarten	←	*dazu, die beiliegende Karte*
Frau Yang	←	*Sie, ich*

Typisch für Dialoge sind **Ellipsen**, d.h. grammatisch unvollständige Sätze, Sie sind durch die Situation "entlastet" und um überflüssige Elemente reduziert:

Nein (ich habe keinen Unterricht).	→	*Nein.*
Und (haben) Sie (Unterricht)?	→	*Und Sie?*
Ich (habe) auch keinen (Unterricht).	→	*Ich auch nicht.*

Ferner kann ein Fortschreiten im **Informationsfluß** festgestellt werden:

Freiligrath → *verlobte sich*
↓
er ⟶ *verschickte Verlobungskarten*
↓
er ⟶ *schrieb an einen seiner Freunde*
↳ *die beiliegende Karte* → *ist das Neueste*
↳ *und das Beste*

Damit wird schon deutlich, daß es sich nicht nur um syntaktische, sondern auch immer gleichzeitig um semantische Zusammenhänge handelt. Der isolierte Satz *Die Leitung brannte durch.* bleibt ohne Kontext zweideutig. Freiligraths *Karte* dagegen wird durch den Kontext **eindeutig** gemacht, kann also keine Eintritts- oder Landkarte sein. Schließlich zeigen die Textbeispiele, daß es stereotype Formen von Texten gibt, je nach der Kommunikationssituation. Wir nennen sie **Textsorten.**
Texte können natürlich auch nur aus einem Satz bestehen, wie z.B. viele Aphorismen oder Sprüche, etwa das Bonmot: *Unterhaltungsmusik ist, wenn man sich dabei unterhalten kann.*, oder sogar nur aus einem Wort wie *Hilfe!* (elliptisch). Aber auch diese Beispiele sind in Situationen eingebettet. Der Normalfall sind jedoch offensichtlich Mehrsatz-Texte.

Ansätze zu einer Textlinguistik zeigten sich schon bei der Prager Schule der 30er Jahre (MATHESIUS) und ihrer Fortsetzung in den 60er Jahren (vgl. den Abschnitt TRG unten). Aber erst die Kritik an der Satzgrammatik (der traditionellen wie strukturellen Syntax) und die Entwicklung der Pragmatik um 1970 führte zum Aufschwung der Textlinguistik.

Der Begriff Textlinguistik kann im engeren und im weiteren Sinne verstanden werden. **Textlinguistik i.e.S.** bezeichnet die **Textgrammatik**, d.h. Textsyntax und Textsemantik. **Textlinguistik i.w.S.** dagegen umfaßt alles, was mit Texten zu tun hat, also neben der o.g. Textgrammatik auch den pragmatischen Aspekt, d.h. das Sprechhandeln mit Texten = Textpragmatik = **Texttheorie.** Diese setzen manche Linguisten sogar mit der Kommunikationstheorie und damit als Oberbegriff auch fast mit der Linguistik selbst gleich – sicher nicht ganz unbegründet, aber unnötig.
Die Textlinguistik hat sich jedenfalls zu einer Art **Textwissenschaft** ausgeweitet. Ihre **Aufgabe** ist die Beschreibung der Regeln und Strukturen bei der Produktion, Konstitution und Rezeption aller möglichen Texte. Wir wollen uns im folgenden vorrangig mit der Textlinguistik i.e.S. befassen.

Textsyntax

BLOOMFIELD hatte definiert: "Each sentence is an independent linguistic form, not included by virtue of any grammatical construction in any larger form." Über diese Festlegung ist die strukturelle Syntax nicht hinausgegangen.
Die Hauptfrage lautete also zunächst: Gibt es grammatische Regularitäten über die Satzgrenze hinaus? – Betrachten wir dazu einen Beispieltext:

> *Wenn Herr K. einen Menschen liebte* (B. Brecht)
> *"Was tun Sie", wurde Herr K. gefragt, "wenn Sie einen Menschen lieben?" – "Ich mache einen Entwurf von ihm", sagte Herr K., "und sorge, daß er ihm ähnlich wird." – "Wer? Der Entwurf" – "Nein", sagte Herr K., "der Mensch."*

Die **Einheit des Textes** läßt sich auf allen Ebenen nachweisen:

pragmatisch: Gegeben ist ein Dialog aus aufeinander bezogenen Fragen und Antworten zwischen fiktiven Personen. Diese Situation ist eingebettet in die weitere Kommunikationssituation zwischen dem Erzähler (Brecht) mit seiner Intention, seinem Stil usw. und den Lesern mit ihren Erwartungen, ihrem Verständnis usw.

semantisch: Die Bedeutungen der Elemente werden durch den Kontext bzw. die Situation festgelegt, und – was noch mehr wiegt – einige von ihnen sind (thematisch) durchlaufend.

syntaktisch: Es bestehen regelhafte formale Beziehungen zwischen den Elementen verschiedener Sätze (s. unten).

Die drei Ebenen sind hierarchisch ineinander verschränkt und deshalb nicht exakt zu trennen. Wichtig ist, daß vor einer grammatischen Textanalyse jeweils eine möglichst umfassende pragmatische Interpretation stehen sollte.

Die Fragen *"Wer? Der Entwurf?"* können als Schlüssel sowohl zur Gesamtinterpretation wie zu dem auffälligen textsyntaktischen Phänomen gelten: Warum kann der Gesprächspartner Herrn K. mißverstehen?
Einige Textelemente zeigen eine **unmittelbare Referenz** auf die außersprachliche (hier fiktive) Wirklichkeit: neben einigen Verben und Adjektiven vor allem *Herr K., ein Mensch, ein Entwurf.* Diese werden jedoch in ganz verschiedener Weise wiederaufgenommen:

Herr K.	*einen Menschen*	
Sie	*einen Menschen*	*einen Entwurf*
Herr K.	*ihm*	*ihm (er?)*
Sie	*er (ihm?)*	*wer*
ich	*der Mensch*	*der Entwurf*
Herr K.		
Herr K.		

Die **Wiederaufnahme** kann also eine reine Wiederholung sein, aber auch eine **Substitution** (Ersetzung) durch Pronomen oder andere sinngleiche Ausdrücke (Proformen). Wenn man diese unter dem Begriff "Pronomen" zusammenfaßt, kann man einen Text (mit HARWEG) dadurch definieren, daß er eine durchgehende **Pronominalisierung** aufweisen muß.
Wiederaufnahme bzw. Substitution oder Pronominalisierung werden auch **Verweisung** genannt. Proformen sind Verweisformen mit textueller oder **mittelbarer Referenz**, denn sie verweisen (referieren) nur über andere Textelemente auf die außersprachliche Wirklichkeit, z.B. *ihm* einmal auf *einen Menschen*, einmal auf *einen Entwurf*:

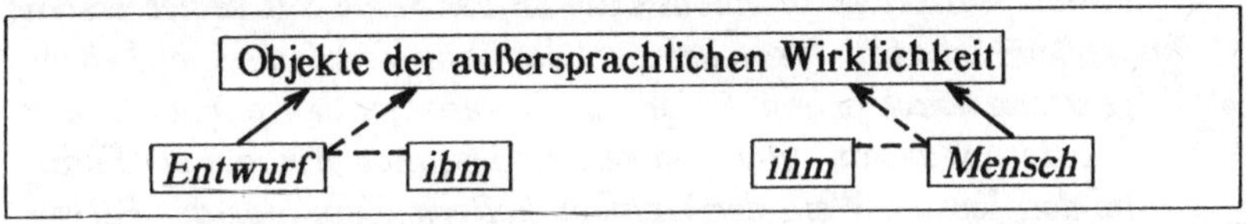

Die Verweisung kann in zwei Richtungen erfolgen, meistens rückwärts auf schon genannte Elemente, z.B. *Herr K.* ← *Sie* ← *ich*. Wir nennen sie **anaphorische** Verweisformen. Sie dienen u.a. auch der Ökonomie.
Aber es gibt auch vorwärts gerichtete – **kataphorische** – Verweisformen wie *"Was tun (Sie) . . ."* → *"(ich) mache einen Entwurf . . ."* (Hier dient *tun* als Proverb.) Sie dienen oft auch dazu, Spannung zu erzeugen.
Die Hauptfunktion der Verweisformen ist jedoch, die Einheit des Textes, die **Textkohärenz** (den Textzusammenhang) zu schaffen. Die Kohärenz, die auf allen Textebenen eine Rolle spielt, kann geradezu als Schlüsselwort der Textlinguistik bezeichnet werden, z.B. wird "Text" manchmal als "kohärente Folge von Sätzen" definiert.
Auf der syntaktischen Ebene wurden bisher Wiederaufnahme und Verweisung behandelt. In der folgenden Lektion werden noch zwei weitere Erscheinungen besonders erwähnt.

Aufgaben (L 22)

Diese Lektion enthält nur wenig Aufgaben. Verweisformen können an jedem beliebigen Text studiert werden. Doch textgrammatische Untersuchungen werden erst eigentlich interessant, wenn sie alle möglichen Aspekte in Form vielseitiger Textanalysen erfassen. Deshalb werden am Schluß des Kapitels einige umfassende Textaufgaben gestellt, u.a. auch zur Verweisung.

22.1 In Kurzbiographien, -nekrologen (Nachrufen) u. dgl. wird versucht, möglichst viel Information über eine Person auf engem Raum zu bieten, z.B. durch Prädikationen (*wurde zum Star, als Erbauer und Direktor . . .*). Welches textgrammatische Mittel wird im folgenden Text zu diesem Zweck außerdem reichlich verwendet?

GESTORBEN – Philippe Baron de Rothschild, 85.

Gäste in seinem Schloß Mouton bei Bordeaux pflegte der Sproß der legendären jüdischen Dynastie mit der Anekdote von einem ordinären Roten zu unterhalten: Der Wein, den er während des Ersten Weltkriegs in einem Café an der Seine mit seiner ersten großen Liebe getrunken habe, sei der beste Tropfen seines Lebens gewesen. Doch schon Anfang der zwanziger Jahre machte sich "Le Baron" daran, auf einem vernachlässigten Weingut der Familie den "besten Wein der Welt" zu keltern. Zum Star der Pariser Gesellschaft wurde der promovierte Lebenskünstler als Erbauer und Direktor des "Pigalle", Begleiter diverser Bühnenschönheiten und als Finanzier von Ballett- und Theateraufführungen.

Die Nähe zu Kunstschaffenden bescherte dem Ex-Rennfahrer, Filmproduzenten, Schriftsteller und Übersetzer elisabethanischer Gedichte sein werbeträchtigstes Markenzeichen: Chagall, Picasso, Braque und Warhol entwarfen die Flaschenetiketten. Salär: sechs Kisten "Mouton Rothschild" pro Aufkleber. Der hochdekorierte Widerstandskämpfer, dessen erste Frau im KZ Ravensbrück umgebracht worden war, entkam selbst nur knapp den deutschen Nazibesetzern. Philippe Baron de Rothschild starb vergangenen Mittwoch in Paris. (aus: DER SPIEGEL 4, 1988, S. 218)

22.2 Welche der numerierten Verweisformen haben anaphorische und welche haben kataphorische Funktion?

. . . Nun zu Ihrer zweiten Frage: <u>dazu</u> (1) möchte ich nur <u>soviel</u>

(2) sagen: unsere Fraktion hält die vorgeschlagene Lösung für gut. Wir sehen darin (3) eine Möglichkeit, die Lage zu verbessern. Deshalb (4) ist auch unsere Zustimmung im Parlament sicher. Ich möchte aber noch eins (5) hinzufügen: wir sind der Ansicht, daß hiermit (6) nur ein erster Schritt getan wurde. Dies (7) ist nach wie vor unsere Position, daran (8) wird sich nichts ändern. Zu Ihrer dritten Frage schließlich noch folgendes (9): die Beratungen sind noch nicht abgeschlossen. Darum (10) kann ich im Augenblick noch nichts Definitives sagen. Ich halte es (11) jedoch für wahrscheinlich, daß sich der zuständige Ausschuß schon in der nächsten Sitzung wieder mit diesem Problem befassen wird. Ich werde das (12) jedenfalls vorschlagen; und wenn ich die Stimmung richtig einschätze, wird es darauf (13) hinauslaufen, daß Ihre Vorschläge eingearbeitet werden. So (14) könnte die Gesetzesvorlage noch vor der Sommerpause dem Parlament zugeleitet werden. (aus: KALLMEYER u.a., S. 182)

22.3 Der folgende Text über den Bildhauer Rückriem enthält verschiedene Formen (Pronomen, Substantive – auch Eigennamen), die sich auf dessen Person beziehen.
Bestimmen Sie bei diesen Formen die Arten der Referenz (mittelbar oder unmittelbar) und der Verweisung (anaphorisch oder kataphorisch). – Erklären Sie auch die textuell-stilistischen Funktionen dieser Formen.

"Tempel" aus *Granit*

Er arbeitet, als wär's für die Ewigkeit. Und mittlerweile scheut er sich auch nicht mehr, seine Werke als "Tempel" zu bezeichnen: Ulrich Rückriem, 46 Jahre alter Bildhauer aus dem Rheinland, marschiert – frühvollendet? – geradewegs in Richtung Pantheon. Seine tonnenschweren Granitblöcke, in letzter Zeit vornehmlich einem normannischen Steinbruch entnommen, stehen heute in vielen Städten Europas. Mit welcher Mühe sie aus dem Fels gebrochen wurden, sieht man ihnen auch dann noch an: Säge- und Meißelspuren, von Rückriem noch stark betont, künden davon und gliedern gleichzeitig die ernsten Werke des fröhlichen Rheinländers. (aus: SCALA, 1985)

****

Im Russischen, Chinesischen und anderen Sprachen gibt es keine Wortart "**Artikel**". Die germanischen und romanischen Sprachen dagegen besitzen unbestimmte und bestimmte Artikel, und die Sprecher müssen jeweils "auswählen", ob sie z.B. *ein Sturm, der Sturm* oder einfach *Sturm* (ohne Artikel) sagen:

a) *Über Mindanao brauste ein Sturm hinweg.*
b) *Nach zwei Tagen legte sich endlich der Sturm.*
c) *Sturm und Regen machen ihr gar nichts aus.*

Die Regeln der deutschen Artikelselektion sind äußerst verwickelt und durch viele Sonderfälle zusätzlich verkompliziert. Hier können nur einige Hinweise gegeben werden, besonders auf die **textuellen Funktionen.**

Der **unbestimmte Artikel** bezeichnet allgemein eine Klassenzugehörigkeit und damit die Relation "Teil-Ganzes". Im Text dient er der Neueinführung von Substantiven und lenkt (nach WEINRICH) die Aufmerksamkeit auf die Nachinformation. Ihm entsprechen auch indefinite Pronomen wie "einige, viele, manche". Da der unbestimmte Artikel im Plural wegfällt, spricht man dann von "Null-Artikel" (Ø, analog zu Null-Morphem). Dieser Fall darf nicht mit Substantiven ohne Artikel verwechselt werden (siehe unten).

Beispiele:

Das ist ein Mundstück. Es ist aus Jade. ...
Das sind (Ø) Mundstücke. Sie sind aus Jade. ...
Dies sind (Ø) späte Werke Cezannes
Gestern traf ich einen Freund. Der/er/dieser/der Freund war ...
Ich gebe dir einige Zeitschriften mit. Kannst sie behalten.

Der **bestimmte Artikel** bezeichnet allgemein ein Individuum oder eine Gesamtheit. Im Text dient er der Wiederaufnahme von etwas schon Genanntem bzw. weist auf die Vorinformation zurück. Ihm entsprechen Demonstrativ- und Possessivpronomen wie "dieser, jener, mein".
Wir finden also bei den Artikeln Ana- und Kataphorik wieder. Wichtig ist, daß die Vorinformation nicht nur im Kontext, sondern auch in der außersprachlichen Situation und sogar im gesamten (Welt-)Wissen des Sprechers und im Sprachsystem selbst gesehen werden kann. Aus diesem Grunde können auch Substantive mit bestimmtem Artikel im Text neu auftreten, ein beliebtes Stilistikum bei Textanfängen, das die Neugier des

Lesers weckt, der sich sofort in die Situation hineinversetzt fühlt: *Der Mann kam die Treppe herunter. Er hatte* ... Die gleiche Funktion haben Pronomen am Textanfang: *Er kam die Treppe herunter. Er hatte* ... Da sie jedoch nicht-referentiell sind, kann das Stilistikum bei zu häufiger Verwendung leicht zur "Masche" werden.
Beispiele:

> *Hier ist ja das Mundstück. Ich habe es lange gesucht.*
> *Die Werke Cezannes stießen zunächst auf Ablehnung.*
> *Gestern hab ich eine Uhr gekauft. Sie/die/die Uhr/ diese Uhr war ziemlich teuer.*
> *Du kannst diese/meine Zeitschriften behalten.*
> *"Kommst du mit dem Auto?" – "Nein, der Motor ist kaputt."*
> (als Textanfang:) *Die Frau fuhr zügig. Sie war eine passionierte Fahrerin.* ... (oder sogar: *Sie fuhr zügig dahin. Sie* ...)

Ohne Artikel werden Eigennamen, bestimmte Abstrakta, Stoffbezeichnungen und Substantive in vielen idiomatischen Wendungen verwendet, besonders bei Wortpaaren. Der Gebrauch ohne Artikel ist oft stilistisch motiviert, so daß strenge Regeln kaum anzugeben sind.
Beispiele:

> *Anna hat letzte Woche Karl-Heinz geheiratet.*
> *Dies Bild wird Leonarda da Vinci zugeschrieben.*
> *Er studiert Germanistik.*
> *Sie wollten nichts als Frieden.*
> *Sie aßen fast nur Reis und Gemüse.*
> *seit Jahr und Tag; mit Mann und Maus untergehen;*
> *Die Turnerin ist einfach Klasse.*

Übersicht über den Gebrauch der Artikel		
unbestimmter Artikel	**bestimmter Artikel**	**ohne Artikel**
Klassenzugehörigkeit Neueinführung im Text = Verweis auf Nachinformation entspricht Pron. wie: *einige, viele, manche*	Individualbezeichnung Wiederaufnahme im Text = Verweis auf Vorinformation entspricht Pron. wie: *dieser, jener, mein*	Eigennamen Abstrakta Stoffbezeichnungen in festen Wendungen

Diese Regeln gelten nur ganz grob und müssen durch Sonderregeln modifiziert werden, die hier nur exemplarisch angedeutet werden können, und zwar als **Ausnahmen** mit dem bestimmten Artikel:

Der Mensch ist ein Säugetier.	– (Klassenzugehörigkeit)
Die Frau fuhr zügig dahin.	– (Neueinführung, s.o.)
die Musik, die du magst	– (Verweis auf Nachinfo.)
Die Anna hat neulich geheiratet.	– (umgangssprachlich)
Sie wollten nichts als den Frieden.	– (Gebrauch beliebig)
Schweigend aßen sie den Reis.	– (individuiert)
Iß mit der Gabel. – (aber:	
Iß mit Messer und Gabel.)	– (Wortpaar, Wendung)

Konnexion

Konnexion bedeutet allgemein Verbindung. Hier ist jedoch eine spezielle Verbindung durch bestimmte **Konnektoren** gemeint wie Konjunktionen, Adverbien und Partikeln, die über die Satzgrenze (oder Teilsatz-Grenze) hinaus, also textsyntaktisch fungieren.

Betrachten wir dazu eine Reihe von Beispielen, die alle den gleichen Inhalt, aber formal verschieden, ausdrücken:

Sie blieben aus Angst zu Hause.
Sie blieben zu Hause, weil/da sie Angst hatten.
Sie blieben zu Hause, denn sie hatten Angst.
Sie blieben zu Hause. Denn sie hatten Angst.
Sie blieben zu Hause. Sie hatten nämlich/doch/ja/. . . Angst.
Sie blieben zu Hause. Sie hatten Angst. (implizit)

Sie hatten Angst, weshalb/weswegen sie zu Hause blieben.
Sie hatten Angst. Aus diesem Grunde/deshalb/deswegen/ so/also/folglich/. . . blieben sie zu Hause.
Sie hatten Angst und blieben zu Hause.
Sie hatten Angst. Sie blieben zu Hause. (implizit)

Die Konnektoren drücken **inhaltliche Beziehungen** wie "kausal, lokal, temporal, additiv, adversativ" usw. (vgl. L 17) aus, die zwischen Satzgliedern, Teilsätzen, Sätzen und größeren Textabschnitten bestehen können. Diese Beziehungen können auch **implizit**, also ohne explizite Nennung bestehen und werden dann aus dem Kontext (der Situation) erschlossen.

Aufgaben (L 23)

23.1 Setzen Sie die richtigen Artikelformen ein, und beachten Sie dabei auch die Möglichkeit von Null-Artikeln und artikellosen Formen:

Jahr ..... Musik

Im "Europäischen Jahr ..... Musik" haben deutsche Musikfreunde gleich ..... dreifachen Grund zum Feiern. Zu ehren sind ..... Bach, ... Händel und ..... Heinrich Schütz, der neben vielen bedeutenden Motetten, Oratorien und Passionen ..... erste deutsche Oper komponiert hat. Gefeiert werden ..... Jubiläen mit ..... neuen Biographien und Schallplatten, vor allem aber mit ..... Fülle von ..... Konzerten – nicht nur in ..... deutschen Städten, sondern auch im Ausland, z.B. im kanadischen Toronto. Dort findet ..... internationaler Bach-Klavierwettbewerb statt. Wer dabei am besten ..... Klavier spielen kann, erhält 13000 Dollar, mehr als bei jedem anderen Klavierwettberb.

23.2 Erklären Sie im folgenden Textanfang den Artikelgebrauch, besonders in Hinsicht auf textuelle Funktionen.
Prüfen Sie durch die Ersatzprobe, ob eine andere Artikelselektion möglich ist, z.B. *"ein Notizbuch / das Notizbuch / Notizbuch"*?

Ein unheimlicher Mensch

Mein Nachbar in der Liegestuhlreihe des C-Decks war ein älterer Herr mit großen, runden Augen über kurzer Nase. Sein Gesicht erinnerte an das einer Eule. Zumeist las er in «Who's Who», wo die namhaften Personen Amerikas verzeichnet sind, und während der Lektüre zog er öfters ein Notizbuch hervor und kritzelte etwas hinein. Mit den Berühmtheiten an Bord war er auf Hello! und Hello!, und er verstand etwas von Schach. ... (aus: Alfred Polgar, Auswahl)

23.3 Ergänzen Sie die Konnektoren im folgenden Textanfang (das "Trocadero" ist eine Kneipe, "Wittigkeit" ein Nachname):

Im Trocadero (W. Schnurre)

..... dann rissen sie die Tür auf ..... warfen mich raus. Ich fiel hin ..... blieb einen Augenblick liegen, ... die Kühle des Pflasters tat gut, ... man die Stirne draufdrückte. ..... stand ich auf ..... ging langsam zum Bahnhof.

Der letzte Zug war . . . . . schon weg; . . . . . setzte ich mich ins Bistro . . . . . aß eine Wurst. Ich hatte vor, ins Trocadero zurückzugehen; nicht, ... ich denen noch eine runterhauen wollte, ich wollte nur sehen, ... mit Wittigkeit war. . . . . . ich war zu betrunken; ich schlief ein . . . . . bin eben erst aufgewacht.

Woraus schließen Sie auf die Art der Konnektoren (additiv, temporal, kausal, adversativ)?

Wie erklären Sie den Beginn des Textes mit einem Konnektor?

23.4 Im folgenden Kurzmärchen (nach Grimm) sind leider einige Konnektoren durcheinander geraten. Reparieren Sie den Schaden.

Der Bauer und der Teufel

Als der Bauer eines Tages von der Feldarbeit heimgehen wollte, erblickte er auf dem Acker einen Haufen feuriger Kohlen, auf dem ein kleiner schwarzer Teufel saß. Der versprach dem Bauern einen Schatz, so daß dieser ihm zwei Jahre lang die Hälfte von dem gäbe, als der Acker hervorbringe. Obwohl kein Streit entstehe, sollte der Teufel bekommen, was über der Erde, und der Bauer, was darunter sei. Das listige Bäuerlein hatte auch Rüben gesät, und was die Ernte kam, fand der Teufel nur die welken Blätter. Verärgert verlangte er, die Regel umzukehren. "Mir aber recht", sagte der Bauer und säte diesmal Weizen. Zur Erntezeit kam der Teufel wieder, und wenn er nur die Stoppeln vorfand, mußte er dem vergnügten Bauern den Schatz auszahlen, damit er voll Wut in eine Felsenschlucht hinabfuhr.

****

Thematische Progression im Text (ein Exkurs) **(L 24)**

Im vorigen Abschnitt wurde schon ein "Fortschreiten im Informationsfluß" des Textes erwähnt. Damit ist gemeint, daß im Text ständig neue Information geboten wird (→), diese aber gleichzeitig immer an Bekanntes gebunden ist (↑).

Im folgenden Beispiel (aus einem Schwank des 16. Jahrhunderts) ist der Ausgangspunkt etwas allgemein als bekannt Vorausgesetztes: eine Stadt. Daran ist eine Aussage geknüpft, die wiederum die Basis für weitere

Aussagen liefert und so fort:

In einer Stadt → war ein Oberrichter;
der → war ein rechter Bluthund und Schinder
↑
er → übervorteilte die Leute ohne alle Gnade ...
↑
vor ihn → kam einmal ein Badeknecht;
der → ward hart angeklagt, daß ...

Diese Erscheinung wurde zuerst von Linguisten der Prager Schule (Mathesius, Daneš, Sgall, Firbas, Beneš) **auf der Satzebene** untersucht und "Functional Sentence Perspective" (FSP, Funktionale Satzperspektive) genannt. Danach bestehen Sätze

aus einem **Thema** (T) – "das, worüber etwas ausgesagt wird"
und einem **Rhema** (R) – "das, was darüber ausgesagt wird".

Zum Beispiel:

Marianne (T) – *arbeitet* (R). *Heute* (T) – *ist Dienstag* (R).

Hier liegt also nicht eine grammatische Gliederung zugrunde, sondern der Versuch, den kommunikativen oder Mitteilungswert festzustellen. Im Deutschen ist dafür der Begriff **Thema-Rhema-Gliederung (TRG)** am meisten in Gebrauch.

Die exakte Ermittlung und Definition von Thema und Rhema sind allerdings recht problematisch. Zum Beispiel wird das Thema oft mit dem **Erstglied** des Satzes gleichgesetzt. Das trifft zwar für autonome Sätze, wie etwa Sprichwörter zu:

Schwatzen (T) – *lernt man früher als Zuhören* (R).
Ein Lügner (T) – *muß ein gut Gedächtnis haben* (R).

Doch in kontextuell eingebetteten Sätzen kann die Anfangsstellung des Themas durch die Möglichkeiten der Wortstellung und Intonation leicht in Frage gestellt werden. Ebenso unhaltbar ist die Gleichsetzung des Themas mit dem **Subjekt** (s.u. genauer). Beispiele:

Mein Bruder (T) – *fliegt* – *nach Paris* (R). (wohin?)
Nach Paris (R) – *fliegt* – *mein Bruder* (T). (wohin?)
Nach Paris (T) – *fliegt* – *mein Bruder* (R). (wer?)
Mein Bruder (R) – *fliegt* – *nach Paris* (T). (wer?)
Mein Bruder (T) – *fliegt* (R) – *nach Paris* (T). (fährt nicht)

Auch die sogenannte **Ermittlungsfrage** nach dem Rhema löst das Problem nicht, da zwar meist intuitiv nach der neuen Information gefragt wird, grundsätzlich aber nach jedem Satzglied gefragt werden kann.

Am besten geeignet scheint mir HALLIDAYS Kriterium **"given – new"**. Danach signalisiert das Thema etwas "Gegebenes", durch Kontext oder Situation Bekanntes, auch allgemein Bekanntes, das Rhema hingegen etwas "Neues", das allerdings auch schon früher einmal erwähnt worden sein kann, jetzt aber den aktuellen Kern der Aussage bildet.

Da Sätze fast immer aus mehr als 2 Teilen bestehen, hat FIRBAS schließlich eine Aufgliederung des Satzes nach der "kommunikativen Dynamik" mit einem Übergangsglied **"transition"** vorgenommen, die hier nur durch ein Beispiel angedeutet werden soll, da sie nicht genügend ausgearbeitet worden ist:

eigentl. T	T-Rest	transition	R-Rest	eigentl. Rh.
Auf dem Tisch	*in der Küche*	*steht*	*eine Vase*	*aus Glas.*

Eine solche Darstellung täuscht aber, indem sie eng an grammatische Strukturen gebunden ist, eine Genauigkeit vor, die dem Prinzip des Mitteilungswertes nicht entspricht. Im allgemeinen begnügt man sich mit der Ermittlung des Themas bzw. der thematischen Elemente – der Rest ist dann das Rhema bzw. rhematische Elemente.

Um zu zeigen, daß das Thema nicht mit dem **Subjekt** des Satzes gleichgesetzt werden darf (s.o.), sei noch darauf hingewiesen, daß man zwischen drei Subjektbegriffen unterscheiden muß, dem grammatischen (Nominativglied), dem psychologischen (das Bekannte) und dem logischen (Satzgegenstand, Agens, Argument), z.B.:

Ihr (T)	*wurde*	*von einem Freund*	*ein Buch*	*geschenkt.*
psychol. Subj.			gramm. Subj.	
Satzgegenst. Argument 1		Agens Argument 2	Argument 3	

Dabei zeigt sich, daß dem Thema vor allem das psychologische Subjekt bzw. der logische Begriff "Satzgegenstand" entsprechen.

Es war eine relativ lange Vorbereitung nötig, um auf das eigentliche Anliegen zu kommen, die **Thema-Rhema-Gliederung im Text.**

DANEŠ hat versucht, die TRG auf den Textrahmen auszudehnen und verschiedene Typen der Verkettung und Hierarchie von Themen und Rhemen nachzuweisen. Er unterscheidet dabei 5 Haupttypen:

1) Die **einfache lineare Progression** besteht darin, daß das Rhema des vorangehenden Satzes zum Thema des folgenden wird usw.

Beispiel (Märchenanfang):

$T_1 \rightarrow R_1$	*Es war einmal ein König,*
$\downarrow$	
$= T_2 \rightarrow R_2$	*der hatte einen großen Wald.*
$\downarrow$	
$= T_3 \rightarrow R_3$	*Darin lief Wild aller Art herum.*

2) Die **Progression mit einem durchlaufenden Thema** leitet von ein und demselben Thema nacheinander mehrere Rhemen ab.
Beispiel (Biographie):

$T_1 \rightarrow R_1$	*Einstein wurde 1879 geboren.*
$\downarrow$	
$= T_1 \rightarrow R_2$	*Er erhielt 1921 den Nobelpreis.*
$\downarrow$	
$= T_1 \rightarrow R_3$	*Er emigrierte 1933 in die USA.*

3) Die **Progression mit von einem Hyperthema abgeleiteten Themen** erscheint ähnlich, nur sind die Themen nicht identisch, sondern stellen verschiedene Aspekte eben des Hyperthemas dar.
Beispiel (Lexikonartikel):

(HT)	*(Geographie der Schweiz)*
$\downarrow$ $T_1 \rightarrow R_1$	*Die Schweiz liegt in Mitteleuropa.*
$\downarrow$ $T_2 \rightarrow R_2$	*Ihre Fläche beträgt 41300 qkm.*
$\downarrow$ $T_3 \rightarrow R_3$	*Die Einwohnerzahl ist 6,3 Mio.*

4) Das **Entwickeln eines gespaltenen Themas** aus einem Rhema. Diese Progression stellt eine Variante zum Typ 1 dar.
Beispiel (medizinischer Fachtext):

$T_1 \rightarrow R_1 \ (= R_1' + R_1'')$	*Es gibt verschiedene Virenarten.*
$\downarrow$ $= T_2' \rightarrow R_2'$	*P-Viren sterben in trockener Luft.*
$\downarrow$ $= T_2'' \rightarrow R_2''$	*G-Viren dagegen passen sich an.*

5) Die **Progression mit einem thematischen Sprung** hat DANEŠ nur angedeutet. Sie ist äußerst häufig und könnte als "Text-Ellipse" bezeichnet werden, da sozusagen das Zwischenstück einer linearen Progression ausgelassen wird.
Beispiel (Alltagssprache):

$T_1 \rightarrow R_1$	*Gestern war eine Hochzeit.*
¦- - - - - - ¦	*(("Hochzeit" impliziert "Braut"))*
$T_2 \rightarrow R_2$	*Das Brautkleid war aus purer Seide.*

Bemerkungen: Die klare Trennung von Typ 2 und 3 scheint problematisch. Man kann nämlich einerseits jedes durchlaufende Thema auch als Hyperthema verstehen bzw. andererseits Texte mit einem Hyperthema oft so umformen, daß ein durchlaufendes Thema entsteht, z.B. den obigen Beispieltext über die Geographie der Schweiz:

Die Schweiz liegt in Mitteleuropa	$T_1 \rightarrow R_1$
	$\downarrow$
Sie ist 42300 qkm groß.	$T_1 \rightarrow R_2$
	$\downarrow$
Sie hat 6,3 Millionen Einwohner.	$T_1 \rightarrow R_3$

Auch Typ 4 weist auf Typ 3, denn das Rhema des ersten Satzes wird nachträglich zum Hyperthema der gespaltenen Themen in den Folgesätzen. (Übrigens tritt auch sehr häufig ein konkret gespaltenes Rhema auf.) Schließlich ist auch Typ 5 eindeutig eine Variante zur linearen Progression.

Somit lassen sich eigentlich nur 2 Haupttypen festmachen, nämlich die lineare und die durchlaufende Progression.

Themen-Kategorien: Um die Identifizierung von Themen zu erleichtern, hat Beneš vorgeschlagen, dabei folgende 4 Kategorien zu unterscheiden:

1) Elemente mit Bezug auf ein Hyperthema (HTE, siehe Typ 3),
2) Topikpartner in Nachbarsätzen (TP, direkte Wiederaufnahme),
3) der Ertrag aus dem vorhergehenden Satz (ERT, Kommentierung).
4) Situativa (SIT, zusätzliche Raum- und Zeit-Angaben).

Beispieltext (aus einem Geschichtslehrbuch):

Im Jahre 501 v.u.Z. (SIT) *teilte Kleisthenes* (HTE) *Attika* (HTE) *in zehn Phylen. Zu jeder Phyle* (TP) *gehörten Angehörige aller Vermögensgruppen. In keiner Phyle* (TP) *waren die Aristokraten* (HTE) *in der Überzahl. Dadurch* (ERT) *war ihre Macht sehr eingeschränkt.*

Als Hyperthema wäre etwa "Athen um 500 v.u.Z." anzusetzen.

Eine exemplarische Textanalyse

Die bisherigen Beispiele waren aus didaktischen Gründen so einfach wie möglich gehalten. Nun wird ein kurzer Ausschnitt aus einem "normalen" Text analysiert, um die Komplexität der thematischen Progression besser zu verdeutlichen (die Sätze sind durchnumeriert).

(0) Minicomputer (aus: Obermair, EDV-Grundwissen)

(1a) Ein Minicomputer ist vom Aufbau her zwar ein Universalrechner, (1b) aber er wird vom Hersteller eher als Werkzeug denn als

Gesamtlösung angeboten. (2) Der Kaufpreis liegt zwischen 2000 $ und 25000 $. (3a) Den Namen Minicomputer erfand man eines Tages für die schon seit langem bekannten Prozeßrechner, (3b) als man feststellte, (3c) daß sich dieser Computertyp für sehr viel mehr Anwendungen eignet. (4) Experten unterscheiden Microminis, die noch auf LSI-Technologie basieren, traditionelle Minis mit 8-, 12- oder 16-Bit-Arithmetik und 4 bis 64 K-Worten Speicherkapazität, sowie Superminis mit 16- oder mehr-Bit-Arithmetik und mindestens 64 K-Worten Speicherkapazität. (5) Von den Minis erwartet man in den 80er Jahren eine Umsatzsteigerung von ca. 30 % pro Jahr.

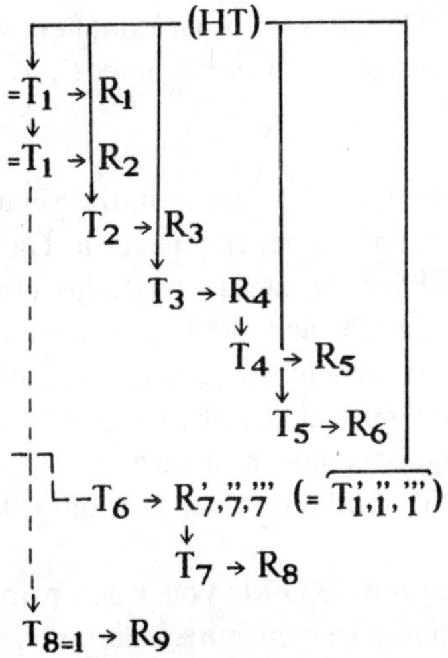

(0) <u>*Minicomputer*</u>
(1a) *ein Mincomputer ...*
(1b) *er ...*
(2) *der Kaufpreis ...*
(3a) *den Namen M. ... (man) ...*
(3b) *als man ...*
(3c) *dieser Computertyp ...*
(4) *Experten ... (Microminis) ...*
(") *die ...*
(5) *von den Minis ...*

Dieser technisch-fachsprachliche (also gebrauchssprachliche) Textausschnitt besteht aus einer Überschrift und 5 Sätzen, von denen 3 komplex sind (1, 3, 4). Damit ist das Problem der Satzdefinition berührt. Natürlich haben auch Nebensätze eine eigene TR-Struktur, doch zeigt das Beispiel in (3) eine inhaltliche Verkettung der Teilsätze, die man auch zusammengefaßt betrachten kann. Dann würde der Temporalsatz (3b) zur Angabe *eines Tages* in (3a) gehören, und der daß-Satz (3c) als Inhalt zum Verb *feststellte*, also zum Rhema in (3b).

Wichtiger aber sind die **Progressionen**. *Minicomputer* ist eindeutig das **Hyperthema**, das dreimal **durchläuft** (T_1, T_1, $T_{8=1}$), zweimal zusätzlich **abgeleitet** wird (T_2 = *Kaufpreis*, T_3 = *den Namen M.*) und schließlich dreifach **gespalten** wird ($R_7 = T_1$). Die gespaltenen Teile stehen allerdings in Rhemaposition, also eine doppelte Verkettung, die bei DANEŠ nicht erwähnt wird. Das Pronomen *man* in (3b) stellt neben dem Relativpronomen *die* in (4) die einzige kurze **lineare** Progression dar. Als beherrschend ergibt sich also der Progressionstyp "Hyperthema", daneben "durchlaufend" und "gespalten". Das ist bei einem fachsprachlichen Text nicht verwunderlich.

Der Ausdruck *von den Minis* in (5) stellt eine Erscheinung dar, die man als "Resümierung" bezeichnen kann. Nachdem die verschiedenen Arten und Aspekte der Minicomputer genannt worden sind, folgt eine Art Zusammenfassung – eine stilistisch-rhetorische Figur. In belletristischen Texten, die meist alle Progressionen gemischt enthalten, lassen sich noch viele andere Erscheinungen mit Hilfe der TRG sichtbar machen, z.B. "Hyperrhemen", Zoom-Techniken, "Krebsgang", "Embracement", Rahmungen aller Art usw. (vgl. Aufg. 24.4).

Hier wird erkennbar, daß die TRG über die reine Textgrammatik hinausgehen und zu einer umfassenderen Textanalyse beitragen kann. Damit ist die Frage berührt: **Wozu dient die TRG?** Sie stellt zweifellos einen Fortschritt von der System- zur Textlinguistik dar; doch damit ist nur etwas über ihre wissenschaftstheoretische Bedeutung gesagt. Wie steht es mit ihrer praktischen Anwendbarkeit? Zunächst sieht sie ja nur wie eine weitere Mathematisierung der Linguistik aus, und ihre graphische Darstellung erinnert – ähnlich wie die Stammbäume der Grammatik – an technische Schaltskizzen.
Doch bei näherem Hinsehen erweist sich die TRG als von jenen prinzipiell verschieden. Sie fußt auf den Mitteilungswerten innerhalb von Texten, ist kommunikativ fundiert. Man kann sagen, sie deckt die **Informationsstruktur** von Texten auf. Dazu braucht sie Modelle wie andere Textstruktur-Analysen auch. Sie erfaßt mehrere Bereiche, u.a. die syntaktische und semantische Kohärenz von Texten, die Pragmatik der Organisation und des Verstehens, besonders komplizierter Texte aus Verwaltung und Wissenschaft, sowie die literaturwissenschaftlichen Bereiche "Stilistik" und "Rhetorik".
Eine TR-Analyse kann schließlich auch auf dem Weg von der wörtlichen zur kommunikativ adäquaten **Übersetzung** helfen, da die Mitteilungsfunktion von Texten universal ist, die TRG aber in den Einzelsprachen verschieden sein kann.

***Aufgaben** (L 24)*

24.1 Analysieren Sie die TR-Struktur der folgenden Anekdote:

(0) Mesalliance (B. Brecht)

(1) König Christian der Siebente heiratete eine Haushälterin. (2a) Wenn er mit ihr in die Provinz reiste, (2b) benahm sich selbst der niedrige Adel ablehnend zu ihr. (3) Sie hatte deshalb ein schweres Leben. (4a) Beinahe das Schlimmste aber war es für sie, (4b) daß Christian sich beim Essen und auch sonst wie ein Bauer benahm.

24.2 Analysieren Sie die TR-Struktur des folgenden Pressetextes:

(0) Mehr Scheidungen – weniger Ehen (aus: SCALA)

(1a) Immer zögerlicher werden die Deutschen, (1b) wenn es darum geht, einen Liebesbund durch Brief und Siegel zu festigen. (2) Immer häufiger tritt an die Stelle der von Staat und Kirche sanktionierten Ehe eine Partnerschaft ohne Trauschein oder gar ein Leben als "Single". (3) Die Zahl der jährlichen Eheschließungen sank seit 1960 um fast ein Drittel im Jahre 1982. (4a) Und diejenigen, (4b) die sich doch noch zur Ehe entschließen, (4a) scheinen immer häufiger die falschen Partner zu wählen. (5) zumindest ziehen immer mehr Paare die Konsequenzen aus dieser Erkenntnis. (6) Die Zahl der Scheidungen stieg von 1960 bis 1982 um das Anderthalbfache. (7a) Und entgegen dem Sprichwort reut es am häufigsten jene, (7b) die jung gefreit haben. (8) Die Ehen von Jungen, von 18- bis 20jährigen, enden besonders oft vor dem Scheidungsrichter.

24.3 Analysieren Sie die TR-Struktur dieses Grimmschen Märchens:

(0) Die Wassernixe

(1a) Ein Brüderchen und ein Schwesterchen spielten an einem Brunnen, (1b) und wie sie so spielten, (1c) plumpten sie beide hinein. (2a) Da war unten eine Wassernixe, (2b) die sprach: (2c) "jetzt habe ich euch, (2d) jetzt sollt ihr mir brav arbeiten", und führte sie mit sich fort. (3a) Dem Mädchen gab sie verwirrten garstigen Flachs zu spinnen, (3b) und es mußte Wasser in ein hohles Faß schleppen, (3c) der Junge aber sollte einen Baum mit einer stumpfen Axt hauen, (3d) und nichts zu essen bekamen sie als steinharte Klöße. (4a) Da wurden zuletzt die Kinder

so ungeduldig, (4b) daß sie warteten, (4c) bis eines Sonntags die Nixe in der Kirche war, (4d) da entflohen sie.
(5a) Und als die Kirche vorbei war, (5b) sah die Nixe, (5c) daß die Vögel ausgeflogen waren, und setzte ihnen mit großen Sprüngen nach. (6a) Die Kinder erblickten sie aber von weitem, (6b) und das Mädchen warf eine Bürste hinter sich, (6c) das gab einen großen Bürstenberg mit tausend und tausend Stacheln, (6d) über den die Nixe mit großer Müh klettern mußte; (6e) endlich aber kam sie doch hinüber. (7a) Wie das die Kinder sahen, (7b) warf der Knabe einen Kamm hinter sich, (7c) das gab einen großen Kammberg mit tausendmal tausend Zinken, (7d) aber die Nixe wußte sich daran festzuhalten und kam zuletzt doch drüber. (8a) Da warf das Mädchen einen Spiegel hinterwärts, (8b) welches einen Spiegelberg gab, (8c) der war so glatt, so glatt, (8d) daß sie unmöglich darüber konnte. (9a) Da dachte sie, (9b) "ich will geschwind nach Haus gehen und meine Axt holen und den Spiegelberg entzweihauen." (10a) Bis sie aber wiederkam und das Glas aufgehauen hatte, (10b) waren die Kinder längst weit entflohen, (10c) und die Wassernixe mußte sich wieder in ihren Brunnen trollen.

24.4 Analysieren Sie die TR-Struktur des folgenden – belletristischen – Textausschnitts (Anfang einer Skizze von M. Bieler):

(0) Winternacht

(1) Zerbst [eine Stadt] lag im Schlaf. (2) Der Schnee reichte bis an die Stadtmauern ... (3a) Unter dem Schnee lagen die Häuser, (3b) und in den Häusern waren die Wohnungen der Menschen, die Stuben der Soldaten und die Ställe fürs Vieh. (4a) Das Vieh und die Soldaten schliefen nachts, (4b) aber viele Menschen konnten nicht schlafen, (4c) weil sie an den anderen Tag dachten oder überhaupt an die Zukunft, (4d) die kommen würde wie die städtische Reinigung mit dem Pflug. (5a) Sie wälzten sich hin und her und um und um, (5b) und die einen weinten in ihr Kopfkissen, (5c) und die anderen beteten, (5d) und die dritten lagen auf ihren Frauen, (5e) und wieder andere tranken Schnaps, (5f) und manche schliefen auch wie die Soldaten und das Vieh. ...

****

Theorie

Texte enthalten – ebenso wie Lexeme – **Referenzanweisungen**, d.h. so wie einzelne Lexeme verweisen (referieren) auch Texte auf die außersprachliche Wirklichkeit. Und da es sich auch um fiktive Wirklichkeiten handeln kann – z.B. in Romanen –, sagt man genauer, Texte verweisen auf **Wirklichkeitsmodelle.**

Lexeme sind – isoliert gesehen – meist mehrdeutig. Sie haben verschiedene lexikalische Bedeutungen und damit für ihre textuelle Verwendung mehr oder weniger umfangreiche **Referenzpotentiale** (Referenzmöglichkeiten). Im Satz, und viel mehr noch im Text, werden nur bestimmte Bedeutungen gemeint, aktualisiert bzw. zugelassen, man spricht dann von **aktuellen Bedeutungen**. Die strukturelle Semantik (vgl. L 20) geht davon aus, daß nicht ganze Bedeutungen, sondern nur bestimmte semantische Merkmale aktualisiert werden.

Beispiel:

Anhänger₁ (einer Person, polit. Richtung) – [+ANIM +HUM +IDEOL]
Anhänger₂ (Fahrzeug-Anhänger) – [-ANIM . . .]

Im Satz:

Die Studenten sind Anhänger der Volkspartei.

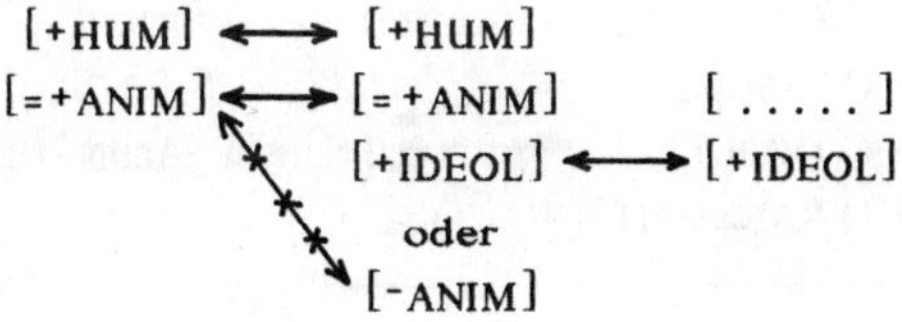

Im Text:

Ich hab die alten Anhänger von X. gesehen. Sie werden verschrottet.

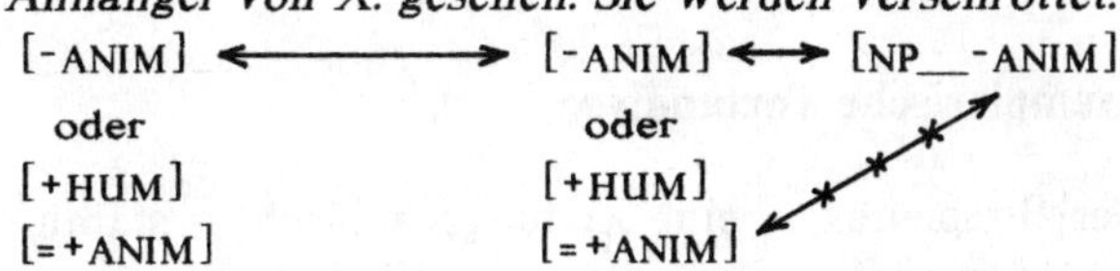

Die inkompatiblen Beziehungen sind durchkreuzt. Sie werden nicht zugelassen (ausgeschlossen) und dadurch Lexeme im Text wie im Satz eindeutig gemacht = **monosemiert.**

Semantische Merkmale, die im Text wiederkehren, werden als **rekurrent** bezeichnet. Durch Rekurrenz werden sie aber auch innerhalb des Semems **dominant** (beherrschend). Wenn das Wort *Anhänger* in einem Text einmal als "Fahrzeug-Anhänger" identifiziert worden ist, steht das Merkmal [-Anim] auch beim nächsten Auftreten sozusagen an der Spitze und unterdrückt die Möglichkeit [+Hum].

Definition: Lexeme, die über ein gemeinsames, rekurrent-dominantes semantisches Mermal verknüpft sind, konstituieren eine **Isotopie-Ebene.**

In unserem Beispiel bestehen die Isotopieebenen:

Studenten ↔ Anhänger ↔ Volkspartei

sehen ↔ Anhänger / sie ↔ verschrotten

Isotopieebenen helfen also bei der Monosemierung von Lexemen. Glieder eines Bedeutungsfeldes gehören natürlich per definitionem zu einer Isotopieebene. Je mehr Lexeme eine Isotopieebene im Text enthält, desto mehr trägt sie zur semantischen Spezifikation (Differenzierung) bei, und desto wichtiger wird sie für die Gesamtbedeutung des Textes. Doch ist das nicht nur eine Sache der Quantität!

Wenn ganze Isotopieebenen mehrdeutig bleiben, liegt **komplexe Isotopie** vor. Beispiel (nach KALLMEYER I, S. 155):

Der ····· Star ············· wird ··morgen ··· operiert.

[+Organ +Anim +Hum] - (PERSON)
[+Organ +Anim -Hum] - (VOGEL)
[+Organ -Anim -Hum] - (KRANKHEIT)

⟶ [+Organ ±Anim ±Hum]

Hier können erst Kontext bzw. Situation Eindeutigkeit schaffen. Komplexe Isotopie ist oft beabsichtigt als Mittel der Komik in witziger Rede.

Exemplarische Textanalyse

Der Beispieltext – eine Zeitungsnachricht – stammt aus KALLMEYER I, S. 134f, wird dort aber allgemeiner behandelt.

(0) Ein Toter bei Streit zwischen Kambodschanern in Paris

(1) Bei einer blutigen Auseinandersetzung in der Unterkunft kambodschanischer Studenten an der Pariser Universität hat es einen Toten

und etwa 30 Verletzte gegeben. (2) Nach Mitteilung der Polizei fand ein Student durch einen Kopfschuß den Tod. (3) Augenzeugenberichten zufolge waren etwa 50 Anhänger des abgesetzten kambodschanischen Staatschefs Prinz Sihanouk in die Räume eingedrungen und hatten Anhänger des Marschalls Lon Nol angegriffen. (4) Die Angreifer hätten Eisenstangen, lange Messer und Pflastersteine benutzt. (5) Die Umgebung des Studentenquartiers, das von der Polizei abgeriegelt wurde, war mit Trümmern übersät. (Süddt. Zeitung, 9. 1. 1973)

Bei der Textanalyse kommt es jetzt nicht darauf an, die Monosemierung der Lexeme nachzuweisen (z.B. von *blutig, Anhänger, Umgebung* oder *Trümmer*), sondern zu zeigen, welche durchlaufenden Isotopien im Text miteinander in Verbindung gebracht werden und für die Textbedeutung wichtig sind.

Zu diesem Zweck können die Lexeme des Textes in ein Raster gebracht werden, das neben der syntagmatischen auch eine paradigmatische Anordnung zusammengehöriger Elemente sichtbar macht. In den Zeilen erscheinen dann die Sätze und in den Spalten isotope Bedeutungsgruppen, die angeben, was für ein Text inhaltlich vorliegt:

ISOT.-EB. / SATZ	GEWALT		ORT/UNIVERSIT.		INTERN. POLIT.			
	SCHADEN	STREIT/WAFFEN	PARIS/UNIV.	STUDENTEN	KAMBODSCHAN.	POLITISCH	POLIZEI	QUELLEN
S (0)	*1 Toter*	*bei Streit*	*in Paris*		*zw. Kamb.*			
S (1)	*blutige 1 Toter 30 Verletzte*	*Auseinansetzung*	*Unterkunft Pariser Univ.*	*Studenten*	*kambodschan.*			
S (2)	*Kopfschuß*			*1 Student*			*Polizei*	*Mitteilung*
S (3)		*eingedrungen angegriffen*	*Räume*	*50 Anhänger Anhänger*	*kambodschan.*	*Pr. Sihanouk Lon Nol*		*Augenzeugenbericht.*
S (4)		*Eisenstangen . . .*		*Angreifer*				
S (5)	*Trümmer*		*Umgebung*	*Studentenquartier*			*Polizei*	

Die Zahl der Isotopiegruppen ist nicht genau angebbar. Eine Gruppe muß zwar mindestens aus zwei Gliedern bestehen, aber ansonsten ist die Zusammenfassung zu Gruppen vom Abstraktionsniveau abhängig.
Im Beispieltext wird die Textsorte durch die QUELLEN als seriöse Nachricht identifizierbar. Diese Nachricht wird nur nach dem Ort, nicht nach der Zeit situiert, was bei Tageszeitungen erklärlich ist. Der thematische Kern der Nachricht ist ein Ereignis, der Einbruch von GEWALT, eine BEWAFFNETE AUSEINANDERSETZUNG mit Personen- und SachSCHADEN. Der Streit fand statt zwischen KAMBODSCHANISCHEN STUDENTEN an der UNIVERSITÄT von PARIS. Warum dieser Vorfall in einer deutschen Zeitung Erwähnung findet, erklärt sich aber erst durch die POLITISCHEN Motive der Studenten, die keine Privatfehden ausfochten, sondern politische Differenzen ihres Heimatlandes in das Gastland importierten. Erst die Verbindung der Ebenen GEWALT und POLITISCH gibt dem Text Gewicht als relevante Nachricht.
Auf diese Weise kann die Isotopie-Analyse zur Textinterpretation und damit zum Textverständnis beitragen. Natürlich ist ein Beispiel zu wenig, um alle Möglichkeiten der Isotopie-Analyse vorzuführen. So ist z.B. bei vielen Texten auch auf die Ebenen STIL und WERTUNG oder ATTITÜDE DES AUTORS zu achten wie etwa Pathos, Humor, Ironie, Sarkasmus, Haß u. dgl., was sich besonders an den konnotativen Merkmalen gewisser Lexeme ablesen läßt. Beim obigen Beispiel könnte man das unscheinbare, wenn auch nicht unwichtige, Merkmal SACHLICHKEIT als der Textsorte entsprechend anführen. Weitere Details müssen aber in ein eigenes textlinguistisches Seminar verwiesen werden.

Aufgaben (L 25)

25.1 Auf welcher Doppeldeutigkeit beruht die Pointe dieser Anekdote?
Der Berliner Arzt Ernst Ludwig Heim trat entschieden für die damals umstrittene Pockenschutzimpfung der Kinder ein. "Das lasse ich mir nie und nimmer gefallen, Herr Geheimrat", griff ihn in einer Gesellschaft, wo man über dieses Thema diskutierte, eine Dame an, "daß man meine Kinder gegen meinen Willen impft." – "Sie verkennen die Sachlage, Teuerste", versicherte Heim. "Niemand wird wagen, Ihre Kinder gegen Ihren Willen zu impfen, wohl aber sollte man's – gegen Pocken!"

25.2 Versuchen Sie, das Mißverständnis im folgenden Witz mit Hilfe verschiedener Isotopien zu erklären.

Ein Pferdehändler empfiehlt dem Kunden ein Reitpferd: "Wenn Sie dieses Pferd nehmen und sich um 4 Uhr früh aufsetzen, sind Sie um halb 7 in Preßburg." – "Was mach ich in Preßburg um halb 7 Uhr früh?"

(Anm.: die Provinzstadt Preßburg, heute Bratislava, ist recht weit von Wien entfernt; sich aufsetzen = losreiten)

25.3 Erklären Sie die komplexe Isotopie in dem folgenden Satz:

Behandelt jeden Menschen nach seinem Verdienst!

25.4 Erstellen Sie ein Raster der Isotopieebenen zur folgenden chinesischen Fabel. Wie läßt sich daraus die Aussage ("Moral") ableiten?

Er möchte dem König ein Schwein schenken

Alle Schweine im Bezirk Liaodong waren schwarz, doch einmal wurde ein Ferkel mit weißem Kopf geboren. Sein Besitzer zeigte es seinen Nachbarn, die niemals solch ein Schwein gesehen hatten. Sie gratulierten dem Besitzer zu seinem Glück und versicherten ihm, daß er einen seltenen Schatz habe. Ein seltener Schatz! Des Besitzers Gier war erregt. Er beschloß, diesen Schatz dem König zu schenken, um eine hübsche Belohnung zu bekommen. Er brachte seinen Schatz über den Fluß, aber zu seinem Erstaunen fand er, daß alle Schweine auf der anderen Seite des Flusses weiße Köpfe hatten. – "Welche Schande", murmelte er, nahm das Ferkel und eilte nach Hause.

25.5 Aus welchen Textelementen kann man auf die intendierte Bedeutung der folgenden modernen Fabel schließen?

Ein folgenschwerer Unglücksfall (W. Schnurre)

Ein Chamäleon, das sich gerade auf Grün eingestellt hatte, mußte entdecken, daß es seine Gabe, die Farbe zu wechseln, verloren hatte. "Aber warum weinst du denn?" fragte man es. "Weil ich grün sein muß, auch wenn die Blauen ans Ruder kommen", schluchzte es.

25.6 Versuchen Sie, den allgemein bekannten metaphorischen Ausdruck "ein roter Faden, der sich durch eine Geschichte zieht" mit den Begriffen der Textisotopie zu fassen.

25.7 Ermitteln Sie die durchlaufenden Isotopien des folgenden Textausschnitts und charakterisieren Sie ihn semantisch-pragmatisch mit Hilfe von 3 inhaltlichen und 1 wertenden Ebene.

Musik der Stunde Null (aus: ZEITmagazin)

Als die Nazis an die Macht kamen, mußten die Deutschen umlernen. Sie lernten, was die Gestapo ist und was ein KZ, welche Bücher zu verbrennen und welche Kunstwerke "entartet" seien. In der Unterhaltungsmusik war Jazz "verniggert", manche Schlager "verjudet", der damals noch moderne Swing galt als "artfremd".

Es begann für die leichte Branche ein gefährliches und oft groteskes Spiel zwischen dem Erlaubten und Verbotenen. Im Krieg gab es in Tanzlokalen eindeutige Verbotsschilder. Erst als dann nach den Siegen die Niederlagen kamen, entdeckte die Propaganda den aufmunternden Charakter der Synkopen wieder. Aber erst mit dem Einzug der Alliierten schlug auch den unterdrückten Rhythmen die befreiende Stunde. . . .

25.8 Bestimmen Sie in dem folgenden Text,

a) welche beiden Isotopieebenen neben der Ebene AUTO / ZUM AUTO GEHÖRIG wichtig sind;
b) aus welchem gesellschaftlichen Bereich die 3 Metaphern stammen: *ist auf dem Vormarsch, Paradebeispiel, Alarm schlagen;*
c) um welche Textsorte es sich handelt (die Quellenangabe findet sich deshalb erst im Lösungsteil).

Superauto

Die Elektronik ist auch im Auto auf dem Vormarsch. Paradebeispiel dafür ist das neugestaltete BMW-Spitzenmodell 745i, das als eine der schnellsten und luxuriösesten Großserien-Limousinen der Erde gilt. In dem 63000-Mark-Auto überwachen winzige Computer den gesamten Motorbereich, um schon bei geringsten Abweichungen von der Norm Alarm zu schlagen. Auch die vier Gänge werden elektronisch gesteuert, doch kann man zusätzlich mit einem kleinen Drehknopf auf "sparsam", "sportlich" und sogar auf "Handschaltung" gehen. Von dem bis zu 228 Stundenkilometer schnellen Superauto mit Turbo-Triebwerk will BMW jährlich 2000 Stück produzieren.

****

Drei Zusätzliche Aufgaben zur Textlinguistik

Arbeitstext 1:

Herr Keuner und die Flut (B. Brecht)

(1a) Herr Keuner ging durch ein Tal, (1b) als er plötzlich bemerkte, daß seine Füße in Wasser gingen. (2) Da erkannte er, daß sein Tal in Wirklichkeit ein Meeresarm war und daß die Zeit der Flut herannahte. (3a) Er blieb sofort stehen, um sich nach einem Kahn umzusehen, (3b) und solange er auf einen Kahn hoffte, (3c) blieb er stehen. (4a) Als aber kein Kahn in Sicht kam, (4b) gab er diese Hoffnung auf und hoffte, daß das Wasser nicht mehr steigen möchte. (5a) Erst als ihm das Wasser bis an den Hals ging, (5b) gab er auch diese Hoffnung auf und schwamm. (6) Er hatte erkannt, daß er selber ein Kahn war.

a) Nennen Sie die anaphorischen Verweisformen (auch referentiell) in den Sätzen (1b) und (2).
b) Ergänzen Sie (4b) so, daß die Kataphorik deutlich wird.
c) Worin bestehen die Funktionen von anaphorischen und kataphorischen Verweisformen?
d) Welche thematische Progression ist die vorherrschende?
e) Nennen Sie die wichtigsten Isotopieebenen des Textes (3 nominale und 2 verbale – mit ihren zugehörigen Lexemen).
f) Formulieren Sie die "Lehre" der Geschichte so knapp wie möglich.
g) Warum formuliert der Autor die Lehre nicht direkt?
h) Suchen Sie eine Bezeichnung für die Textsorte.

Arbeitstext 2:

Die Stachelschweine (A. Schopenhauer)

Eine Gesellschaft Stachelschweine drängte sich an einem kalten Wintertag recht nahe zusammen, um, durch die gegenseitige Wärme, sich vor dem Erfrieren zu schützen. Jedoch bald empfanden sie die gegenseitigen Stacheln; welches sie dann wieder voneinander entfernte. Wann [= wenn] nun das Bedürfnis der Erwärmung sie wieder näher zusammenbrachte, wiederholte sich jenes zweite Übel, so daß sie zwischen beiden Leiden hin und her geworfen wurden, bis sie eine mäßige Entfernung voneinander herausgefunden hatten, in der sie es am besten aushalten konnten.

So treibt das Bedürfnis der Gesellschaft, aus der Leere und Monotonie des eigenen Innern entsprungen, die Menschen zueinander;

aber ihre vielen widerwärtigen Eigenschaften und unerträglichen Fehler stoßen sie wieder voneinander ab. Die mittlere Entfernung, die sie endlich herausfinden, und bei welcher ein Beisammensein bestehen kann, ist die Höflichkeit und feine Sitte. Dem, der sich nicht in dieser Entfernung hält, ruft man in England zu: keep your distance! – Vermöge derselben wird zwar das Bedürfnis gegenseitiger Erwärmung nur unvollkommen befriedigt, dafür aber der Stich der Stacheln nicht empfunden. – Wer jedoch viel eigene, innere Wärme hat, bleibt lieber aus der Gesellschaft weg, um keine Beschwerde zu geben noch zu empfangen.

(Arthur Schopenhauer – 1788-1860 – war ein deutscher Philosoph mit pessimistischer Grundhaltung; der Text enthält einige geringfügig "veraltete" Schreibweisen.)

a) Zum Verständnis: Paraphrasieren Sie das Wort *Gesellschaft* in
   (1) *eine Gesellschaft Stachelschweine*
   (2) *das Bedürfnis der [= nach] Gesellschaft*
b) In welchem inhaltlichen Verhältnis stehen die beiden Abschnitte des Textes zueinander? Beachten Sie dabei auch die Tempora.
c) Versuchen Sie, die Isotopiegruppen beider Abschnitte parallel einander zuzuordnen.
d) Welche Beobachtungen/Erklärungen können Sie zur thematischen Progression in diesem Text machen/geben?

Arbeitstext 3:

Vorhut (Kommentar aus: DIE ZEIT, Dez. 1985)

(1a) Eine Zukunftsaufgabe nannte es der Präsident des Bundesverfassungsgerichts, (1b) daß "die Frauen in dem Maße, (1c) in dem ihre Gleichberechtigung verwirklicht wird, in den kommenden Jahren und Jahrzehnten ihren gleichrangigen Anteil am Waffentragen, an der Gestaltung der bewaffneten Streitkräfte werden leisten müssen". (2) Erst dann werde "die Idee des Demokratischen in der Wehrpflicht richtig verwirklicht".

(3) Rechten Unsinn hat der Mann dahergeredet. (4a) Fast könnte einer meinen, (4b) der oberste Verfassungshüter sei ein Weiberfeind und wolle es nur den Emmas geben, (4c) die sich die Wehrpflicht der Frauen wünschen, (4d) um ein neues Angriffsziel im Männerstaat zu bekommen. (5a) Bisher sind nicht einmal die rechtesten Unionspolitiker auf die Idee gekommen, (5b) Frauen zum Dienst mit der Waffe zu verpflichten. (6a) Die seit einiger Zeit geführte

Diskussion darüber, (6b) ob die Bundeswehr neben den bereits tätigen weiblichen Sanitätsoffizieren auch anderweitig Frauen in Uniform solle beschäftigen dürfen, geht ausschließlich um einen freiwilligen Dienst ohne Waffen. (7) Ihn allein würde das Grundgesetz erlauben. (8a) Ist denn ausgerechnet der Präsident des Bundesverfassungsgerichts dazu berufen, (8b) sich ohne Not als Vordenker von Verfassungsänderungen zu gebärden?

a) Durch welche 3 Elemente (Ausdrücke) wird *der Präsident des Bundesverfassungsgerichts* wiederaufgenommen?

b) Nennen Sie je eine anaphorische Verweisform in (2) und (7) und das vorausgegangene Element, auf das sie sich jeweils beziehen.

c) Nennen Sie je eine kataphorische Verweisform in (5a) und (8a) und das nachfolgende Element, auf das sie sich jeweils beziehen.

d) Erklären Sie stichwortartig die Artikelselektion von

(1a)	*der Präsident des B.*	(3)	_ *rechten Unsinn*
(3)	*der Mann*	(1b)	*die Frauen*
(4b)	*ein Weiberfeind*	(5b)	_ *Frauen*
(6b)	*einen Dienst ohne W.*	(6b)	_ *Frauen in Uniform*

e) In welchen dieser Fälle könnte die Artikelwahl auch anders lauten?

f) Nennen Sie die Konnektoren in den Teilsätzen (4b, 4c, 4d, 5b und 8b) und das jeweilige Satzglied, das sie ersetzen (als Kategorie):
Muster: (1b) *daß* – E_1 (direkte Rede)

g) Welche drei thematischen Progressionen herrschen vor?

h) Wie könnte man folgende Zusammenhänge im Text mit der TRG erklären? (einigermaßen schwierig, da unkonventionell!)
A: (1b) ... *ihren* ... *Anteil am Waffentr.* ... *werden leisten m.*
(4c) ... *die Wehrpflicht für Frauen wünschen*
(5b) ... *Frauen zum Dienst mit der Waffe zu verpflichten*
(6b) ... *Frauen in Uniform solle beschäftigen dürfen*
(6a) ... *um einen freiwilligen Dienst ohne Waffen*
B: (0) *Vorhut* (= Überschrift)
(8b) ... *Vordenker* ...

i) Nennen Sie die wichtigsten Isotopieebenen als Stichworte.

j) In welche ideologisch-politische Position rückt der Autor (Kommentator) den "obersten Verfassungshüter" durch (5a,b) – speziell durch den Ausdruck "nicht einmal"?

k) Worin kommt die Position des Kommentators selbst zum Ausdruck?

****

KAPITEL 8: PRAGMALINGUISTIK

(L 26)

Allgemeines

Wir erinnern uns: die semiotische Disziplin, die die Relationen zwischen Zeichen und ihren Benutzern untersucht, wurde als **Pragmatik** bezeichnet. Wenn es sich um sprachliche Zeichen handelt, wird sie zu einer linguistischen Disziplin und heißt **Pragmalinguistik.**
Diese beschäftigt sich mit dem kommunikativen Handeln (Agieren) von Menschen untereinander (vgl. "Sprache als symbolische Interaktion"), aber nicht beschränkt auf Bereiche wie Phonologie, Syntax und Semantik wie in der Systemlinguistik, sondern unter Einbeziehung aller Elemente und Faktoren des Kommunikationsprozesses. Sie berührt damit die Verhaltensforschung und erforscht nicht die grammatische, sondern die **kommunikative Kompetenz** von Menschen, z.B.:

- ▷ wie sie Kommunikationssituationen erfassen,
- ▷ wie sie Intentionen mitteilen und verstehen,
- ▷ wie sie die Beziehungen zu Partnern verstehen und verändern,
- ▷ welche Rollenerwartungen sie in verschiedenen Situationen haben und welche Rollen sie dabei einnehmen,
- ▷ wie sie Konventionen befolgen oder durchbrechen.

Die grammatische Kompetenz spielt dabei eine fundamentale, aber sozusagen untergeordnete Rolle. Ob eine Studentin eine Professorin z.B. mit

"Guten Tag, Frau Professor Koch! Hätten Sie vielleicht eine Minute Zeit?",

"Guten Tag, Frau Koch! Haben Sie eine Minute Zeit?"

"Hallo, Frau Koch! Haben Sie mal einen Moment Zeit?"

oder

"Hallo, Maria! Hast du mal 'n Moment Zeit?"

anredet, hängt ganz von der Beziehung zwischen beiden Frauen ab, vom Rollenverständnis und konventionellen Verhalten der Studentin sowie ihrer Einschätzung der Professorin. Die Benutzung der entsprechenden grammatischen Formen – wie hier etwa des Konjunktivs oder von Modalpartikeln – ist dem Ausdruck der Rollenbeziehung dann sozusagen nachgeschaltet.

Die Pragmalinguistik hat seit etwa 1970 einen stetigen Aufschwung erlebt und sich vor allem mit 4 **Teilbereichen** beschäftigt:

1) Als **Sprechhandlungstheorie** forscht sie nach den kleinsten kommunikativen Einheiten und hat den Begriff des kommunikativen Akts oder Sprechakts aufgenommen.
Sprechakte sind nicht unbedingt Sätze, sondern intentionale Einheiten, die aus der Gesamtsituation verstanden werden. So äußert die Studentin in den Beispielen oben jeweils einen Ausruf und einen Fragesatz. Den Ausruf können wir leicht als Begrüßung identifizieren. Der Fragesatz stellt aber – intentional gesehen – keine Frage dar, die die Professorin mit "ja" oder "nein" erledigen könnte, sondern eine Bitte, der Studentin ihre Zeit zu widmen (ähnlich wie bei Fragen nach dem Muster *"Können Sie mir sagen, wie spät es ist?"* – Antwort nicht *"Ja."*, sondern z.B. *"Halb drei."*). Explizit müßte der Sprechakt der Studentin also etwa lauten: *"Indem ich Sie frage, ob Sie Zeit haben, bitte ich Sie um Ihre Zeit."*
Die **Sprechakttheorie** ist die am exaktesten ausgeführte Theorie der Pragmalinguistik und soll deshalb unten genauer behandelt werden.

2) Im Kapitel Textlinguistik wurde nicht nur die Textpragmatik der Textgrammatik gegenübergestellt, sondern auch darauf hingewiesen, daß sie als **Texttheorie** bei manchen Linguisten den Status von Kommunikationstheorie oder sogar Linguistik selbst beansprucht. Hier findet allerdings diese Gleichsetzung nicht statt.
Für die Textpragmatik speziell muß – wie oben schon erwähnt – auf ein textlinguistisches Fortsetzungsseminar verwiesen werden.

3) Gleichzeitig mit der Pragmalinguistik entwickelte sich auch die Erforschung der **gesprochenen Sprache**, die gegenüber der geschriebenen zweifellos das Primat (den Vorrang) besitzt, und der **Gesprächsanalyse** im Rahmen der Analyse der sozialen Interaktion. Die Gesprächsanalyse untersucht z.B. Dialoge, Interviews, Beratungsgespräche usw. auf ihre stereotypen Muster hin, auf Einleitungs- und Beendigungsformen, Gliederungssignale, Themenwechsel, die gesamte Binnensegmentierung und Steuerung des Gesprächs u. dgl. – Auch dieser große Bereich kann hier nicht ausführlich behandelt werden.

4) Schließlich versucht die Pragmalinguistik auch, zur Behebung von **Kommunikationsstörungen** beizutragen.
Z.B. entstehen viele **Beziehungsprobleme** zwischen Menschen nicht so

sehr aus grammatisch-semantischen Mißverständnissen, als vielmehr aus dem gesamten sprachlichen Verhalten. Dieses Verhalten wird von Psychologen, Psychotherapeuten, Ärzten und Seelsorgern seit je analysiert, und zunehmend spielen dabei linguistische Theoriebildungen eine Rolle.

Ein anderes Untersuchungsfeld stellt die **Manipulation durch Sprache** dar. Sie ist allgegenwärtig, besonders massiv und gesellschaftlich relevant jedoch in den Bereichen der politischen Propaganda und der kommerziellen Werbung. Diese Probleme berühren sich mit den Fragestellungen der General Semantics und der Sprachkritik (vgl. unten auch die Aufgabe 26.9 zum Euphemismus).

Im Grunde genommen gehören sämtliche Erscheinungen der **Sprache der Öffentlichkeit**, also der Politik, Verwaltung, Medien, des Rechts, des Unterrichts usw. ebenso zu den bevorzugten Forschungsobjekten wie die Sprache der privaten Sphäre.

Die Sprechakttheorie I (Austin)

Mit der Sprechakttheorie sind vor allem die Namen dreier Sprachphilosophen verbunden. Schon L. Wittgenstein hat in seinen «Philosophischen Untersuchungen» den Begriff des "Sprachspiels" geprägt (der übrigens als "kommunikatives Handlungsspiel" in der Texttheorie wieder auftaucht). Sprachspiele sind z.B. Fragen, Antworten, Bitten, Befehlen, Erzählen, Vermutungen Äußern, Begrüßen, Beschimpfen usw. In Sprachspielen lernen wir die Gebrauchsregeln der sprachlichen Einheiten und damit unsere Muttersprache.

Die Sprechakttheorie begründet hat dann der Engländer J. L. Austin 1955 mit Vorlesungen, die nach seinem Tod unter dem Titel «How to Do Things with Words» (1962) veröffentlicht wurden.

Austin betrachtet Sätze nicht als philosophische Urteile, sondern als Äußerungen, als **Handlungen**. Äußerungen wie

Der Kürbis ist eine Gemüsepflanze. oder

Dieser Kürbis ist ungenießbar.

können als Feststellungen von Tatsachen gelten, die wahr oder falsch sind. Einen deutlichen Unterschied dazu zeigen Äußerungen wie

Ich taufe dich (hiermit) auf den Namen Romeo.

Ich vermache (hiermit) meinen Erben die Summe von DM 27,80.

Ich befehle Ihnen (hiermit), für die Feldwebelprüfung zu pauken.
Wir erklären (hiermit) dem Fürstentum Unholdenburg den Krieg.

Ihr Verb steht in der 1. Person Präsens, sie sind weder wahr noch falsch, sondern können nur glücken (Erfolg haben) oder nicht. AUSTIN nennt sie **performative Äußerungen**, d.h. vollziehende, im Gegensatz zu den **konstativen**, d.h. berichtenden, feststellenden.

Allerdings werden auch konstative Äußerungen intentional in einer Situation gemacht, z.B.:

Sie sagt/erklärt: "Der Kürbis ist ungenießbar."
Du behauptest, der Kürbis sei ungenießbar.
Er stellte fest, daß der Kürbis ungenießbar ist.
Ihr meint also, der Kürbis sei ungenießbar.
Sie warnten, der Kürbis sei ungenießbar.

Die Sprechakt-Verben weisen schon darauf hin, daß auch hier Sprechhandlungen vorliegen, die nur nicht so institutionalisiert oder ritualisiert sind wie die oberen, wo die Handlung durch das Aussprechen des Verbs selbst vollzogen wird. Aber selbst dort könnten diese Verben fehlen, wenn nur der Sprecher eine autorisierte Rolle einnimmt (Geistlicher, Vorgesetzter usw.), so daß **implizite** performative Äußerungen möglich sind wie:

Du heißt jetzt Romeo.	(Taufen)
Ihr erbt 27 Mark 80.	(Vererben)
Pauken Sie für die Prüfung!	(Befehl)

oder sogar:

Vater ist schlechter Laune.	(als Warnung)

Damit werden alle Äußerungen – explizit oder implizit – performativ. AUSTIN hat die Unterscheidung "konstativ/performativ", die vor allem dazu dienen sollte, den Handlungscharakter von Äußerungen aufzuzeigen, selbst wieder aufgegeben.

Wichtiger ist AUSTINS Analyse der Sprechhandlung in 3 **Teilakte:**

1) lokutionärer Akt = Äußerungsakt
   a) phonetischer Akt – Äußerung von Lauten
   b) phatischer Akt – Äußerung von Wörtern und Sätzen
   c) rhetischer Akt – Äußerung von Bedeutungen
2) illokutionärer Akt = Sprechhandlungsakt
3) perlokutionärer Akt = "Gelingen" des illokutionären Akts

Der **lokutionäre Akt** betrifft Phonetik, Grammatik und Semantik, also Artikulation und Inhalt einer Äußerung wie *Gib mir mal ne Zigarette!* Zentrum des Sprechakts ist der **illokutionäre Akt**, also die Sprecherinten-

tion, hier eine Bitte in Imperativ-Form (je nach Rollenbeziehung, Besitzerverhältnis usw. könnte auch eine Aufforderung oder ein Befehl vorliegen). Substanz, Inhalt, Form (Oberfläche) auf der einen Seite und Intention (Tiefe) auf der anderen müssen klar getrennt werden. Dem entsprechen auch Verständnisrückfragen des Hörers wie *Das hab ich akustisch nicht verstanden* oder *Das hab ich inhaltlich nicht verstanden, Was meinst du denn damit?, Wie meinst du denn das?* o. dgl.
Problematisch bleibt der **perlokutionäre Akt**, die Wirkung auf den Hörer, da schwer zu klären ist, ob eine Intention schon erfüllt ist, wenn der Hörer sie versteht, oder erst, wenn er eine vom Sprecher beabsichtigte Anschlußhandlung vollzieht. Das kann aber gegen die Forderung verstoßen, daß die Teilakte gleichzeitig geschehen sollen.

Wichtig bleibt die klare Trennung von Lokution und Illokution, da viele Sprechakte **indirekt** sind, also implizite performative Äußerungen (s.o.). Die Illokution wird dann aus der Situation heraus verstanden. Hilfe können dabei aber auch verschiedene illokutive Indikatoren leisten wie z.B. Mimik, Gestik, Intonation, Wortstellung, Partikeln usw.
Beispiele für indirekte Sprechakte:

Es zieht.	– (Aufforderung zum Schließen)
Dort ist die Tür!	– (Aufforderung zum Verlassen)
Deutschland fährt Conti.	– (Aufforderung zum Kaufen)
Kannst du mir das Salz reichen?	– (Bitte)

Die Begriffe "lokutionär, illokutionär, perlokutionär" (nach engl. locutionary usw.) und "lokutiv, illokutiv, perlokutiv" sind übrigens gleichwertig.

Aufgaben (L 26)

26.1 Ordnen Sie Äußerungen und Sprechaktbedeutungen einander zu:

(1) *Sei gegrüßt!*	(A) Aufforderung
(2) *Bleib gesund!*	(B) Rat
(3) *Komm doch wieder vorbei!*	(C) Gruß
(4) *Langen Sie ruhig zu!*	(D) Bitte
(5) *Sei nicht traurig!*	(E) Fluch
(6) *Wein dich ruhig mal aus!*	(F) Trost
(7) *Geh zum Teufel!*	(G) Wunsch

26.2 Benennen Sie die folgenden indirekten Sprechakte. Ohne Kontext sind übrigens oft mehrere Möglichkeiten gegeben.

a) *Herein!*
b) *Entschuldigung!*
c) (zur Mutter:) *Ich hab die Schule geschwänzt.*
d) (zum Freund:) *Ich hab die Schule geschwänzt.*
e) *Es gießt in Strömen!*
f) *Morgen gibt es Karpfen blau.* (ein Fischgericht)

26.3 Welche Intentionen können in den folgenden beiden Imperativen liegen, d.h. welche Sprechakte können sie ausdrücken?

a) *Rauch nicht so viel!*
b) *Leih mir etwas Geld!*

26.4 Welche der folgenden Äußerungen sind nach AUSTIN konstativ, und welche performativ?

a) *Ich gratuliere dir zum bestandenen Examen.*
b) *Sie gratuliert mir zum bestandenen Examen.*
c) *Wir sollten den Mietvertrag zum Ersten kündigen.*
d) *Hiermit kündigen wir den Mietvertrag zum 1. Juli.*
e) *Ich rate euch, mehr Ginseng-Wein zu trinken.*
f) *Ich riet ihnen, mehr Ginseng-Wein zu trinken.*
g) *Ich bezeuge, daß sie den Agenten getroffen hat.*
h) *Ich weiß, daß sie den Agenten getroffen hat.*
i) *Ich nehme an, der HSV verliert.* (ein Fußballclub)
j) *Ich wette mit dir, daß der HSV verliert.*
k) *Ich schulde dem Verein eine halbe Million.*
l) *Ich vermache dem Verein eine halbe Million.*
m) *Er schwur, er habe es nicht getan.*
n) *Ich schwöre, ich habe es nicht getan.*

26.5 Formen Sie die folgenden expliziten performativen Äußerungen in implizite (indirekte Sprechakte, also ohne Sprechaktverb) um:

a) *Ich bitte Sie, noch vom Käsekuchen zu essen.*
b) *Ich behaupte, daß Lügen kurze Beine haben.*
c) *Ich danke dir vielmals.*
d) *Ich erlaube euch, noch bis elf zu spielen.*
e) *Ich verbiete euch, im Rhein zu baden.*
f) *Ich gebe zu, daß ich gerne Skat um Geld spiele.*

26.6 Die folgenden Äußerungen haben Frageform. Welche gemeinsame Sprechaktbedeutung haben sie indirekt?

a) *Warum sind Sie damit nicht früher zu mir gekommen?*
b) *Warum haben Sie das nicht gleich gesagt?*
c) *Was haben Sie sich dabei bloß gedacht?*
d) *Was glauben Sie, wo wir da hinkämen?*
e) *Haben Sie jemals an die Konsequenzen gedacht?*
f) *Darf ich Ihnen einen guten Rat mit auf den Weg geben?*

Geben Sie eindeutige Umschreibungen für die Sprechaktbedeutung. Wozu dient die Frageform?

26.7 Geben Sie für die folgenden Äußerungen Paraphrasen, und benennen Sie die Sprechakte (jeweils 2 Möglichkeiten):

a) *Du mußt aber vorsichtig sein.*
b) *Du mußt aber leichtsinnig sein.*

Erklären Sie die Unterschiede zwischen a) und b) mit Hilfe der Bedeutungen von "müssen" und der beiden Adjektive sowie der Temporalität der Sätze.
Gibt es entsprechende doppelte Verwendungen bei anderen Modalverben wie "können", "sollen", "wollen"?

26.8 Welche der folgenden Äußerungen wirken jeweils merkwürdig? Erklären Sie die Unterschiede anhand der beiden Modalverben und der Mitteilungsinhalte:

1) *Ich darf Sie zum Monatsersten kündigen.*
2) *Ich muß Sie zum Monatsersten kündigen.*
3) *Ich darf Ihnen eine Prämie überreichen.*
4) *Ich muß Ihnen eine Prämie überreichen.*

Welche der folgenden performativen Äußerungen können demnach mit "dürfen", welche mit "müssen" verwendet werden?

a) *ich verspreche Ihnen*
b) *ich versichere Sie*
c) *ich bitte Sie*
d) *ich rate Ihnen*
e) *ich gratuliere Ihnen*
f) *ich entschuldige mich*

26.9 Eines der wichtigsten Mittel sprachlicher Manipulation sind sogenannte "Euphemismen", das sind verhüllende, verschleiernde, beschönigende Ausdrücke für Tabus.
Suchen Sie für die unterstrichenen Wörter des folgenden satirischen Textes von E. C. Hirsch ("Deutsch für Besserwisser", in Stern 9/78)

"unverhüllte" Synonyme, und prüfen Sie, ob solche Euphemismen auch in Ihrer Muttersprache existieren.

Kernkraft

Informations-Gruppe Kernenergie. Bonn. An unsere Mitglieder. Wir weisen Sie nochmals auf den richtigen Sprachgebrauch hin:
Das Wort Entsorgungspark hat sich noch immer nicht durchgesetzt. Park läßt an Wiesen und Bäume denken, "Entsorgung" das Gefühl aufkommen, man könne sich aller Sorgen entledigen. Entsorgungspark Gorleben, das wäre werbewirksam. Allerdings sind auch Wiederaufbereitung oder Anreicherung positive Wörter, die die volkstümlichen Ausdrücke "Giftfabrik" und "Todeslager" verdrängen werden. Auch Endlagerung hat einen guten Klang, weil hier hörbar endgültig eine Lagerstätte bereitet wird, ohne daß allzu spürbar wird, wie lange dieses Lager bewacht werden muß (etwa 200 000 Jahre).
Sorgen machen uns noch das verbreitete Wort Atommüll, das dringend durch Kern-Ablagerungen oder Kernaltstoffe zu ersetzen ist. Das Wort "Atom" soll überhaupt verschwinden, weil es an Atombomben erinnert. Die deutsche Wortschöpfung friedliche Nutzung der Kernenergie zeigt den Weg. Vier wundervolle Wörter in einem wohlklingenden Akkord: Frieden, Nutzen, Kern, Energie. . . .

****

Die Sprechakttheorie II (Searle) (L 27)

Den bedeutsamsten Beitrag zur Sprechakttheorie leistete AUSTINS Schüler J. R. SEARLE mit seinem Buch «Speech Acts» (1969).
SEARLE unterscheidet sogar 4 **Teilakte**, indem er den ersten aufspaltet:

1) Äußerungsakt (vgl. bei AUSTIN "phonetisch" und "phatisch")
2) propositionaler Akt (vgl. bei AUSTIN "rhetisch")
   = Referenz und Prädikation. Das entspricht etwa Satzgegenstand und Satzaussage oder Thema und Rhema. – "Reiner Inhalt".
   Beispiel: *Die Studentin* (Ref) – *dolmetscht gut* (Präd).
3) illokutionärer Akt (wie bei AUSTIN), z.B.:
   Behauptung: *Die Studentin dolmetscht gut.*

Frage:	*Die Studentin dolmetscht gut?*
	Dolmetscht die Studentin gut?
Vermutung:	*Die Studentin dolmetscht sicher gut.*
Zweifel:	*Ob die Studentin wirklich gut dolmetscht?*
Hoffnung:	*Hoffentlich dolmetscht die Studentin gut.*
Wunsch:	*Wenn die Studentin doch gut dolmetschte!*
Voraussage:	*Die Studentin wird gut dolmetschen.*

4) perlokutionärer Akt (ähnlich AUSTIN)

Da SEARLE auf eine möglichst exakte Sprechaktanalyse abzielt und für ihn Sprechen = regelgeleitetes Handeln ist, bemüht er sich besonders um den **Regelbegriff**, den wir ja auch schon aus der Grammatik kennen. Er unterscheidet 2 Regelarten:

1) **regulative Regeln:** Sie regulieren schon vorhandene Verhaltensformen, wie Anstandsregeln, Tischmanieren o. dgl.
2) **konstitutive Regeln:** Sie konstituieren selbst erst Verhaltensformen, die ohne diese Regeln gar nicht existieren würden, z.B. Spielregeln, Tanzschritte u. dgl.

Ein Kommunizieren ohne "vereinbarte, institutionalisierte" Regeln ist nicht denkbar, d.h. auch Sprechakte beruhen auf konstitutiven Regeln, die es zu ermitteln gilt.

SEARLE demonstriert das am Beispiel des Sprechakts **"Versprechen"** (im Sinne von: jemandem etwas versprechen). Er formuliert zuerst 9 Bedingungen, die hinreichend und notwendig sein sollen, damit ein Akt des Versprechens vollzogen wird. Dabei äußert sich SEARLE sehr vorsichtig über die Möglichkeiten, für den umgangssprachlichen Gebrauch von Wörtern überhaupt treffende Bedingungen und Regeln zu finden. 3 dieser 9 Bedingungen gelten für alle illokutiven Akte. Aus den restlichen 6 formuliert er folgende 5 Regeln (hier vereinfacht wiedergegeben):

1) **Regel des propositionalen Gehalts**

   Ein Versprechen V muß einen zukünftigen Akt A des Sprechers S voraussagen (ankündigen).

2) **Einleitungsregel I**

   V darf nur geäußert werden, wenn der Hörer H die Ausführung von A durch S wünscht – und wenn S das glaubt.

3) **Einleitungsregel II**

   V darf nur geäußert werden, wenn S A unter normalen Umständen nicht tun würde.

4) **Aufrichtigkeitsregel**

V darf nur geäußert werden, wenn S die Ausführung von A wirklich beabsichtigt.

5) **Wesentliche Regel**

Die Äußerung von V gilt als Übernahme der Verpflichtung durch S, A zu tun.

Man kann auch sagen: in (1) wird die Proposition isoliert, in (2) und (3) geht es um die Gegebenheiten bei S und H, so daß S Sinn und Zweck hat, in (4) geht es um wirkliche Absichten, aber auch Gefühle von S, und (5) schließlich nennt das Wesen, die "Natur" des jeweiligen illokutionären Aktes.

Mit diesen 5 Regeln hat SEARLE ein Beispiel gegeben, wie Sprechakte analysiert werden können. Das heißt aber nicht, daß alle Sprechakte in das gleiche Schema passen. Dazu ist inzwischen viel Arbeit geleistet worden und noch viel Arbeit zu leisten.

Ebenso wie AUSTIN hat auch SEARLE versucht, Sprechakte zu **klassifizieren**, und gelangte zu folgenden 5 Typen illokutiver Verben:

1) REPRÄSENTATIVA	– etwas ist der Fall	– (Überzeugung)
2) DIREKTIVA	– H soll etwas tun	– (Wunsch)
3) KOMMISSIVA	– S wird etwas tun	– (Absicht)
4) EXPRESSIVA	– Ausdruck der Einstellung von S	– (variiert)
5) DEKLARATIVA	– außersprachliche Institution	– (variiert)

Beispiele:

zu 1) *behaupten, feststellen, beschreiben, berichten, ...*

zu 2) *befehlen, auffordern, erlauben, bitten, ...*

zu 3) *versprechen, ankündigen, drohen, ...*

zu 4) *danken, gratulieren, sich entschuldigen, klagen, ...*

zu 5) *den Krieg erklären, heiraten, kündigen, entlassen, ...*

Die praktische Anwendung der Sprechakttheorie ist vielfältig. Sie betrifft etwa den Vergleich von Lokution und Illokution bei indirekten Sprechakten, das Aufdecken verschleiernder und manipulierender Sprache (z.B. "Jetzt wollen wir aber schön aufessen!"; auch die Werbung sagt nicht geradeheraus: "Kaufen Sie doch endlich unsere billige Seife!") und die Analyse von Sprechaktsequenzen in beliebigen Texten, besonders aber in Dialogen, Unterrichts- und Beratungsgesprächen (also in vorwiegend asymmetrischer, d.h. ungleichrangiger Kommunikation). Hier ist als Vertreter der deutschen Sprechaktforschung z.B. D. WUNDERLICH zu nennen.

Aufgaben (L 27)

27.1 Aus welchen drei Hauptteilen besteht nach AUSTIN und SEARLE ein Sprechakt?

27.2 Welche der folgenden Regeln sind regulativ, welche konstitutiv, und welche keines von beiden?

a) *Beim Taijiquan sind die Bewegungen fließend.*
b) *Sonntags fahren wir in der Regel an den Strand.*
c) *Man muß die Gabel weiter hinten anfassen.*
d) *Nur die Klassensprecherin darf Cassetten ausleihen.*
e) *Die Präposition "ohne" verlangt den Akkusativ.*

27.3 Analysieren Sie die folgenden Sprechakte nach den unten vorgegebenen Regeln und dem Muster: a) *versprechen.* – Nicht alle Regeln sind für jeden Sprechakt wichtig.

a) *Ich verspreche dir, bei deinem Umzug mitzuhelfen.*
b) *Wenn du das tust, ruf ich meinen großen Bruder.* (drohen)
c) *Ich verbiete dir, mehr als zwei Katzen zu halten.*
d) *Ich erlaube dir, in der Jazzband mitzuspielen.*
e) *Ich befehle Ihnen, Ihr Kochgeschirr zu waschen.*
f) *Ich berichte euch, wie alles passiert ist.*
g) *Ich ernenne Sie hiermit zum wirklichen Geheimrat.*
h) *Ich wünsch mir einen Lottogewinn.*

REGEL	(a)	(b)	(c)	(d)	(e)	(f)	(g)	(h)
zukünftiger A von S	+							
zukünftiger A von H								
gegenwärtiger A von S								
vergangener A								
H wünscht A	+							
H wünscht A nicht								
S wünscht A								
S wünscht A nicht	(+)							
A ist durchführbar	+							
S hat Autorität	(+)							

27.4 Klassifizieren Sie die 12 Sprechaktverben rechts als:

a) REPRÄSENTATIVA,
b) DIREKTIVA,
c) KOMMISSIVA,
d) EXPRESSIVA oder
e) DEKLARATIVA

schlußfolgern	*erzählen*	*warnen*
prophezeien	*zugeben*	*klagen*
gratulieren	*verbieten*	*anflehen*
festsetzen	*entlassen*	*drohen*

27.5 Analysieren Sie die folgende Zigarettenreklame (hier natürlich ohne das entsprechende Begleitbild) Satz für Satz als Sprechaktsequenz. Setzen Sie die einzelnen Sprechakte in Beziehung zur Intention des Gesamttextes. Beachten Sie dabei den Inhalt der Propositionen.

VERBLÜFFEND VOLLER GESCHMACK BEI 0,2/2

*mg Nikotin/mg Kondensat *. Diese Werte sind wissenschaftlich gesichert durch die Reemtsma-Forschung.*

NEU

Die R1 bietet Ihnen verblüffend vollen Geschmack bei 0,2/2 durch:

- *eine ungewöhnlich aromatische Tabakmischung*
- *einen speziellen Strömungsfilter mit geschmackssteigernder Wirkung.*

Hier wird der angenehm aromatische Rauch gebündelt und so der Geschmack konzentriert. Dies spricht die Geschmacksnerven im Mund wesentlich intensiver an. Probieren Sie deshalb den verblüffend vollen Geschmack der R1.

Der Bundesgesundheitsminister: Rauchen gefährdet Ihre Gesundheit. Der Rauch einer Zigarette dieser Marke enthält 0,2 mg Nikotin und 2 mg Kondensat (Teer).*

** Durchschnittswerte nach DIN*

27.6 Nehmen Sie ein privates, ein Unterrichts- oder ein öffentliches Gespräch auf Tonband auf, und analysieren Sie die Sprechakte nach Typ, Inhalt, Form und als Sequenz.

27.7 Wodurch unterscheiden sich Grammatiktheorie und Sprechakttheorie grundsätzlich in ihrer Sprachanalyse?

****

KAPITEL 9: SOZIOLINGUISTIK

(L 28)

Allgemeines

Die Soziolinguistik untersucht die Beziehungen zwischen der Sprache und der gesellschaftlichen Gruppenzugehörigkeit von Sprechern/Hörern, man sagt auch: zwischen **Sprachstruktur und Sozialstruktur**. Damit hat sie die Möglichkeiten einer interdisziplinären Forschungsrichtung, aber auch die Probleme, denn Soziologie und Linguistik haben sich voneinander unabhängig entwickelt.

Soziale Gruppenzugehörigkeiten – und dementsprechend auch die Bereiche der Soziolinguistik – sind vielfältig. In Kapitel 1 wurden schon folgende Zuordnungen genannt:

Region	–	Dialekt (Mundart)
soziale Schicht	–	Schichtensprache (Code)
Beruf	–	Fachsprache (Berufssprache)
Subkultur, Randgruppe	–	Sondersprache
politische, religiöse Gruppe	–	ideologische Sprache
Geschlecht	–	Frauen-, Männersprache
Alter	–	Jugend-, Generationensprache

Der Zusammenhang zwischen Gesellschaft und Sprache wie zwischen sozialer Gruppe und Soziolekt zeigt eine dialektische Wechselwirkung. Für den Begriff **Soziolekt** gibt es verschiedene Definitionen, je nachdem wie weit eine "vertikale Schichtung" und damit eine wertende Einstellung zum Soziolekt zum Hauptkriterium gemacht werden. Hier ist mit Soziolekt jede **gruppenspezifische Sprachvarietät** (Variante, Subsystem, eben Gruppensprache) gemeint. Soziolekte betreffen natürlich immer nur einen Ausschnitt, einen kleineren Teil der Struktur der Gesamtsprache. Das Auftreten von Soziolekten reicht bis in soziale Kleingruppen wie Familie und "peer group".

Manche Erscheinungen wie "Jargon" und "Slang" sind schwer einzuordnen. Und da das Problem der **Sprachnorm** bislang nicht restlos geklärt ist, bieten auch solche Begriffe wie "Gemein-", "Standard-" und "Umgangssprache" definitorische Schwierigkeiten.

Klarer als die theoretischen lassen sich die allen Soziolekten gemeinsamen praktischen Probleme fassen: Sie stellen **Kommunikationsbarrieren**

dar und verstärken wertende Einstellungen zu anderen sozialen Gruppen. Zu helfen, diese abzubauen, sollte letztendlich das Ziel jeder soziolinguistischen Arbeit sein.
Die **Methoden** in der Soziolinguistik differieren vor allem hinsichtlich des soziologischen Ausgangspunktes, so daß man z.B. zwischen empirisch-soziologischen, marxistischen, ethnomethodologischen u.a. Ansätzen unterscheiden muß.
Hier kann nicht das Gesamtgebiet dargestellt werden. Dieses Kapitel ist auf die Bereiche "Schichtensprache" und "Frauensprache" konzentriert. Die übrigen Bereiche werden (vorher) nur angedeutet.

Dialekt

Die Dialekte nehmen soziolinguistisch gesehen eine Sonderstellung ein, da sie in zusammenhängenden Regionen gesprochen werden. Sie haben Gemeinsamkeiten untereinander und mit der sie überdachenden Einheits- oder Gemeinsprache, aber zeigen haben auch erhebliche Unterschiede. Das trennt sie einerseits von Fremdsprachen und andererseits von bloßen Regionalismen, doch sind die begrifflichen Grenzen – besonders historisch gesehen – unscharf.
Die **deutschen Dialekte** können folgendermaßen gruppiert werden (vgl. auch die Karte auf der folgenden Seite):

<table>
<tr><td rowspan="3">Niederdeutsch:</td><td colspan="2">WESTNIEDERDEUTSCH</td><td colspan="2">OSTNIEDERDEUTSCH</td></tr>
<tr><td colspan="2">Nordniedersächsisch</td><td colspan="2">Mecklenburgisch</td></tr>
<tr><td>Westfälisch</td><td>Ostfälisch</td><td colspan="2">Märkisch</td></tr>
<tr><td rowspan="3">Mitteldeutsch:</td><td colspan="2">WESTMITTELDEUTSCH</td><td colspan="2">OSTMITTELDEUTSCH</td></tr>
<tr><td>Ripuarisch</td><td>Hessisch</td><td rowspan="2">Thüringisch</td><td rowspan="2">Obersächsisch</td></tr>
<tr><td>Moselfränkisch</td><td>Rheinfränkisch</td></tr>
<tr><td rowspan="6">Oberdeutsch:</td><td colspan="4">NORDOBERDEUTSCH</td></tr>
<tr><td colspan="4">Ostfränkisch</td></tr>
<tr><td colspan="2">Südfränkisch</td><td colspan="2">Nordbairisch</td></tr>
<tr><td colspan="2">WESTOBERDEUTSCH</td><td colspan="2">OSTOBERDEUTSCH</td></tr>
<tr><td>Niederalem.</td><td>Schwäbisch</td><td colspan="2">Mittelbairisch</td></tr>
<tr><td colspan="2">Hochalemannisch</td><td colspan="2">Südbairisch</td></tr>
</table>

Die deutschen Dialekte

(nach AMMON, PROTZE, FRINGS)

In der Bundesrepublik sprechen etwa 50 bis 80 % der Bevölkerung einer Region Dialekt (Umfrage 1966), von Norden nach Süden zunehmend. Dabei spielen Lebensraum, Ausbildung und Beruf, Geschlecht und Alter eine Rolle. Gemäß der Weite des Kommunikationsradius und dem Einfluß der Massenmedien wird Dialekt weniger gesprochen: in der Stadt, von leitenden Personen mit höherer Bildung, von Männern, und von der jüngeren Generation. – Allerdings hängt der Gebrauch des Dialekts auch sehr von der Situation ab.

Seit den 70er Jahren gibt es eine Tendenz gegen die Verdrängung und Diskriminierung des Dialektsprechens. Doch kann von einer "Dialektrenaissance" keine Rede sein, sondern besteht nach wie vor für Dialektsprecher das Problem geringerer Chancen für den beruflichen Aufstieg.

Fachsprachen

Als Fachsprachen gelten vor allem technische und wissenschaftliche Berufssprachen, daneben auch die der Verwaltung, des Sports und anderer Bereiche.
Sie sind funktionelle Sprachen, dienen einer schnellen, ökonomischen und eindeutigen Kommunikation und tragen deshalb Merkmale wie "explizit", "formalisiert" und "standardisiert".
Sie können horizontal nach Fächern gegliedert werden, z.B.

Sprache des Automobilbaus	Sprache der EDV	Sprache der Medizin	Sprache der Linguistik	....

und vertikal nach Anwendungssituationen geschichtet werden:

Theorie- oder Wissenschaftssprache
fachliche Umgangssprache
Werkstatt- oder Verteilersprache

Die wichtigsten **sprachlichen Kennzeichen** sind:
lexikalisch: der eigene Wortschatz, d.h. eine strenge Terminologie, Verwendung von Fremd- und Kunstwörtern, komplexe Wortbildungen, auch vermenschlichende Metaphorik und scherzhafte Ausdrücke,
syntaktisch: wenige Satzmuster, Substantivierung, Funktionsverben, viel Passivverwendung, präpositionale Fügungen,
textuell: Bemühung um explizite Kohärenz und logische Gliederung, Staffelung, Systematisierung, Tabellen.

Fachsprachen werden oft als unschön oder gar monströs kritisiert. Dabei muß jedoch berücksichtigt werden, daß sie zweckorientiert sind, d.h. daß ihre Funktion vor ästhetischen Maßstäben steht. Berechtigt aber ist eine Kritik an zweckentfremdeter manipulierender Verwendung fachsprachlicher Signale in nichtfachlicher Kommunikation.

Sondersprachen

Als Sondersprachen wurden früher sämtliche gruppenspezifischen Sprachen bezeichnet. Später wurden dann die Schichten- und Fachsprachen ausgegliedert und das Charakteristikum der Sondersprachen in der verhüllenden Funktion der Sprachform von Minderheiten gesehen, die von der Gesellschaft geächtet (diskriminiert) wurden und/oder sich selbst absonderten (Suche nach Gruppenidentität). Das reicht hin bis zu Geheimsprachen.

Typische – z.T. historische – Sondersprachen sind:

das Rotwelsch ("Gaunersprache" krimineller Subkulturen, früher z.T. getarnt als "Krämersprache" und vom Jiddischen und Zigeunerischen beeinflußt; wiederum mit Einfluß auf die "Gossensprache" und Studentensprache und natürlich auf die Sprache der Gefängnisinsassen)

Berufsjargons (z.B. bei Künstlern, Hochschullehrern, Journalisten, Prostituierten, Soldaten – nicht gleich Fachsprachen!)

die Sprache sexueller Minderheiten

die Sprache neuer politischer Gruppierungen und religiöser Sekten (nicht gleich allgemeiner ideologischer Sprache!)

die Sprache jugendlicher "Antigruppen" (nicht gleich Jugendsprache!)

die Sprache der Drogenszene

Sprachliche Kennzeichen sind u.a.:

Laut- und Silbenkombinatorik und -spielerei (vgl. z.B. die "ududefu-Sprache" bei Kindern und ähnliches)

besonders bevorzugte Flexions- und Wortbildungsmuster

auch hier ein Sonderwortschatz (überhöhte Wörter, Metaphern, Wortspiele, Vulgarismen, Spitznamen)

eine besondere Körpersprache

Ideologische Sprache

Als ideologische Sprache soll die Sprache der herrschenden oder um die Herrschaft ringenden politischen (und religiösen) Gruppen gelten. Sozialhistorisch läßt sich ihre Abhängigkeit von den jeweiligen politisch-ökonomischen Verhältnissen nachweisen, z.B. in den politischen Begriffssystemen und Wertungen.

Dabei spielt natürlich der ideologische Standort des Betrachters selbst eine wesentliche Rolle, z.B. ob man die "bürgerlichen" Begriffe *Gleichheit* und *Freiheit* mit den feudalistischen Begriffen *Gottesgnadentum, Stand, Treue* usw. kontrastiert oder sie aus "sozialistischer" Sicht als "Scheinbegriffe der kapitalistischen Gesellschaft" bezeichnet und ihnen Begriffe wie *reale soziale Gleichheit* und *reale Freiheit* gegenüberstellt.

Besonders deutlich wird ideologische Sprache in den Programmen und Reden politischer Bewegungen. Am eingehendsten untersucht ist im deutschen Sprachbereich zweifellos die Sprache des Nationalsozialismus.

Jugendsprache

Altersspezifisches Sprachverhalten tritt am deutlichsten in der sogenannten Jugendsprache hervor, die auch manchmal zu den Sondersprachen gerechnet wird. Sie wird bewußt im Kontrast zur Sprache der älteren Generation(en) verwendet, geht vom Slang der Großstädte aus und ist gekennzeichnet durch eine "coole" Haltung, viele sondersprachliche Formen wie Metaphern und Wortspiele, andererseits aber auch durch eine kindlich-jugendliche Hyperbolik (Übertreibungen).
Bedingt durch die Entwicklung der Großstädte im Industriezeitalter und die Demokratisierung der Gesellschaft, ist die Jugendsprache eine typische Erscheinung des 20. Jahrhunderts, wobei sich die Gruppen der sich zusammengehörig Fühlenden immer schneller ablösen, so daß dabei wohl kaum noch von Generationen gesprochen werden kann.

Aufgaben (L 28)

28.1 Geben Sie einen kurzen Überblick über die **Dialekte** in Ihrem Heimatland und über deren Verhältnis zur Hoch- oder Gemeinsprache. Zeichnen Sie eine Karte dieser Dialekte.

28.2 **Dialekte** in Fremdsprachen zu verstehen, zu beurteilen oder gar zu "genießen" setzt sehr lange Erfahrung und Übung voraus. Außerdem leben Dialekte vom Klang der gesprochenen Sprache. Deshalb wird hier auf Textbeispiele verzichtet.
Aber eine Anregung für Interessierte: Hören Sie Tonbandaufnahmen deutscher Dialekte (z.B. auf Kassetten von INTER NATIONES) und vergleichen Sie sie mit den geschriebenen Texten und den "Linearübersetzungen" ins Hochdeutsche.

28.3 Nennen Sie je einen Grund für
a) die Beibehaltung und Pflege der **Dialekte**,
b) die Beherrschung der Hochsprache.

28.4 Nennen Sie einige Kennzeichen der deutschen **Fachsprache** der Linguistik (so wie Sie sie bisher kennengelernt haben) und geben Sie Beispiele dafür.

28.5 Nennen Sie drei allgemeine Anforderungen an eine **fachsprachliche** Terminologie.

(Zusatz: Scheinen Ihnen Fachsprachen gegenüber der Alltagssprache "schön – phantasievoll – angemessen – langweilig – häßlich – . . ."? Versuchen Sie, Ihr Urteil zu begründen.)

28.6 Vergleichen Sie folgenden **rotwelschen** Brief aus dem Jahre 1900 mit seiner hochdeutschen Übersetzung. Versuchen Sie, einige Ausdrücke der "Gaunersprache" nach Herkunft und Funktion zu ererklären.

Lieber Collex, an den ich Naches! (aus: ULRICH, S. 270f.) *Daß ich letzten Kiesow- und Mooskuppen-Masematten mit Sore, Tandel und Masse Porum treefe verschütt geworden; durch Flammertin von Balmischpeet gebumst.* *Ein leffer Ganeiwe aber kein Maure. Als Schien beileile geglitscht kam Pachulka mit Achelputz ließ Deele auf, ich türmte Khan Palmer vorbei und masel toof bevor Jomschmiere kam und koffscher. Paloppen, Greiferei, ganze Polente in Dampf. . . .*
Lieber Kollege, an dem ich Freude habe! *Daß ich bei dem letzten Silber- und Geldschrankdiebstahl mitsamt dem Diebesgut, Schlüsseln und Schrankzeug abgefaßt und festgenommen worden bin, ist Dir bekannt. Durch den Lichttropfen auf meinem Stiefel hat mich der Untersuchungsrichter überführt.* *Ein herzhafter Dieb hat aber keine Angst. Als der Aufseher des nachts zuletzt revidiert hatte, kam bald der Kalfaktor mit dem Essen und ließ die Zellentür und das Tor offen. Ich flüchtete im günstigen Augenblick aus dem Gefängnis an der Schildwache vorbei und kam zum Glück frei, bevor der Tagesaufseher eingetroffen war. Schutzmänner, Kriminalisten und die ganze Polizei werden in großer Aufregung gewesen sein. . . .*

28.7 Beschreiben Sie **Sondersprachen**, die Ihnen in Ihrem Heimatland bekannt sind, seien es Geheimsprachen bei Kindern, eine Art Rotwelsch (Sprache im kriminellen Milieu) oder andere.

28.8 (Zu **ideologischer Sprache**:) Vergleichen Sie die Berichterstattung in folgenden beiden Nachrichtentexten West und Ost:

(A) Aus der Frankfurter Rundschau – 29. 3. 1982 ***Vietnams Parteichef beschimpft seine Regierung (...)*** *Hanoi/Singapur, 28. März (AFP/dpa/FR). Einer vernichtenden Kritik unterzog Vietnams Parteichef, Le Duan, am Wochende die Wirtschaftspolitik seiner Regierung und seiner Partei. Auf dem 5. Parteitag der kommunistischen Laodong-Partei bezeichnete Le (75) die Wirtschaftspolitik als von "Bürokratie, Wirklichkeitsferne, mangelndem Verständnis für die Tatsachen, Konservatismus, Langsamkeit und Verantwortungslosigkeit in der Wirtschaftsführung" gekennzeichnet. . . .*
(B) Aus dem Neuen Deutschland – 29. 3. 1982 ***Vietnams Kommunisten begannen V. Parteitag (...)*** *Hanoi (ND-Korr.). Der V. Parteitag der Kommunistischen Partei Vietnams wurde am Wochenende im traditionsreichen Ba-Dinh-Palast in Hanoi feierlich eröffnet* (... es folgt eine Spalte Beschreibung ...). *Dann ging der Redner auf einige Probleme der wirtschaftlichen Entwicklung ein und wies auf vorhandene Disproportionen hin, die in den vergangenen fünf Jahren noch nicht überwunden werden konnten. In der Produktion sei ein langsames Wachstumstempo zu verzeichnen, die Bevölkerungszahl aber wachse rasch. Das Nationaleinkommen gewährleiste noch nicht die gesellschaftliche Konsumtion und die Akkumulation der Wirtschaft. . . . Kritisch setzte sich der Bericht auch mit der Tätigkeit von Staats- und Wirtschaftsorganen auseinander.*

28.9 Untersuchen Sie deutsche kommerzielle Werbe- und politische Propagandatexte auf ihre sprachlichen Besonderheiten hin (z.B. Wortschatz, positive Assoziationen, fachsprachliche Ausdrücke, Satzformen, Sprechakte) und vergleichen Sie sie mit entsprechenden Texten in Ihrer Muttersprache.

28.10 Lesen Sie ein Buch oder Artikel über die Sprache des Nationalsozialismus, z.B. von KINNE, M. (siehe Literaturverzeichnis).

28.11 Hier einige Ausdrücke und Sprüche der deutschen **Jugendsprache** der letzten Jahre. – Sehen Sie Äquivalente zu Erscheinungen in Ihrer Muttersprache?
Versuchen Sie, die Sprüche unten zu "übersetzen".

cool, easy, locker	*– (überlegenes Lebensgefühl)*
high sein, gut drauf sein	*– sich gut fühlen*
down sein, mies drauf sein, gefrustet sein, durchhängen	*– sich schlecht fühlen*
(null) Bock haben auf	*– (keine) Lust haben auf*
ausflippen, ausrasten, abheben, abschnallen	*– (vor Staunen/Wut/Freude) durchdrehen, außer sich sein*
echt, total, wahnsinnig, voll	*– sehr, wirklich, absolut*
heiß, scharf, stark, geil, irre, tierisch, riesig, . . .	*– sehr gut, hervorragend, toll*
ätzend, ungeil, nervig, finster, kaputt, übel, beknackt	*– schlecht, dumm, unerträglich*
Knete, Kohle, Eier	*– Geld*
filmen, linken	*– betrügen, hereinlegen*
checken, raffen, spannen, schnallen	*– begreifen*

"Du, ich hab n tierisch geilen Job ergeiert. Da gibt's echt tausend Eier bar auf die Kralle."
"Die neue Disco bringt's total, da is Action." – "Ach, kannste dir abschminken, fetzt nich, keine Power."
"Ich hab mir grad so ne Mafia-Torte (Pizza) *reingezogen, mir is echt schlecht." – "Bloß keine Panik, Mann, du bist einfach mies drauf." – "Ach, du hast doch ein'n an der Waffel/an der Hacke/an der Klatsche!"*
"Da kommt ja Otto, 'n ganz übler Schleimi." – "Da mach ich lieber ne Biege/ne Fliege/ne Flatter."
"Meine Alten hocken jeden Abend vor der Glotze. Dallas und so, da fahrn die voll drauf ab. Ätzend!"
"Na, habt ihr die Message geschnallt?"

Sind solche Jargon-Ausdrücke für Sie als DaF-Lerner/innen nur Vokabeln wie andere auch, oder empfinden Sie dabei emotionale Konnotationen?

****

Im Zentrum der Soziolinguistik stand lange Zeit die Untersuchung der Sprache sozialer Schichten; und im Zentrum dieses Teilbereichs stehen die Namen BERNSTEIN und LABOV.

Die Defizit-Hypothese

Der englische Pädagoge B. BERNSTEIN unterrichtete in den 50er Jahren Jugendliche (Berufsschüler) und versuchte, den nicht zu übersehenden geringeren Schulerfolg von Arbeiterkindern zu erklären. Seine Arbeiten dazu wurden in den 60er Jahren weltweit bekannt, in der Bundesrepublik vor allem über den Soziologen U. OEVERMANN.
Erfolg in der Schule wird zum größten Teil gleichgesetzt mit kognitiven (intellektuellen) Fähigkeiten. Diese wiederum werden beurteilt anhand von sprachlichen Leistungen. Da Arbeiterkinder weder allgemein noch sprachlich weniger begabt sind als andere, mußten ihre geringeren Leistungen – so folgerte BERNSTEIN – auf die Art ihrer Sozialisation zurückgeführt werden, und zwar besonders der sprachlichen.
In der Tat konnte BERNSTEIN den Angehörigen der **"Unterschicht"** und der **"Mittelschicht"** ("working class" und "middle class") zwei spezifische Sprachformen zuordnen, die er "restringierter Code" und "elaborierter Code" nannte. – Die Hauptunterschiede der beiden Sprachcodes sah er in folgenden Merkmalen:

Restringierter Code		**Elaborierter Code**
kürzere und oft unvollständige Sätze	–	längere und meist vollständige Sätze
häufiger Parataxe	–	häufiger Hypotaxe
einfache Sätze und wenige einfache Konjunktionen (und Präpositionen)	–	mehr logische Modifikation durch komplexe Syntax u. vielfältige Konj. (u. Präp.)
geringerer Wortschatz	–	größerer Wortschatz
starre und begrenzte Auswahl von Adjektiven und Adverbien	–	differenzierte Auswahl von Adjektiven und Adverbien
weniger Verwendung von "ich" und unpersönlichen Ausdrücken wie "man", "es"	–	mehr Verwendung von "ich und unpersönlichen Ausdrücken wie "man", "es"
viele Sprachklischees	–	weniger Sprachklischees

mehr konkrete Beschreibungen	– mehr Abstraktion
mehr Implizitheit	– mehr Explizitheit
mehr Expression (Emotionalität)	– weniger Expression
weniger Sprechpausen und Erklärungen für den Hörer	– mehr Sprechpausen und Erklärungen für den Hörer
häufig kurze Befehle und Fragen	– mehr Rücksichtnahme
viele Rückversicherungsfloskeln (nicht?, ne?, nicht wahr?)	– weniger Rückversicherungsfloskeln
mehr Kollektivmeinungen, z.B. oft Feststellungen als Begründungen oder rhetorische Fragen, die zirkulär (reihum) bestätigt werden (zur Sympathieversicherung)	– mehr individuelle – auch konträre – Meinungen und Unabhängigkeit von einer Gruppensolidarität

Diese Merkmale, d.h. die Unterscheidungskriterien für die beiden Codes, liegen auf ganz verschiedenen Ebenen, zielen aber schon deutlich auf die Erklärung höherer kognitiver Fähigkeiten bei Sprechern des elaborierten Codes ab.

Den Codes entsprechen Unterschiede in der Sozialisation und im Sozialverhalten in den beiden Schichten. Erziehung und Anregungen sind in der Mittelschicht meist viel mehr verbal, erklärend und individuell und auf formale Bildungswerte hin ausgerichtet. Überhaupt ist dort der gesamte Erziehungsstil deutlich mehr von Respekt, Geltenlassen, aber auch von strengeren Leistungsanforderungen bestimmt.

Als konkrete Beispiele werden oft Mutter-Kind-Dialoge der folgenden Art gegenübergestellt:

restringiert	**elaboriert**
K: (quengelt im Bus)	K: (quengelt im Bus)
M: *Sei ruhig!*	M: *Kind, was ist denn?*
K: (quengelt weiter)	K: (quengelt weiter)
M: *Ich hab gesagt, du sollst ruhig sein.*	M: *Sei doch bitte still, du störst die Fahrgäste.*
K: (quengelt weiter)	K: (quengelt weiter)
M: *Also halt jetzt den Mund, oder es setzt was!*	M: *Also, was hast du denn? Weißt du, ich bin sehr müde. Es wäre lieb von dir, wenn du jetzt brav und ganz ruhig wärst. Wir sind ja bald zu Hause.*
K: (spielt an einer fremden Tasche)	K: (spielt an einer fremden Tasche)

M: *Laß das! Das tut man nicht.* (nimmt die Hand des Kindes weg)	M: *Du, die Tasche gehört uns aber nicht. Du bist doch schon groß genug, um die Dame zu fragen, ob ihr das recht ist, wenn du die Tasche anfaßt. – Du kannst ja mit meiner Tasche spielen.*

Der restringierte Code ergibt sich im wesentlichen als Teilmenge des elaborierten, d.h. er hat **Defizite**, Mängel, gegenüber dem anderen. Dies hat der Hypothese BERNSTEINS den Namen "Defizit-Hypothese" eingetragen und in vielen westlichen Ländern zu der bildungspolitischen Konsequenz geführt, eine **kompensatorische Spracherziehung** einzuführen, d.h. eine, die diese Defizite ausgleichen sollte, besonders in der Form von Vorschulprogrammen und Förderunterricht. Damit war aber gleichzeitig der elaborierte Code wie selbstverständlich zum Maßstab gesetzt – parallel zum höheren Prestige der Mittelschicht.

BERNSTEINS Hypothese hat eine lange und leidenschaftliche Kontroverse angefacht. Die unterschiedlichen Sprach- und Sozialisationsformen können zwar nicht geleugnet werden, aber nahezu alle anderen Implikationen sind umstritten:

- Die von WHORF übernommene These, die Sprache determiniere das Denken, ist nicht haltbar.
- Die linguistischen Kriterien sind pauschal und einseitig interpretiert (z.B. expressives Sprechen als Indiz für weniger klares Denken?).
- Die Schichtenmodelle sind empirisch-soziologisch nicht exakt und stoßen besonders bei marxistischen Kritikern auf Ablehnung, da ihnen keine tiefschürfenden sozio-ökonomischen Analysen zugrundeliegen. (Allerdings tritt das Phänomen der Schichtensprachen auch in Gesellschaften auf, die Klassenlosigkeit beanspruchen, so daß zumindest das Kriterium "körperliche/geistige" Arbeit berücksichtigt werden muß.)
- Die Hauptkritik entzündete sich aber an der am Mittelschichtenmaßstab ausgerichteten Wertung und damit auch an der zur Anpassung führenden kompensatorischen Erziehung.

Die Differenz-Hypothese

Diese Hypothese wertet die Sprache der Unterschicht nicht als unterlegen, sondern bezeichnet sie nur als anders, verschieden. Sie stützt sich besonders auf die Arbeiten des Amerikaners W. LABOV, Vertreter in der Bundesrepublik sind W. KLEIN, D. WUNDERLICH, H. BÜHLER u.a.

Hauptpunkte ihrer Kritik an der Defizithypothese sind:

- Die Defizithypothese reproduziert soziale Vorurteile.
- Datenerhebung und Tests sind schon auf den elaborierten Code zugeschnitten und benachteiligen Unterschichtenkinder.
- Die Satzkomplexität kann nicht mit Hilfe der traditionellen Syntaxbegriffe, sondern muß vor dem Hintergrund einer wissenschaftlichen Grammatik verglichen werden.
- Die syntaktische Komplexität von Oberflächenstrukturen kann nicht zur Erklärung kognitiver Fähigkeiten dienen. (Vgl. dazu die Beispiele zur Konnexion auf S. 124 (L 23), explizit und implizit.)
- Die situative Variation des Sprachgebrauchs wird nicht genügend berücksichtigt. Die Codes sind nicht in jeder Situation gleich angemessen.
- Die Quantität sprachlicher Äußerungen sagt nichts über den Inhalt (die Informationsmenge).

Die Vertreter dieser Hypothese arbeiten empirisch, ohne eine ausgearbeitete Gegentheorie. Sie sind methodisch an der amerikanischen Ethnolinguistik geschult und gehen von einem breiten Spektrum von Sprachvarietäten aus (sowohl soziolektal wie idiolektal-situativ). Die Grammatik dient dabei nicht als bewertende Norm, sondern als neutrales Vergleichsinstrument. Problematisch bleibt, welche wissenschaftliche Grammatik dazu am besten geeignet ist.

Die Codes seien also formal verschieden, funktional aber gleichwertig. "Funktional" bedeutet dabei: in ihrer kommunikativen Leistung, in der situationsspezifischen Informationsübermittlung.

Natürlich führt die Differenzhypothese auch zu neuen pädagogischen Konsequenzen, nämlich zur Forderung eines **emanzipatorischen Sprachunterrichts**. Dieser soll von der funktionalen Gleichwertigkeit verschiedener Schichtensprachen ausgehen, zur gegenseitigen Toleranz und zum Verständnis der sozialen Gruppen und damit besonders zur Emanzipation der bisher Unterprivilegierten beitragen sowie zu einem situationsadäquaten Sprachgebrauch erziehen.

Auch die Differenzhypothese muß sich **Kritik** gefallen lassen. Zweifellos ist sie empirisch besser fundiert und um den Abbau sozialer Vorurteile bemüht. Zu überprüfen ist aber zum einen, ob sich Beobachtungen an ethnischen Gruppen (wie in den USA) direkt auf soziale Schichten übertragen lassen. Zum anderen genügen die progressiven emanzipatorischen Einstellungen von Personen im akademischen Bereich (die zudem den elaborierten Code perfekt beherrschen und ausschließlich verwenden)

natürlich noch nicht. Große Teile der Bevölkerung halten – und zwar in allen Schichten – an den sozialen Vorurteilen fest, schauen zur "Sprache der Wohlhabenden und Gebildeten" auf und lassen sich von ihr blenden und manipulieren. Solange diese Sprache nicht allen zugänglich gemacht wird, wird auch ein emanzipatorischer Unterricht die "sprachliche Verarmung" der unteren Schichten, die auch eine krasse Einengung geistig-kultureller Zugangsbereiche bedeutet, nur verharmlosen.
Wenn grundlegende sozio-ökonomische Veränderungen der Schichtenstruktur und der Arbeitsteilung nicht erreichbar nah sind, könnte vielleicht eine **möglichst lange Ausbildungszeit für alle** noch am ehesten zur Chancengleichheit beitragen; wenn auch allerdings zugunsten des elaborierten Sprachgebrauchs, der dann aber Allgemeinbesitz werden würde. Pointiert gesagt: Wenn alle Abitur haben, beherrschen alle den gleichen Code. (Meinung des Verf. – eine Diskussionsanregung)

Aufgaben (L 29)

29.1 Suchen Sie im folgenden Text Merkmale für einen restringierten Code. – Wie könnten entsprechende elaborierte Ausdrücke lauten, und was wäre dadurch gewonnen?

"... Ich habe keine Wohnung, kein Zuhause, kein gar nichts. Ich bin ganz allein. Ich bin bisher nur im Gefängnis gewesen, nich, fünfmal. Wegen schweren Diebstahl und so. Ich – ich will jetzt versuchen, daß ich wieder hochkomm, nich, ich will nicht unten bleiben, will ich nicht. Und das zu schaffen ist für mich schwer hier in Berlin. Weil ich hier neu bin. Ich bin erst am 20. August rausgekommen aus dem Gefängnis, am 30. August wieder rein, am 30. Januar herausgekommen, und seitdem hab ich keine Wohnung, nicht, seitdem, lauf ich hier rum, ohne Schlafen, ohne – ..." (aus: G. Aberle, Stehkneipen)

29.2 Gibt es in Ihrem Heimatland Schichtensprachen?
Wenn ja, – welche Ursachen machen Sie dafür verantwortlich: Tradition, Arbeitsteilung, Religion, Bildungsunterschiede, Einkommensverteilung oder ... ?
Wenn ja, – leidet die untere Schicht unter ihrem Defizit an Sprache oder unter ihrem Defizit an Geld?

29.3 Erstellen Sie Soziogramme (Listen der Sozialdaten wie Alter, Geschlecht, Ausbildung, Beruf, Einkommen einer Person sowie ihrer Eltern) aller Mitglieder ihrer Lerngruppe, und versuchen Sie, das Sprachverhalten der Personen mit diesen Daten in Zusammenhang zu bringen.

29.4 a) Worin sieht BERNSTEIN Defizite in der Unterschichtensprache? (Nennen Sie mindestens 3 Merkmale.)
b) Wie können solche Defizite eventuell ausgeglichen werden?

29.5 Skizzieren Sie (mindestens 3) Merkmale eines emanzipatorischen Sprachunterrichts.

oder anstelle von 29.4 und 29.5:
29.6 Fassen Sie in einigen Sätzen die beiden Hypothesen zur "Schichtensprache" und ihre pädagogischen Konsequenzen zusammen.

29.7 Diskutieren Sie folgende Aufgabe mit Lösungshinweis aus einem Lehrbuch über Soziolinguistik (von U. AMMON, ^{2}1977, S. 71):
"Karl Marx hat für die kommunistische Gesellschaft vorausgesagt, daß in ihr die Trennung von körperlicher und geistiger Arbeit aufgehoben sein werde. – Welche Folgen hätte dies für das Verhältnis von restringiertem zu elaboriertem Code?
Lösungshinweis:
Der Unterschied würde als ein gesellschaftlich relevanter verschwinden."

****

Frauensprache – Männersprache (L 30)

Die Beschäftigung mit dem unterschiedlichen Sprachverhalten der beiden großen sozialen Gruppen "Frauen" und "Männer" und mit der Diskriminierung der Frau im Sprachsystem selbst (in der "Männersprache") ist nicht innerhalb der Linguistik, sondern von der neuen Frauenbewegung der letzten 20 Jahre initiiert und in die Linguistik hineingetragen worden; denn eine Kritik an patriarchalischen Gesellschaftsstrukturen mußte natürlich auch die Institution Sprache miteinbeziehen.

Die Benachteiligung von Frauen in den meisten sozialen Bereichen steht außer Zweifel und spiegelt sich auch in der Sprache. Sie ist aber schwer zu erfassen, weil das Sprachverhalten durch die Sozialisation tief verinnerlicht ist und erst bewußt gemacht werden muß. Außerdem stehen der Aufklärung und Änderung dieser Verhältnisse durchaus handfeste männliche Machtinteressen entgegen.
Es geht also darum, die Privilegiertheit der Männer und damit auch den **Sexismus** in der Sprache aufzudecken, d.h. zunächst überhaupt eine Sensibilisierung dafür und später eine Emanzipation davon in Richtung auf eine "weibliche" Sprache zu erreichen.
Als Beispiel für den Erfolg solcher Bemühungen sei hier die Abschaffung der diskriminierenden Unterscheidung "Frau/Fräulein" genannt. Der einheitlichen Anredeform "Herr + Name" entspricht jetzt "Frau + Name", und zwar auch von amtlicher Seite empfohlen und praktiziert.
In der Forschung lag der Schwerpunkt in den USA, Großbritannien und in deren Folge auch in der BRD im soziologisch-ethnolinguistischen Bereich, während die französischen "Poststrukturalistinnen" psychologisch-psychoanalytisch orientiert sind.

Man muß bei dem ganzen Komplex vor allem zwei Aspekte unterscheiden: einmal das unterschiedliche **Sprachverhalten** (und die sprachlichen Fähigkeiten) der Geschlechter und zum anderen die Widerspiegelung von Männerherrschaft und Frauendiskriminierung **in der** männlich geprägten **Sprache selbst**.
Im folgenden wird eine Reihe von anthropologischen, pädagogischen und linguistischen Forschungsergebnissen bzw. "Erfahrungen" zur Diskussion vorgestellt (vor allem nach H. SCHRAMM):

A) Zu den sprachlichen Fähigkeiten/Begabungen von Mädchen

1) Mädchen sind mehr rezeptiv und imitativ veranlagt.
2) Bei Mädchen liegen Beginn und Ende des Großhirnwachstums früher.
3) Mädchen lernen früher sprechen und schneller lesen als Jungen, aber ihre sprachliche Überlegenheit besteht nicht im Alter von 3 bis 11.
4) Bei Mädchen sind emotionelle Funktionen feiner abgestuft und logische Funktionen geringer entwickelt.
5) Mädchen schreiben "schöner" und orthographisch korrekter.
6) Mädchen sprechen und schreiben grammatikalisch korrekter.
7) Mädchen sprechen höflicher und normgerecher (weniger Dialekt).
8) Mädchen erzielen bessere Ergebnisse bei Aufgaben, die den Wortschatz

und die Wortflüssigkeit prüfen sollen (Jungen bei Aufgaben, die die Fähigkeit, mit Zahlen umzugehen, und das räumliche Vorstellungsvermögen prüfen sollen).

9) Aufsätze von Mädchen sind länger, einfacher, kleben enger am Material, sind weniger gegenstandsorientiert, zeigen gebräuchlichere Wörter, persönlichere Wortwahl, reicheren Gefühlswortschatz und eher verbalen Stil.
10) Mädchen erzielen bessere Schulleistungen und sind disziplinierter.
11) Mädchen sind weniger selbstbewußt und schätzen ihre Begabung niedriger ein.

B) Zum Mütter- und Lehrerverhalten

12) Mütter sprechen mehr mit ihren Töchtern (in deren ersten Lebensjahren).
13) Fordernde und aufdringlich helfende Mütter fördern hohe verbale Fähigkeiten – viel Freiheit gewährende Mütter hohe nichtverbale Fähigkeiten der Kinder.
14) Lehrer überschätzen regelmäßig die IQs der Mädchen und haben höhere Erwartungen in Bezug auf deren Lesefähigkeiten.
15) Lehrer begutachten Mädchen günstiger und differenzierter und zensieren sie besser, widmen aber den Jungen mehr Aufmerksamkeit.

C) Zum Gesprächs- und Sprechverhalten von Frauen

16) Studienanfängerinnen schweigen mehr, verstummen häufiger.
17) Frauen reden in Gesprächen mit Männern weniger als die Männer.
18) Frauen signalisieren seltener Anfang und Ende eines Gesprächs.
19) Frauen machen weniger urteilende, analytische Äußerungen.
20) Frauen vertreten mehr einen persönlichen als einen allgemeinen Standpunkt.
21) Frauen machen mehr unterstützende, ermutigende Bemerkungen, zeigen mehr Zustimmung und mehr Unentschiedenheit, oft in Form von Fragen.
22) Frauen neigen im Gespräch mehr zur Abschwächung der Aussagen, zur Einschränkung ihrer Gültigkeit, zu Indirektheit und Infragestellen, Zustimmungheischen, Selbstabwertung und Entschuldigung.
23) Frauen neigen zu Übertreibung, Wiederholung und Gefühlsausdruck.

D) Zum non-verbalen Kommunikationsverhalten von Frauen

24) Frauen nehmen non-verbale Mitteilungen stärker wahr.

25) Frauen schauen ihre Gesprächspartner häufiger an.
26) Frauen lächeln mehr und zeigen in ihrem Gesicht mehr Emotionen.
27) Frauen weichen Männern beim Aufeinanderzugehen eher aus.
28) Frauen intonieren variationsreicher als Männer.
29) Frauen tendieren zur Stimmhebung am Satzende, auch wenn es sich nicht um Fragen oder unvollständige Aussagen handelt.

Die Interpretation dieser recht heterogenen Ergebnisse ist natürlich nicht einfach und unproblematisch. Hier nur einige Hinweise zur Diskussion:

- ▷ Zunächst überrascht der Widerspruch zwischen dem bekannten Klischee "Frauen/Mädchen sind sprachlich begabter/überlegener" und der alltäglichen Beobachtung "Frauen sind im Gespräch mit Männern weniger selbstbewußt". Wie kann dieser Widerspruch erklärt werden?
- ▷ Wie kann die besondere sprachliche "Begabung" von Mädchen allgemein charakterisiert werden?
- ▷ Ist frühes Sprechenlernen ein Vorteil?
- ▷ Worauf deuten "Fähigkeiten" wie "rezeptiv, imitativ, korrekt, schöne Schrift"?
- ▷ Welche Rolle spielt die Sozialisation für das Sprachverhalten?
- ▷ Warum begutachten Lehrer Mädchen günstiger?
- ▷ Worauf könnten Emotionalität, persönliche Sicht, "Bescheidenheit", Höflichkeit, Lächeln, Unentschiedenheit im weiblichen Sprachverhalten zurückzuführen sein?
- ▷ Gibt es Entsprechungen zwischen dem verbalen und dem non-verbalen Kommunikationsverhalten von Frauen?

Die Frauenbewegung und ebenso die Linguistik begnügen sich nicht mit solchen Forschungsresultaten. Sie suchen nach Mitteln, das Sprachverhalten emanzipatorisch zu verändern und Sprachstrukturen, wenn sie sexistisch geprägt sind, abzuschaffen. Dazu einige Beipiele für sogenannte **"Patriarchalismen"** (bes. nach S. GÜNTHNER):

1) Für Aussagen, die beide Geschlechter betreffen, wird meist – besonders im Plural – nur die maskuline Form benutzt, z.B.:

   China hat eine Million <u>Studenten.</u>
   <u>Jeder Schüler</u> bekommt ein Exemplar.

   Die maskuline Form wird dabei zwar als "geschlechtsneutral" bezeichnet, kann aber nur verwendet werden, wenn das Merkmal MÄNNLICH oder MÄNNLICH/WEIBLICH, nicht aber wenn WEIBLICH gemeint ist, z.B.:

   **Diese beiden Arbeiter nehmen ihren Schwangerschaftsurlaub.*

Wichtig ist dabei, daß die maskuline Form immer das Merkmal MÄNNLICH impliziert und suggeriert und das potentielle Merkmal WEIBLICH unterdrückt, vgl. *die Leser, Passagiere, Kunden* usw.
Viele Linguist/inn/en schlagen deshalb ein "splitting" mittels Schrägstrichen oder Klammern vor, oder daß beide Geschlechter getrennt aufgeführt werden:

alle Professor/inn/en	*jede(r) Schüler(in)*
der/die Professor/in	*jede Kundin und jeder Kunde*

2) Das Gleiche betrifft die Pronomen *er, man, jemand/niemand, einer, jeder*, die gesplittet werden können zu:

sie/er	*frau/man*
eine/r – jede(r)	evtl. auch: *jefrau/mand*

3) Von feministischer Seite werden die Bezeichnungen *Mädchen, Fräulein, Dame* als diskriminierend abgelehnt (vgl. oben).
4) Die traditionelle Reihenfolge *Mann und Frau* plaziert die Frau zweitrangig und sollte zur Bewußtmachung umgekehrt werden.

Diese paar Beispiele – vgl. auch die Aufgaben – können vielleicht geringfügig scheinen. Sie erfassen ja auch nur einen kleinen Teil männersprachlicher Prägungen. Ihre Änderung kann aber eine prinzipielle Signalwirkung haben und dazu beitragen, das Sprachverhalten der Geschlechter auch in anderen Bereichen zu ändern, d.h. vor allem die häufige Dominanz und Arroganz, die Emotionsarmut und angebliche Sachorientiertheit, die Aggressivität und Selbstgefälligkeit nicht jedes männlichen, aber des sexistischen Sprechens und Verhaltens abzuschaffen.

Zum Abschluß des Kapitels Soziolinguistik sei noch darauf hingewiesen, daß oft eine Analogie zwischen Frauen- und (Unter-)Schichtensprache gesehen wird. Und in der Tat läßt sich auch in der Forschung zur Frauensprache eine Entwicklung von einer Art Defizit- zu einer Art Differenzhypothese feststellen. Anfangs wurde auch von manchen Linguistinnen männliches Sprachverhalten als die Norm und somit auch für Frauen als erstrebenswert anvisiert, später diese Einstellung allerdings immer häufiger in Frage gestellt.
Die Analogie ist im ganzen weder soziologisch noch linguistisch haltbar. Frauensprache bedeutet durchaus nicht geistig-kulturelle Restringiertheit. Daß Frauen außerdem auch noch mehr Dialekt und restringiert sprechen als Männer, ist nur ein weiteres Indiz für die gesellschaftliche Privilegiertheit der Männer. Mit der geschlechtsspezifischen Sprache hat das aber nur mittelbar zu tun.

Im übrigen ist sicher deutlich geworden, daß die meisten Aussagen zu dem ganzen Thema sehr pauschal sind und mit äußerst kritischer Vorsicht betrachtet werden müssen.

Aufgaben ***(L 30)***

30.1 Männliche Dominanz wird besonders bei Berufs- und Titelbezeichnungen deutlich. Viele traditionell männliche Berufe sind inzwischen von Frauen "erobert" worden, ohne daß die Bezeichnungen dafür auch immer moviert oder neue geschaffen worden sind, vgl.:

Geschäftsmann	*Sie ist Geschäftsfrau.*	*G.-frau*
Tierarzt	*Sie ist Tierarzt/Tierärztin.*	*Tierärztin*
Kaufmann	*Sie ist Kaufmann/Kauffrau.*	*Kauffrau*
Pilot	*Sie ist Pilot/Pilotin.*	*Pilotin*
Kapitän	*Sie ist Kapitän/Kapitänin.*	*Kapitänin (?)*
Torwart	*Sie ist Torwart.*	- - - -
Minister	*Frau Minister*	*Ministerin*
Professor	*Frau Professor*	*Professorin*
Magister	*Frau Magister*	- - - -
Doktor	*Frau Doktor*	- - - -

Viele – selbst neue – Wörterbücher ignorieren immer noch die weiblichen Bezeichnungen. – Untersuchen Sie deutsche Wörterbücher daraufhin.
Andererseits werden auch einige traditionelle Frauenberufe von Männern ausgeübt, für die jedoch Bezeichnungen wie *Putzmann, Hausmann, Kindergärtner, Erzieher* usw. eingeführt wurden, da die unmittelbare Übernahme der weiblichen Bezeichnungen von Männern nicht akzeptiert wird.
Gibt es ähnliche Erscheinungen in Ihrem Heimatland?

30.2 Der Bereich patriarchalischer Sprachprägungen betrifft u.a. viele Personenbezeichnungen und große Teile der Idiomatik.
So werden z.B. viel mehr Schimpfwörter mit weiblicher Grundbedeutung auf Männer angewandt als umgekehrt, während "Glimpfwörter" nur in der anderen Richtung transponiert werden, vgl. (aus KÜPPERS Wörterbuch der Umgangssprache):

	weibl. für Männer	männl. für Frauen
neg.	*Waschweib, Transuse, Heulsuse Zimperliese; Quatschtante, Quasseltrine, Meckerliese, Petze; Kaffeetante, Betschwester*	*Dragoner, Drachen, Feldwebel, Putzteufel*
pos.	– – – –	*Pfundskerl, Kumpel, Schlauberger, Pfiffikus, Tausendsassa*

Erklären Sie diese Mechanismen, und vergleichen Sie die Verhältnisse mit Ihrer Muttersprache.

30.3 Das Grundgesetz der Bundesrepublik verkündet zwar in Art. 3 (2): *Männer und Frauen sind gleichberechtigt.*, enthält jedoch viele Personenbezeichnungen, die den Eindruck erwecken, als wären nur Männer betroffen, z.B.:

Art. 2 (1) –	*Jeder hat das Recht auf die freie Entfaltung seiner Persönlichkeit, . . .*
Art. 3 (3) –	*Niemand darf wegen seines Geschlechtes, . . . benachteiligt oder bevorzugt werden.*
Art. 7 (3) –	*Kein Lehrer darf gegen seinen Willen verpflichtet werden, Religionsunterricht zu erteilen.*
Art. 16 (2) –	*Kein Deutscher darf an das Ausland ausgeliefert werden.*
Art. 40 (1) –	*Der Bundestag wählt seinen Präsidenten, dessen Stellvertreter und die Schriftführer.*
Art. 116 (1) –	*Deutscher im Sinne dieses Grundgesetzes ist . . .*

und wiederholt heißt es:

ein Abgeordneter, ein/der Bundesminister, der Bundespräsident, der Bundeskanzler, der Gewählte, der Vorgeschlagene u. dgl.

Im Gesetzestext gibt es aber auch wirklich geschlechtsneutrale Ausdrücke. Wie könnten die Bezeichnungen oben neutralisiert werden?

30.4 Eine Anregung: Lesen Sie den Roman «Die Töchter Egalias» von G. Brantenberg, wo ein konsequenter Tausch der Geschlechterrollen (mit entsprechenden sprachlichen Neuprägungen) vorgeführt wird. Versuchen Sie, eine konventionelle Geschichte so umzuschreiben.

****

KAPITEL 10: HISTORIOLINGUISTIK

Die Historiolinguistik (oder: diachronische Sprachforschung) untersucht die Sprachgeschichte, d.h. die historische Entwicklung der Sprachen, ihre Verwandtschaftsverhältnisse, die Gesetze und Ursachen des Sprachwandels vor dem Hintergrund gesellschaftlicher Veränderungen sowie die Entwicklungstendenzen der Gegenwartsspache.
Auch zu diesem Bereich ist hier nur ein kurzer Einblick möglich.

Vorgeschichte (L 31)

Die Sprachgeschichte war im 19. Jahrhundert der absolute Forschungsschwerpunkt der Sprachwissenschaft überhaupt (vgl. L 13), nachdem vorher die Verwandtschaft der indoeuropäischen Sprachen entdeckt und linguistisch nachgewiesen worden war. Auf dieser Grundlage etablierte sich die **historisch-vergleichende Sprachwissenschaft**, vor allem als "Indogermanistik". Ihre Vertreter versuchten, die Wörter, Morpheme und Laute einer Sprache anhand alter Texte möglichst weit zurückzuverfolgen, sie verglichen die ältesten Formen mit denen anderer Sprachen und versuchten, daraus eine "Ursprache" zu rekonstruieren, das "Indogermanische". Vgl. z.B. die folgenden Wörter für "WOLF":

deutsch:	*Wolf*	/vɔlf/	←	german.:	**wulfas*	*wul f - as
englisch:	*wolf*	/wʊlf/	←			
spanisch:	*lobo*	/lɔbɔ/	←	latein.:	*lupus*	lup - us
französ.:	*loup*	/lu:/	←			
russisch:		/vɔlk/	←	altslav.:	*vŏlŏkŏ*	vŏlŏk - ŏ
				altgriech.:	*lykos*	lyk - os
(* = rekonstruiert)				"indogermanisch":		* u̯ l k - os
				oder:		* u̯ l p - os

Zwar zeigen schon die ältesten bekannten Formen erhebliche Unterschiede, doch haben sie lautliche Entsprechungen, die auch bei anderen Wörtern regelmäßig aufgetreten sind, z.B. zwischen /p/ und germanisch /f/ (*pater – Vater, piscis – Fisch*) oder zwischen /p/ und /k, qu̯/ (*quinque* – russ.: *pjat' – fünf*).

Auf diese Weise konnten sowohl Lautgesetze als auch die Beziehungen innerhalb der indoeuropäischen Sprachfamilie nachgewiesen werden. Zu der gehören heute etwa 10 Sprachengruppen (6 weitere wie Hethitisch und Tocharisch sind "ausgestorben"), mit über 1,6 Milliarden Sprechern.

Übersicht: größere indoeuropäische Sprachen (Sprecher 1981 in Mio.)				
Romanische Sprachen		Slavische Sprachen		außerdem:
Spanisch	210	Russisch	145	
Portugiesisch	115	Ukrainisch	35	Iranische Sprachen
Französisch	90	Polnisch	34	Persisch
Italienisch	60	Serbokroat.	17	Afghanisch
Rumänisch	22	Tschechisch	10	Baltische Sprachen
Germanische Sprachen		Indoarische Sprachen		Keltische Sprachen
Englisch	320	Hindi	180	Griechisch
Deutsch	110	Bengali	120	Albanisch
Niederländisch	19	Pandschabi	50	Armenisch

In Europa gehören Baskisch, Ungarisch und Finnisch *nicht* dazu.

Über die **Vorgeschichte der "Indogermanen"** gibt es nur wenig gesichertes Wissen. Ob ihre Heimat in Mittelasien, Südrußland oder Mitteleuropa lag, ist ungewiß. Archäologie und Linguistik haben einige Kenntnisse über Lebensformen, Gesellschaft und Religion erlangt, z.B. welche Pflanzen und Tiere, Metalle und Werkzeuge bekannt waren usw. Doch wird auch diese steinzeitliche Gesellschaft schon verschiedene Dialekte gesprochen haben, bevor dann vor etwa 5000 bis 4000 Jahren ihre Auflösung durch Wanderungen begann.
Vor ca. 3500 bis 2500 Jahren lebten in Nordwesteuropa die **Germanen**, deren Sprache sich von allen anderen indoeuropäischen durch die "Erste oder Germanische Lauverschiebung" unterscheidet, eine allgemeine Verschärfung und Spirantisierung von Konsonanten, speziell:

bh → b	b → p	p → f
dh → d	d → t	t → θ (d)
gh → g	g → k	k → x (h)

So kommt es zu Entsprechungen wie:

lateinisch:	*frater*	*duo*	*hortus*	*pecus*	*tres*	*cor*
deutsch:	*Bruder*	*zwei*	*Garten*	*Vieh*	*drei*	*Herz*

Die Regeln sind im Detail recht kompliziert und sollen hier nicht weiter erörtert werden. Ferner wurde im Germanischen der freie Wortakzent auf die erste Silbe des Stammwortes festgelegt, wodurch die Laute am Wortende immer mehr abgeschliffen wurden (und später dann die für das Deutsche so charakteristischen vielen klanglosen Endungen wie *-e, -en, -er, -es* entstanden).
Die Epoche einer gemeinsamen germanischen Sprache, die man nur rekonstruieren kann und als "Urgermanisch" bezeichnet, dauerte etwa ein Jahrtausend. Dann breiteten sich die Germanen nach Osten und Süden aus und bildeten drei Großgruppen: Nord-, Ost- und **Westgermanen**. Zu den letzteren gehörten diejenigen Stammesverbände, aus deren Dialekten Englisch, Friesisch, **Deutsch** (mit einer zweiten, der Hochdeutschen Lautverschiebung, s. L 32) und Niederländisch hervorgegangen sind.

Aufgaben (L 31)

31.1 Folgende deutsche Tier- und Pflanzennamen sind indoeuropäischen Ursprungs und mit den danebenstehenden Wörtern verwandt. (Nach welchen Kriterien sind die Tiere/Pflanzen also benannt worden?

Ahorn	– Ecke	*Hahn*	– lat.: cantare (singen)
Otter	– Wasser	*Birke*	– engl.: bright (glänzend)
Barsch	– Borste	*Hummel*	– engl.: hum (summen)
Bär	– braun	*Fohlen*	– engl.: few (wenig)
Gans	– gähnen	*Flunder*	– platt
Rind	– Horn	*Falter*	– flattern
Schlange	– Schlinge	*Käfer*	– Kiefer

31.2 Wie kann die Linguistik zur Erforschung der Prähistorie beitragen?

31.3 Heute gibt es auf der Welt weit über 3000 Sprachen. Wird sich diese Zahl in den nächsten 100 Jahren vermutlich vergrößern oder verkleinern? – Begründen Sie Ihre Meinung.

31.4 Durch welche phonetischen Prozesse haben sich das "Germanische" und das Hochdeutsche von ihren Sprachverwandten abgesondert?

****

In dieser Lektion geht es vor allem um die Herausbildung einer deutschen Einheitssprache.
Ein genauer Zeitpunkt für den Beginn der deutschen Sprache ist natürlich nicht anzugeben. Man kann schon die Stammesdialekte aufgrund ihrer Gemeinsamkeiten als **"Vor- oder Frühdeutsch"** zusammenfassen. Durch die Gründung des Frankenreiches (481) war auch eine politische Grundlage für die Entstehung von Nationalsprachen gegeben, so daß zur Zeit der Reichsteilung (843) schon Dokumente auf Altfranzösisch und **Althochdeutsch** abgefaßt wurden.
Die Germanistik unterscheidet in der deutschen Sprachgeschichte traditionell zwischen **Hoch- und Niederdeutsch**. Grundlage dafür ist die oben angedeutete "Zweite oder Hochdeutsche Lautverschiebung", die ähnliche Tendenzen zeigte wie die erste und von etwa 600 an die oberdeutschen, von 800 bis 1500 dann auch die mitteldeutschen Dialekte erfaßte und sie von den niederdeutschen lautlich klar trennte. Hochdeutsch ist aber auch die Bezeichnung für überregionale Einheitlichkeit und Verwendung und später nicht mehr auf Süddeutschland beschränkt (s.u.).
Da erst seit dem 8. Jahrhundert vollständige literarische Zeugnisse in altdeutscher Sprache erhalten sind, wird die Sprache davor auch als "vorliterarisches Deutsch" bezeichnet.
Für die deutsche Sprachgeschichte gibt es viele Einteilungsvorschläge. Die Tabelle (nach W. SCHMIDT u.a.) auf der folgenden Seite gibt einen Überblick nach historischen und sprachlichen Kriterien.

Man kann für die deutsche Sprachgeschichte insgesamt einige allgemeine **Tendenzen** zugrundelegen:

- ▷ die Tendenz vom synthetischen zum analytischen Sprachbau (wenn auch bei weitem nicht so stark wie im Englischen),
- ▷ Formenvereinfachung durch Lauveränderungen,
- ▷ Ausbau des Wortschatzes durch Wortbildung und Entlehnungen,
- ▷ die Tendenz zu einer Einheitssprache (überregionalen Hochsprache).

Im folgenden werden die einzelnen Epochen gekennzeichnet.

Althochdeutsch (Frühmittelalter)

Schon im Frankenreich – besonders unter Karl dem Großen – wurde für die Zwecke der Verwaltung, Religion (Übersetzungen aus dem Latein)

<table>
<tr><th colspan="4">Übersicht über die Epochen der deutschen Sprachgeschichte</th></tr>
<tr><th></th><th>Gliederung historisch</th><th colspan="2">Gliederung lautlich/grammatisch</th></tr>
<tr><td rowspan="2">5.Jh.</td><td rowspan="2"></td><td>HOCHDEUTSCH</td><td>NIEDERDT.</td></tr>
<tr><td colspan="2">("Vor- oder Frühdeutsch")</td></tr>
<tr><td>6.
7.</td><td rowspan="2">Deutsch des Frühmittelalters (6. Jh. – 11. Jh.)</td><td colspan="2">(vorliterarisch)</td></tr>
<tr><td>8.
9.
10.</td><td>Althochdeutsch
(6./8. – 11. Jh.)</td><td>Altsächsisch
(5. – 12. Jh.)</td></tr>
<tr><td>11.
12.
13.</td><td>Deutsch des Hochmittelalters (11. Jh. – 13. Jh.)</td><td>Mittelhochdt.
(11. – 14. Jh.)</td><td rowspan="2">Mittelniederdt
(12. Jh. – 1600)</td></tr>
<tr><td>14.
15.</td><td>Deutsch des Spätmittelalters (13. Jh. – ca. 1500)</td><td>Frühneuhochdt.
(14. – 16./17. Jh.)</td></tr>
<tr><td>16.
17.
18.
19.
20.</td><td>Deutsch der Neuzeit
(ab ca. 1500)</td><td>Neuhochdt.
(ab 16./17. Jh.)</td><td>Neuniederdt.
(ab 1600)</td></tr>
</table>

und Literatur eine relativ einheitliche Schriftsprache notwendig und möglich. Sie stand unter starkem lateinischem Einfluß und beruhte auf rheinfränkischer Grundlage. – Im 10./11. Jahrhundert wurde das Althochdeutsche jedoch in seiner schriftlichen Verwendung wieder fast ganz vom Latein verdrängt.

Die wichtigsten **sprachlichen Merkmale** des Althochdeutschen sind:

1) die 2. (hochdeutsche) Lautverschiebung (hier Vergleich mit Engl.):

p	→ pf	*apple – Apfel*	b /w/ → b (p)	*give – geben*
	→ ff	*ship – Schiff*		
t	→ (t)z	*sit – sitzen*	d /ð/ → d (t)	*this – dies*
	→ zz /ss/	*eat – essen*		
k	→ (k)ch	*bake – backen*	g /j/ → g (k)	*lay – legen*
	→ hh /ç,x/	*make – machen*		

2) der i-Umlaut vor i in Folgesilbe: a → ä (e): *gast – gesti (Gäste)*
3) Monophthongierung (ai → e und au → o)
4) Diphthongierung (e → ie und o → uo)
5) Entstehung des Artikels; – Ausbau der Wortbildung, Abstrakta
6) Entlehnungen (besonders aus dem Lateinischen)

Mittelhochdeutsch (Hochmittelalter)

Im Hochmittelalter entstand mit dem Aufblühen des Feudalismus eine neue weltlich-ritterliche Kultur und bestand relative politische Einheit. Neben mehreren regionalen Schriftsprachen wurde besonders eine "künstliche" Dichtersprache geschaffen, das Mittelhochdeutsch. Es beruhte auf oberdeutschen Grundlagen, kann aber als *die* deutsche Literatursprache jener Zeit gelten.

Sprachliche Merkmale:

1) Vokalschwächung in unbetonten Silben zu e (ə): *taga* → *tage*
2) i-Umlaut auch bei o, u, ou, uo → ö, ü, äu, üe: *wurfil* → *Würfel*
3) Übergang von sk → sch: *sconi* → *schoene (schön)*
4) Übergang von s → sch vor l, m, n, w, p, t: *slange* → *schlange*
5) Auslautverhärtung von b, d, g → p, t, k: *wib* → *wip (Weib)*
6) Entlehnungen aus dem Französischen, Slavischen, Arabischen usw.: *aventure* → *aventiure (Abenteuer)*

Spätmittelhochdeutsch / Frühneuhochdeutsch

In dieser Zeit wurde die Notwendigkeit von überregionalen Gebrauchssprachen immer deutlicher, und zwar sowohl für den Schriftverkehr der kaiserlichen und fürstlichen Kanzleien als auch für den Handel des aufsteigenden Bürgertums. So kam es zu Versuchen, in Süddeutschland das "Gemeine Deutsch" und in Norddeutschland das Mittelniederdeutsch als Einheitssprachen zu etablieren, was aber nur teilweise und vorübergehend gelang. – Diese Epoche muß als Übergang gesehen werden, entweder als spätes Mittelhochdeutsch (1350 – 1500) oder als frühes Neuhochdeutsch (1350 – 1650, mit einer Zäsur um 1500, dem "Beginn der Neuzeit").

Sprachliche Merkmale:

1) Diphthongierung von i, u, iu (ü) → ei, au, eu: *hus* → *Haus*
2) Monophthongierung von ie, uo, üe → ie (i), u, ü: *brüeder* → *Brüder*
3) Vokaldehnung in offener Silbe: *sagen* → *sagen*
4) Vokalkürzung in geschlossener Silbe: *brahte* → *brachte*
5) Wegfall des unbetonten e (im In- und Auslaut): *gelücke* → *Glück*

Neuhochdeutsch (Neuzeit)

Den "Sieg" als Einheitssprache trug schließlich die ostmitteldeutsche Verkehrssprache in Obersachsen und Thüringen davon. Wichtige Gründe da-

für waren die Reformation Luthers und seine Bibelübersetzung, die durch den Buchdruck stark verbreitet werden konnte, aber auch die sprachliche Teilhabe an Norden *und* Süden sowie die seit der Ostkolonisierung zentrale geographische Lage.
Natürlich muß man bei all solchen Epochisierungen von langen allmählichen Übergangsphasen ausgehen. Das Frühneuhochdeutsche reicht zum Teil noch bis ins 17. Jahrhundert. Und von einer echten neuhochdeutschen Gemeinsprache kann man eigentlich erst am Ende des 18. Jahrhunderts sprechen, als die Grammatiker, Schriftsteller und Lehrer (nach Einführung der allgemeinen Schulpflicht) die Grundlagen dafür bereitet hatten. Zu einer offiziellen Einheitsrechtschreibung und -aussprache kam es sogar erst am Ende des 19. Jahrhunderts (DUDEN, SIEBS).
Die stärksten Impulse für die Verbreitung der Hochsprache kamen außer von der Schule vor allem von den Medien (Presse seit dem 17. Jahrhundert, Funk, Film und Fernsehen im 20.), von der Entwicklung der Großstädte, den jüngsten "Vökerwanderungen" von Ost nach West und der allgemeinen Mobilität überhaupt.

Aufgaben (L 32)

32.1 Nennen Sie die drei wichtigsten sprachgeschichtlichen Epochen des Deutschen und ihre ungefähre zeitliche Abgrenzung.

32.2 Tragen Sie alle Gründe für die Entstehung einer einheitlichen deutschen Hochsprache zusammen.

32.3 Welche hochdeutschen Wörter entsprechen den folgenden niederdeutschen?
appel, awend, dag, dat, dood, dorp, driewsand, düwel, freten, fru, gliknis, ik, katte, laten, maken, mus, plücken, pund, slap, tid, wat

32.4 Vergleichen Sie folgende 6 Bibelübersetzungen (Anfang der Weihnachtsgeschichte) aus althochdeutscher Zeit bis heute, und bestimmen Sie orthographische, lautliche, syntaktische und lexikalische Veränderungen. – Text auf der nächsten Seite.
Worauf beruhen die großen Unterschiede der beiden jüngsten Übersetzungen (aus dem 20. Jahrhundert)?

1.	Ahd.:	Tatian um 830	–	*Fuor tho Ioseph*
2.	Spätmhd.:	Beheim 1343	–	*Abir Joseph ginc ouch uf*
3.	Frühndh.:	Luther 1522	–	*Da macht sich auff, auch Joseph*
4.	Nhd.:	Zinzendorf 1739	–	*Da machte sich aber auch Joseph auf,*
5.	Nhd.:	H. Menge 1926	–	*So zog denn auch Joseph*
6.	Nhd.:	J. Zink 1963	–	*Da wanderte auch Joseph*

1.	*fon Galileu*	*fon dere burgi thiu hiez Nazareth*	*in Iudeno lant*
2.	*von Galilea*	*von der stat Nazareth*	*in Judeam*
3.	*von Gallilea,*	*aus der stadt Nazareth,*	*ynn das Judisch Land,*
4.	*von Galiläa*	*aus der stadt Nazareth,*	*in Judäa,*
5.	*aus Galiläa*	*aus der Stadt Nazareth*	*nach Judäa hinauf*
6.	*von Galiläa*	*aus der Stadt Nazareth,*	*nach Judäa*

1.	*inti Dauides burg,*	*thiu uuas ginemnit Bethleem,*
2.	*in di stat Davidis,*	*di geheizen ist Bethlehem,*
3.	*zur stad Dauid,*	*die da heyst Bethlehem,*
4.	*in die stadt Davids,*	*die Bethlehem heisset,*
5,	*nach der Stadt Davids*	*mit Namen Bethlehem,*
6.	*in die Stadt der Familie Davids,*	*nach Bethlehem.*

1.	*bithiu uuanta*	*her uuas fon huse*	*inti fon hiuuiske Dauides,*
2.	*darumme das*	*her was von dem huse*	*und von dem gesinde Davidis,*
3.	*darumb, das*	*er von dem hauße*	*und geschlecht Dauid war,*
4.	*weil*	*er aus dem hause*	*und familie Davids war,*
5.	*weil*	*er aus Davids Haus*	*und Geschlecht stammte,*
6.	*Denn*	*er gehörte zur Familie*	*und zum Stamme Davids.*

1.	*thaz her giiahi saman mit Mariun*
2.	*uf daz her vorjehe mit Marien*
3.	*auff das er sich schetzen ließe mit Maria*
4.	*auf daß er sich aufschreiben ließe mit . . . Maria*
5.	*um sich daselbst mit Maria . . . eintragen zu lassen.*
6.	*Und er ließ sich in die Listen des Kaisers mit M. zusammen . . . eintragen.*

1.	*imo gimahaltero gimahhun*	*so scaffaneru.*
2.	*ime vortouwit zuo einer housvrowin*	*swangir.*
3.	*seynem vertraweten weybe,*	*die gieng schwanger.*
4.	*. . . seiner braut . . .*	*die empfangen hatte.*
5.	*. . . seinem jungen Weibe,*	*die guter Hoffnung war . . .*
6.	*. . . seiner Verlobten . . .*	*Maria aber war schwanger.*

****

Mit dem heutigen Deutsch ist natürlich kein Endzustand erreicht. Wenn auch die offizielle Standardisierung der Hochsprache die Entwicklung verlangsamt haben mag, lassen sich immer noch deutlich auf allen Ebenen der Sprache Veränderungstendenzen feststellen.

So tendiert die **Orthographie** zur Vereinfachung mancher Fremdwörter (z.B. *Frisör, Fotograf* – aber noch: *Chauffeur, Rhythmus*), zur Zusammenschreibung sekundärer Präpositionen (*aufgrund, anhand*) und zur Kleinschreibung mancher substantivisch gebrauchter Pronomen (*das gleiche, das ganze* – daneben steht das Problem der "gemäßigten Kleinschreibung" überhaupt).

In der **Aussprache** wird der Bühnenaussprache eine "gemäßigte Hochlautung" vorgezogen, z.B. ohne gedecktes Endsilben-e: */ge:bn/, /maxn/, /ze:n/* statt */ge:bεn/, /maxεn/, /ze:hεn/* (für: *geben, machen, sehen*). Zwar dringt die Hochsprache nach Süden vor, doch gibt es auch einige Gegenströmungen, z.B. */gʏnstik/* statt */gʏnstiç/* (für: *günstig*) auch im Norden.

In der **Morphologie** stellt der Schwund von Flexionsendungen die Fortsetzung einer sehr alten Entwicklungstendenz dar, vgl.:

Dativ–e:	*im Wald(e)*
Genitiv–e:	*des Geschäfts* (aber: *des Waldes*)
Genitiv–s:	*des Irak(s), des Konjunktiv(s)*
Akkusativ–n:	*den Bauer(n), niemand(en)*

In manchen Fällen schwindet das Fugen–s:

Erbschaft(s)steuer, Essen(s)zeit, Abfahrt(s)zeiten

Die schwache Konjugation nimmt zu (*glimmte, backte, kürte, melkte* statt *glomm, buk, kor, molk*), ebenso die würde-Umschreibung des Konjunktiv II, auch nach "wenn": *Wenn ich sie kennen würde* (statt: *kennte*), *würd' ich sie mal besuchen.* Schließlich geht das Futur zugunsten des Präsens zurück: *Ich bin bald fertig. – Wann gehst du nach USA?*

In der **Wortbildung** sind einige Entwicklungsprozesse schon lange abgeschlossen, z.B. bei den Verben der Rückgang der alten Suffixbildungen mit *–jan, –on, –en,* dafür aber Zunahme der Präfixe, besonders der betonten (*er–, be–* usw.; *an–, auf–, über–* usw.). Als neues produktives Suffix

wurde nur *–ieren* wichtig.
Bei den Nomen wurden einige Flexionsendungen zu Suffixen "umfunktioniert", so das Genitiv–s zu einem Adverbsuffix: *abends, anfangs, falls, eilends.* Dagegen wurden nicht eindeutige Elemente ersetzt: *Schönheit* statt *Schöne, blumig* statt *blumicht.*
Jünger ist die Tendenz zur Grammatikalisierung neuer Affixe wie *–los, –heit, –schaft, –sam*; modern dann mit Bildungen wie: *Sonderaufgabe, Schuhwerk, Riesenerfolg, Nichttänzer,* wie auch mit fremdsprachlichen Affixen wie *–ismus, Mini–, Super–, Ko–.* *(Superriesenslalom)*
Typisch für die Gegenwartssprache ist die "Univerbierung" syntaktischer Gruppen und die Mehrgliedrigkeit von Wörtern überhaupt (vgl. L 12).

Auffälliger als die morphologischen sind die **syntaktischen** Veränderungen. Zunächst werden Genitivfügungen präpositional (analytisch) oder durch den Akkusativ ersetzt:

der Freund meiner Schwester → der Freund von meiner Schwester
voller Menschen, voll Wassers → voll von Menschen, voll mit Wasser
sich seiner erinnern → sich an ihn erinnern, ihn erinnern
des Trostes bedürfen → (den) Trost brauchen

Einige Fügungen (oder ihre Zunahme) gelten als fremder Einfluß, was schwer beweisbar ist:

englisch (?): *in 1960; ich würde sagen; wo immer*
russisch (?): *im Ergebnis von . . . ; mit X an der Spitze*

Leicht beweisbar dagegen ist die Zunahme der Parataxe, wobei die Nebensätze in Form aufgeblähter Attribute und Partizipialkonstruktionen (*ausgehend von . . .*) erscheinen. Damit kongruiert die Entwicklung vom Verbal- zum Nominalstil durch:

Streckformen:	*Gebrauch machen; Frage stellen*
Funktionsverbgefüge:	*zum Stillstand kommen/bringen*
Abstrakta und Komposita:	*die Bemühungen um Unterstützung seines Kollegen bei der Arbeit*

Bei der Wortstellung hat die Ausklammerung freier Satzglieder und die Spätstellung des Reflexivpronomens zugenommen:

Sie hatte immer ein gutes Verhältnis gehabt zu mir und den anderen.
Mit allem Bewußtsein haben die Werke am geschichtlichen Stand ihrer Materialien sich zu messen. (Adorno)

Die größten Veränderungen finden sich zweifellos in der **Lexik**. Dabei ist der Verlust von veralteten Wörtern sehr viel geringer als die ständige

Wortschatzerweiterung. Unübersehbar ist die Zahl der neuen Komposita bis hin zu "Monstren" wie

Hauszinsrückzahlungsdarlehen oder gar
Hochleistungsultrakurzwellengeradeausempfänger,

aber auch der schnell veraltenden Augenblickskomposita wie *Riemer-Angriffe* oder *Katastrophenmonat*; wer kann heute noch damit etwas anfangen?

Viele Ableitungen sind Analogiebildungen zu bekannten Mustern, etwa *Verfrühung* (zu Verspätung), *Entlobung* (zu Verlobung).

An Abkürzungen sollen bis zu 90 000 gezählt worden sein.

Ein unerschöpfliches Reservoir bieten Fremdwörter, besonders aus dem Englischen. Viele mögen überflüssig sein und wieder verschwinden, aber für andere ist ein deutscher Ersatz oft schwer zu finden, man übersetze z.B. *Trend, Job, Team, T-Shirt*. Bei Lehnübersetzungen wird der fremde Einfluß oft gar nicht bewußt.

Unverkennbar ist auch eine Tendenz zur Intellektualisierung der Sprache durch Allgemeinbegriffe wie *Analyse, System, Basis, Struktur, Element, Faktor* usw. Noch deutlicher wäre hier evtl. die Bezeichnung "Tendenz zur Abstraktion oder Theoretisierung".

Schließlich gibt es auch Aufwertungstendenzen durch Bezeichnungen mit prestigehaltigen Konnotationen, z.B. für Berufe (nach OKSAAR):

Dressman, Schauwerbegestalter, Raumpflegerin, Rohproduktenhändler, Schweinezuchtgehilfe.

Als **Triebkräfte** dieser Entwicklungstendenzen wurden vor allem folgende Motivierungen ausgemacht: Ökonomie, Effizienz und Funktionalität in einer "komplexen Industriegesellschaft mit hektischem Lebensstil". (Dagegen stehen allerdings auch Redundanz und Aufblähung leerer Formen.) Dazu gehören speziell Verdeutlichung, Systematisierung und Abstraktion.

Die Einflüsse stammen aus allen gesellschaftlichen Bereichen, national und international (Fremdwörter). Neuprägungen kommen besonders aus den Fach- und Sondersprachen und werden durch die Medien verbreitet.

Viel Beachtung hat schon seit den 50er Jahren das sogenannte "sprachliche Ost-West-Problem" gefunden, besonders nach dem Bau der Berliner Mauer 1961. Eingehende Forschungen haben aber ergeben, daß sich die Unterschiede im Sprachgebrauch von Ost und West auf bestimmte Teile der Lexik (ideologische und administrative Sprache gemäß den verschiedenen Gesellschaftssystemen) und auf gewisse Textsortenkonventionen beschränken, so daß von einer allgemeinen sprachlichen "Teilung" nicht die Rede sein kann.

Bei der Sprachentwicklung **wertend** von Fortschritt oder "Dekadenz" zu sprechen, hätte wohl nur einen gewissen Sinn auf der Grundlage klarer sprachkritischer Kriterien, die zwischen kommunikativen, ethischen und ästhetischen Funktionen unterscheiden.

Aufgaben (L 33)

33.1 Nennen Sie je eine Entwicklungstendenz des heutigen Deutsch a) zur Flexion, b) zur Wortbildung, c) zur Syntax, d) zur Lexik.

33.2 Der folgende Satz stellt ein extremes Beispiel für Nominalstil dar. Versuchen Sie, ihn in Hypotaxe und Verbalstil umzuformen:

Voraussetzung einer Steigerung der Hektarerträge ist die Einführung einer geregelten Fruchtfolge unter Einschaltung von Zwischenfruchtanbau und Durchführung der Gesundkalkung.

33.3 Bilden Sie aus den angegebenen Verben und Funktionsverben sogenannte Funktionsverbgefüge (Streckformen) und bilden Sie jeweils Satzpaare nach dem Muster:

jmdn. rügen – *Sie rügt den Schwätzer.*
jmdm. eine Rüge erteilen – *Sie erteilt dem Schwätzer eine Rüge.*

jmdm. antworten	*etw. beantragen*	*jmdn. etw. fragen*
jmdn. anzeigen	*jmdm. danken*	*jmdm. etw. mitteilen*
etw. ausdrücken	*etw. entscheiden*	*jmdm. etw. vorwerfen*

aussprechen (sagen, abstatten) – bringen zu – geben (erteilen)
erstatten – machen (2x) – stellen (2x) – treffen (fällen)

33.4 Für welche Entwicklungstendenz der Gegenwartssprache steht der folgende Satz exemplarisch? – Geht das auch einfacher?

"Unter Frieden versteht man nicht nur das positive Korrelat der negativen Bewertung bestimmter Ereignisse, sondern den Strukturaufbauwert ihrer Vermeidung." (N. Luhmann)

33.5 Vergleichen Sie die 3 Zeitungstexte auf Orthographie, Morphologie, Syntax und Lexik hin. – Verständnishilfen [in Klammern].

(a) Aus der sog. Frischmann-Zeitung No. 36, Berlin 1617

Außm Haag [Den Haag]/ vom 22. Augusti.

Auß Franckreich Continuiert noch für gewiß [wird weiter gemeldet]/ das zu Paris wieder 3. vornehme Jesuiterische Schüler/ so den König vmbbringen wollen/ eingezogen [festgenommen] worden. Vnd machet man zu Hofe große präparation, den Jungen Printzen von Spania zu empfahen/ welcher in kurtzen daselbst ankommen/ vnd von dannen nach Brüssel verreisen solle.

Diese Tage/ haben die Herrn Generall Staaden [die Niederlande]/ einen Frießländischen vom Adel/ zum Newen Residenten nach Lübeck verordnet [bestimmt]/ vnnd dahin abgefertiget [mit der Botschaft betraut]: Dagegen [im Austausch] solle ehist [möglichst bald]/ auch ein anderer von den Unirten Hanse Städten/ allhier zu residieren, ankommen. . . .

(b) Aus der Berlinischen Privilegierten Zeitung, 1739

Petersburg, vom 3. Julii.

Der Herr Baron von Brackel, Gesandter unserer Kayserin am Hofe zu Wien, ist von dannen rappelliret [abberufen] worden, und man sagt, er solle wieder in seiner vorigen Qualität [Eigenschaft, Amt] nach Berlin gehen.

Die Vollziehung des Beylagers [Heirat] Ihro Hoheit, der Prinzessin Anna von Mecklenburg, mit dem Durchlauchtigsten Printzen Anton Ulrich von Braunschweig, dürfte vermutlich noch einige Zeit ausgesetzt bleiben, wovon die Ursache, wie verlautet, die Priesterliche Einsegnung [Trauung] ist, ob nehmlich selbige nach denen Gebräuchen der Russischen- oder der Evangelischen-Lutherischen Kirche geschehen solle.

(c) Aus dem Hamburger Abendblatt, 2. 4. 1982

Rock-Star Van Morrison: Der alte Schwung ist hin.

Wenn ein Alt-Star der Pop-Musik ein Konzert gibt, kann er manchmal ganz schön in Konflikt mit der Legende geraten, die er sich in seinen großen Zeiten erarbeitet hat. Beispiel: Der Abend mit Van Morrison im CCH [Congress Centrum Hamburg]. Hier geht es gar nicht um die an Publikumsverachtung grenzende Arroganz des Meisters – das ist seine Masche und jedem seiner Fans bekannt. Auch daß bei vielen seiner Lieder der alte Drive ausblieb und mehr die Erinnerung an bessere Tage als die Leistung des Abends beklatscht wurde, kann durchaus seine Berechtigung haben in Anbetracht der herausragenden Stellung von Morrisons Entwicklung eines Musikstils, der Folk- und Blues-Elementen ihren festen Platz in der Rock-Musik gesichert hat. . . .

33.6 Vergleichen Sie die beiden folgenden Zeitungstexte auf Syntax und Lexik hin. – Sehen Sie Gemeinsamkeiten?

(a) Aus dem Telegraph, 20. July 1807

Se. Majestät der Kaiser von Frankreich, König von Italien, Beschützer des Rheinbundes, und Se. Majestät der König von Preussen, beseelt von gleichem Verlangen den Verheerungen des Krieges ein Ende zu setzen, haben zu diesem Zwecke zu Ihren Bevollmächtigten ernannt, nämlich:
Se. Majestät der Kaiser der Franzosen, König von Italien, Beschützer des Rheinbundes, den Hrn. Karl Moriz Talleyrand, Fürsten von Benevent, Ihren Großkämmerer und Minister der auswärtigen Verhältnisse, Großkreuz der Ehren-Legion, Ritter des Preussischen schwarzen und rothen Adler- und des St.Huberts-Ordens;
Und Se. Majestät der König von Preussen den Hrn. Feldmarschall Grafen von Kalckreuth, Ritter des Preussischen schwarzen und rothen Adler-Ordens und den Hrn. Grafen von Goltz, Ihren geheimen Rath, ausserordentlichen Gesandten und bevollmächtigten Minister bei Sr. Majestät dem Kaiser aller Reussen, Ritter des Preussischen rothen Adler-Ordens; . . .

(b) Aus dem Neuen Deutschland, 24. 3. 1982

Berlin (ADN). Auf Einladung des Generalsekretärs des Zentralkomitees der SED und Vorsitzenden des Staatsrates der Deutschen Demokratischen Republik, Erich Honecker, wird eine Partei- und Staatsdelegation der Volksrepublik Polen unter Leitung des Ersten Sekretärs des Zentralkomitees der Polnischen Vereinigten Arbeiterpartei, des Vorsitzenden des Ministerrates der Volksrepublik Polen und Vorsitzenden des Militärrates für die Nationale Rettung, Armeegeneral Wojciech Jaruzelski, Ende März der Deutschen Demokratischen Republik einen offiziellen Freundschaftsbesuch abstatten.

• Zu guter Letzt keine Aufgabe, sondern zwei Zitate zur Sprachkritik: •

"Seit einiger Zeit sind uns plötzlich die Augen darüber aufgegangen, daß sich unsre Sprache in einem Zustande der Verwilderung befindet. . . .
Unsre heutige Sprache . . . erscheint geradezu wie verkommen und verrottet."
(G. Wustmann, 1891, S. 3 u. 5)

"Jede Zeit sagt, daß derzeit die Sprache so gefährdet und von Zersetzung bedroht sei wie nie zuvor. In unserer Zeit aber ist die Sprache tatsächlich so gefährdet und von Zersetzung bedroht wie nie zuvor."
(H. Weigel, 1974, S. 7)

****

AUSBLICK

Die zehn Kapitel dieses Lehrbuchs bieten einen relativ breiten Überblick über die germanistische Linguistik. Aber es ist kein Handbuch. Von Vollständigkeit ist es weit entfernt; sie war auch nicht angestrebt.
Hier werden nur einige **Anregungen für die Weiterarbeit** gegeben – vor allem auf den nicht näher behandelten Gebieten sowie für den Fall, daß nur noch ein Linguistik-Seminar zur Verfügung steht.

Zentrale Gebiete der **Psycholinguistik** wurden schon anfangs erwähnt: die Erforschung des Spracherwerbs, der in verschiedenen Stadien abläuft und über den kontroverse Theorien aufgestellt worden sind, vor allem über das Verhältnis von Denken und Sprechen; sowie die Patholinguistik und die Entwicklung von Sprachtherapien.
Grundlage für beide sind die "Sprachbiologie" und Neurolinguistik, die die biologischen Grundlagen der Sprache und die Funktionsweise des Gehirns beim Sprechen, Hören, Schreiben, Lesen und Lernen erforschen. Eine wichtige Rolle spielt dabei die "Lateralisation" des Gehirns (seine Trennung in zwei Hemisphären/Hälften). Sprachbiologie und Verhaltensforschung beschäftigen sich auch mit dem Vergleich von menschlicher und tierischer Kommunikation, die besonders eingehend bei Bienen, Vögeln, Delphinen und Menschenaffen untersucht worden ist.

Auch auf die Hauptgebiete der **Angewandten Linguistik** – Sprachdidaktik, Fremdsprachen und Computerlinguistik – ist anfangs hingewiesen worden. Dazu gehört auch die kontrastive Linguistik, die nicht nur Sprachen typologisiert und vergleicht, sondern auch den konkreten Sprachkontakt regional und individuell (Bilingualismus/Zweisprachigkeit) untersucht.

Die Philosophie dieses Jahrhunderts ist großenteils **Sprachphilosophie,** sei es auf der Grundlage der formalen Logik oder der Pragmatik. Einen vieldiskutierten Komplex stellen aber auch die Beziehungen zwischen Sprache, Denken und Wirklichkeit dar, die neben dem ethno- und psycholinguistischen Aspekt auch einen philosophischen (erkenntistheoretischen) besitzen.

Schließlich bedürfen natürlich auch die im Lehrbuch behandelten Gebiete der Vertiefung und Ergänzung. So sollte parallel dazu noch eingehender die Geschichte der Linguistik studiert werden. Die Kapitel zur Sprachstruktur können punktuell vertieft werden, z.B. zu anderen Syntax- und Semantiktheorien und zur Idiomatik.
Die übrigen Gebiete sind so groß, daß sie Themen jeweils selbständiger Seminare sein können. Dabei müßten Pragma-, Text- und Soziolinguistik durch die Bereiche Gesprochene Sprache, Gesprächsanalyse, Argumentation, Rhetorik, Stilistik und Linguistische Poetik ergänzt werden, ferner durch eine Beschäftigung mit dem Komplex Sprachnorm/Sprachkritik sowie mit den Phänomenen der Linguas Francas (wie Pidgin-English) und der künstlichen oder Welthilfssprachen (wie Esperanto).

Wenn für die Linguistik nur ein einziges **weiteres Seminar** zur Verfügung steht, empfiehlt sich nach meiner Erfahrung besonders die Textanalyse (und Gesprächsanalyse). Dabei sollte auf der Grundlage der Texttheorie eine Reihe von Einzelproblemen und -strukturen behandelt werden wie z.B. die Textintention und Textkohärenz, Sprechakte und Textsorten, Informations- und Argumentationsstruktur, Gesprochene Sprache und Dialog, Stilistik und Rhetorik sowie die Verstehenstheorie, so daß die Teilnehmer/innen am Ende in der Lage sind, einen beliebigen einfachen (vorzugsweise gebrauchssprachlichen) Text nach möglichst vielen Seiten hin linguistisch zu analysieren.

Die wissenschaftliche Arbeit während des Studiums besteht, meine ich, nur zum Teil aus dem Lernen aus Lehrbüchern und im Unterricht. Die Lehrbücher weisen auf die originalen Quellen, und der Unterricht muß durch eigene Forschung – und sei sie auch noch so bescheiden – ergänzt werden. Dazu soll dieses Buch anregen.

****

DIDAKTISCHE HINWEISE und LÖSUNGSVORSCHLÄGE

Lektion 1

Die erste Sitzung stellt natürlich einen Sonderfall dar, da die Kursteilnehmer erstmals zusammentreffen und unvorbereitet sind. Zum **gegenseitigen Kennenlernen** kann die Gelegenheit benutzt werden, die Textsorte "Lebenslauf" zu üben: zunächst mündlich bei der Vorstellung und evtl. schriftlich als zusätzliche Hausaufgabe.
Was die **Vorkenntnisse** betrifft, können die Teilnehmer zusammentragen, an welcher Stelle in ihrer bisherigen Ausbildung sie schon mit Linguistik in Berührung gekommen sind. Bei der systematischen Übersicht in L 3 kann darauf zurückgegriffen werden.
Für den **Einstieg** ist ein Gespräch über das Vorgehen unter funktionalem Aspekt geradezu vorgezeichnet.
Der Abschnitt **Wissenschaft** kann ausnahmsweise gemeinsam gelesen werden, um einmal das Textverständnis zu beobachten und Fragen zu beantworten. Dabei können Beispiele gesammelt werden

- ▷ für Wissenschaftsmethoden, z.B. physikalische Experimente, Statistiken, Literaturinterpretation;
- ▷ für die Auffächerung der Wissenschaften sowie für moderne übergreifende Wissenschaftstheorien wie Materialismus und Strukturalismus;
- ▷ für die Verantwortung des Wissenschaftlers, vgl. die Anregung einer Diskussion; die Kenntnis der genannten Theaterstücke wäre ideal, kann aber nicht vorausgesetzt werden. Es gibt jedoch genügend Beispiele aus anderen Gebieten, z.B. aus der Genbiologie, der Geschichtsschreibung, aus linguistischen Gutachten, psychologischen Tests usw. Es kommt nur auf die Diskussion des ethischen Problems an, wie sich Wissenschaftler entscheiden sollen, wenn ihr Erkenntnisanspruch mit humanitären Geboten kollidiert.

Zu den Aufgaben

1.1 seit etwa 1970 / Mediävistik und Literaturwissenschaft

1.2 a) 1) *Realität,* 2) *Experiment,* 3) *rational,* 4) *Methode,* 5) *Tradition,* 6) *Basis,* 7) *Resultat,* 8) *Individuum,* 9) *Argumentation*

b) 1) *Unterrichtslehre,* 2) *wirksam,* 3) *Zeichensetzung,* 4) *Erkennung der Krankheit,* 5) *Heilverfahren,* 6) *geistig,* 7) *folgerichtig,* 8) *Berichtigung,* 9) *verzeichnen*

1.3 In Listen oder auf Karteikarten. Letztere sind vorzuziehen, denn sie können später gesammelt und alphabetisch geordnet werden, so daß sie ein kleines terminologisches Wörterbuch ergeben (vgl. Literaturverzeichnis 3). – Ideal wäre die Anordnung: Terminus – deutsche Erklärung - muttersprachliches Fachwort (– evtl. engl. Terminus).

1.4 a) exakt (empirisch) – b) intersubjektiv überprüfbar

1.5 Weil sie zwar wertvolle Erfahrungen überliefern, durch den ständigen Wandel der Gesellschaft aber manchmal wertlos oder ein Hindernis für den Fortschritt werden.

1.6 Beide Aussagen treffen zu.

1.7 Reflex auf die Diskussionsanregung im Unterricht – mit dem Ziel, die Schreibfähigkeit und Darstellung in eigenen Worten zu üben.

****

Lektion 2

Die Lektionen 2 und 3 behandeln *ein* Thema und sind nur aus quantitativen Gründen getrennt. Sie stellen in gewissem Sinne eine grobe Vorausschau dar. Wo die nötigen Vorkenntnisse noch fehlen, können Details einfach übergangen werden.
Die Teilnehmer/innen können daraufhin angesprochen werden, wo ihnen selbst schon in ihrem Leben Probleme mit der Sprache begegnet sind.
Zur **Fehlerkorrektur** des Kurzaufsatzes:

Die 38 Fehler lassen sich auf wenige Prinzipien zurückführen:
14 Großschreibungen (darunter 9 Verben), 1 Kleinschreibung eines substantivierten Verbs, 12 "phonetische" Schreibungen (also nach der Aussprache), 5 Dehnungs-Fehler (*h, ie*), 4 Einfachschreibungen von Doppelkonsonanten, 2 Auslassungen von *(n)g*

Zum Fremdspracherwerb und Übersetzen bieten sich Gespräche über Erfahrungen mit verschiedenen didaktischen Methoden, Interferenz-Erscheinungen und mit der Computerisierung auf sprachlichem Gebiet an, falls diese Themen nicht späteren Referaten vorbehalten bleiben sollen.

Zu den Aufgaben

2.1 a) Die Mutter kennt sowohl die Situation als auch ihr Kind.

b) Auffällig ist wieder neben der Zweiteiligkeit der Vorrang der Substantive und das Fehlen von Strukturwörtern (obwohl diese in der Erwachsenensprache gerade am häufigsten sind).
Um Regeln der Wortartkombination aufstellen zu können, müßte mehr Material vorliegen; hier treten SS, SV und VS auf. Immerhin entspricht die Wortstellung SV oder VS schon der SPO-Regel.

c) Das Reifestadium des Gehirns, eine universale Bedingung.

2.2 Gemäß 2.1c müßten sie universal sein.

2.3 In den verschiedenen Altersstufen und damit Entwicklungsstadien des Gehirns. Der Internalisierungsprozeß verläuft bis zur Pubertät weniger bewußt, sozusagen automatisch, spielerisch und damit ungleich effektiver ab als später.

2.4 Z.B. die körperliche, emotionale und geistig-sprachliche Vernachlässigung von Kindern (zu wenig Anregung, Belohnung), gestörte Familienverhältnisse u. dgl.

2.5 Interpunktion: *"Der Hauptmann von Köpenick"* (Z.2), *14. Szene* (3)
Orthographie: *Der Hauptmann* (2), *namens* (3), *Argumente* (9)
Morphologie: *in dem Drama* (1), *in einer Tabelle* (5), *ihm* (12)
Valenz: *verhält sich mit dieser Aussage* (8; oder etwa: *H.s Aussage verrät eine ... Einstellung*), *weil Voigt ja nicht* (10; also ohne "*es*")
Konjunktion: *geht es darum, daß sich* (4)
Logik: *überzeugend* (7; oder: *überzeugender als die von H.*)
Stil (Wdhlg.): *weil er ja nicht* (10; statt: *Voigt*)

2.6 a) Flüchtigkeit: *unterstützt* (Z.3)
Interpunktion: *unterstützt hat, oder* (3); *indem er sagen würde, ob* (7); *gut ist, einen ... Krieg anzufangen* (8)
Valenz: *Verantwortung ... für die ... Folgen* (5)

b) 1. "ob" leitet einen indirekten Fragesatz ein und steht nach einem Wort des Fragens, der Ungewißheit usw., z.B.
liegt in der Frage, ob (1); *indem er sich fragen würde, ob* (7)
2. "sogar" wirkt verstärkend, hier liegt aber ein Gegensatz vor, also etwa: *oder ob er es dagegen (sogar) behindert hat* (3)

3. Vielleicht ist der Konditional gemeint: *"Er wäre sich seiner Verantwortung bewußt, wenn er sich fragen würde."* Evtl. liegt aber auch ein allgemeiner indirekter englischer Einfluß vor: I`d say = I mean --> Ich würde sagen = ich meine.

4. Der obwohl-Satz gehört nicht zum ob-, sondern zum indem-Satz

c) Hier hilft nur eine individuelle Besprechung mit dem betreffenden Schüler, z.B. muß der Lehrer erst wissen, was mit dem Konjunktiv (vgl. b3) gemeint ist.

2.7 Durchaus nicht. Manche Sprachen besitzen eine eher historische (traditionelle, "etymologische") Orthographie wie z.B. Englisch und Französisch, aber z.T. auch Deutsch, wo das Schriftbild von der Aussprache inzwischen oft stark abweicht. Bei anderen kommt die Orthographie einer phonetischen Transkription erstaunlich nahe, z.B. bei Indonesisch, Tschechisch und Spanisch. Sie ist auch für den Muttersprachler sicher einfacher. – Interessant wäre ein Vergleich mit orthographischen Fehlern bei chinesischen Schriftzeichen.

****

Lektion 3

Zur Schichtensprache wären natürlich zusätzliche Angaben über soziologische Begriffe und Modelle sowie über gängige Einteilungskriterien nötig. – vgl. dazu das Kapitel "Soziolinguistik".

Beim syntaktischen Textvergleich kann auch die für die deutsche Wortstellung typische Klammerbildung durch den Verbalkomplex (*wurde . . . vorgeführt*) und erweiterte Attribute graphisch veranschaulicht werden:

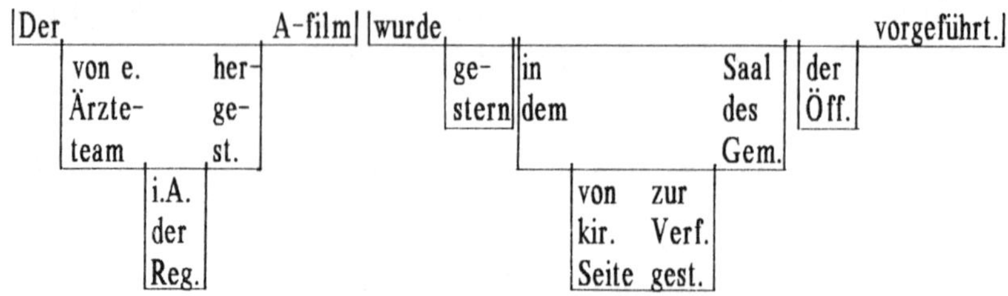

Zur Frage, wie Verständlichkeit untersucht werden kann, können die Teilnehmer kurz ein kleines Programm für ein psycholinguistisches Experiment mit Kontrollgruppen und Typen von Fragen zur Verständnisprüfung entwerfen.

Die Fragen zum Werbetext exakt zu beantworten, ist problematischer:

1. Die alltagssprachliche Form ist vertraut, kann viele ansprechen und schnell Kontakt schaffen, während die Fachsprache expertenhaft und technisch zuverlässig klingt und dem Laien schmeicheln könnte.
2. Die neuen Fremdwörter bringen das Prestige amerikanischer Technik ein und können äußerste Modernität suggerieren.
3. Natürlich liegt eine Aufforderung zugrunde. Die Form der Beschreibung ist aber weniger aufdringlich, klingt seriöser. Obwohl Vorstellungen und Wünsche geweckt werden, bleibt dem Leser das Gefühl selbständiger Entscheidung.

Zur Systematik der Linguistik können einzelne Disziplinen bei Bedarf noch näher erläutert werden. Ihre Aufzählung soll den Teilnehmern helfen, Interessengebiete für spätere Referate auszuwählen, um diese schon frühzeitig mit entsprechender Literatur vorbereiten zu können.

Zu den Aufgaben

3.1 Die Begriffe *Umgangssprache* und *Sprache der Unterschicht* können hier noch nicht als geklärt vorausgesetzt werden. Trotzdem lassen sich vielleicht schon einige Merkmale folgendermaßen zuordnen:

umgangssprachlich:	unvollständige Sätze, Satzbruch, *'n*
Untersch.-sprache:	Wiederholungen, *nu*, zustimmungsheischendes *nicht?* (*ne?*)
für beide:	kurze Sätze, viele Modalpartikeln

3.2 Zum Beispiel:

"Es kommt immer darauf an, was für eine Arbeit man hat bzw. wo man beschäftigt ist. Wir arbeiten jetzt "im Zement", müssen Lastwagen abladen, überladen, also volladen, wieder abladen usw. Aufgeladen wird mit zwei Mann, einer fährt die Karre. Das ist übrigens ein Großhandelsbetrieb. Da die Wagen (aus Kostengründen) im Hafen sofort wieder beladen werden müssen, muß alles möglichst schnell gehen. Da kann man nicht einfach sagen: "Nun setz ich mich hin und rauch erst mal eine." Da muß man schon hart anpacken, nicht wahr? . . ."

3.3 (Bei der Besprechung dieser Aufgabe kann nochmals das Problem von Schulerfolg und Chancen(un)gleichheit durch Dia- und Soziolekte angesprochen werden, besonders im Hinblick auf das Soziogramm der Lerngruppe.)

3.4 a) *Das Leben eines Fußballspielers, der bei einem Autounfall am 18. März letzten Jahres schwer verletzt worden war, konnte nicht mehr gerettet werden, obwohl sofort alle ärztliche Hilfe eingesetzt wurde.*

b) *Bei einem Autounfall wurde ein Fußballspieler schwer verletzt. Das geschah am 18. März letzten Jahres. Sofort wurde ärztliche Hilfe eingesetzt. Aber sein Leben konnte nicht mehr gerettet werden.*

c) *(Zum Beispiel:) Bei einem Autounfall am 18. März letzten Jahres wurde ein Fußballspieler schwer verletzt. Zwar wurde sofort ärztliche Hilfe eingesetzt, doch konnte sein Leben nicht mehr gerettet werden.*

3.5 Bei den Satzarten rangieren deutlich Konstativsätze ("Aussagesätze") vor Interrogativsätzen (meist rhetorischen "Fragesätzen") und höflichen Imperativsätzen ("Befehlssätzen").

3.6 Zum Beispiel:

a) *Könnten Sie (bitte/vielleicht) etwas leiser sprechen?* (Aufforderung/Bitte in Form einer Frage) – Hierzu gehören auch Formeln wie *Wie geht's?*, *How do you do?* oder in China *Haben Sie schon gegessen?*, die reine Grußfunktion haben und kaum eine Antwort erheischen.

b) *"Wer die Welt kennt, kennt Tuborg."* (Aufforderung zum Konsum in Form einer Behauptung – T. ist eine Biermarke)

****

Lektion 4

Die Behandlung des Abschnitts **Sprachsystem und Sprachverwendung** ist fakultativ. Wichtig ist immerhin, die Relativität der Geltung von Definitionen und die Bedeutungsverschiebung bei wissenschaftlichen Termini festzuhalten.

Als weitere bekannte Dichotomien SAUSSUREs neben *langue* und *parole* gelten:

Synchronie	und	*Diachronie,*
redundant	und	*relevant,*
syntagmatisch	und	*paradigmatisch,*
deskriptiv	und	*präskriptiv.*

Zur angeregten Diskussion:
Ein eng gefaßter Wissenschaftsbegriff erlaubt intensive Spezialisierung und ist überschaubar, andererseits verstellt er den Blick auf die komplexe Verflechtung vieler Bereiche und verhindert durch Isolierung die Betrachtung aus verschiedenen Blickwinkeln. (Schlagwort "Fachidiot")
Umgekehrt gilt entsprechend: weiter Überblick, aber Gefahr der Oberflächlichkeit. (Schlagwort "Dilettantismus")
Z.B. kann man als "Literatur" entweder nur Poesie/Fiktion/Belletristik oder aber jede Art von Text betrachten und untersuchen.

Zu den Aufgaben

4.1 a) Die Sprache ist ein Kommunikationsmittel (ein Mittel zur Verständigung / eine Form sozialen Handelns).
b) Die Sprache ist ein Zeichensystem.
c) Die Sprache ist Zeichensystem und Kommunikationsmittel.

4.2 a) (Oberbegriff +) Funktion
b) Bestandteile
c) Form
d) Oberbegriff
e) ist keine Definition
f) Funktion
g) Oberbegriff

4.3 etwa: Form: 6 – 9, 14, 15
Teile: 3 – 5, (6 – 9)
Funktion: 1, (2), 10, 11, 13
Oberbegriff: 2, 12, 14, 15

4.4 – – – –

4.5 Oberbegr.: *sprachliche Einheit*
Form: *regelhaft gestaltet*
Teile: *aus Subjekt und Prädikat*
Funktion: *zum Ausdruck des Gedankens*

4.6 zum Beispiel:
Ein *Tisch* ist ein Möbelstück, das aus einer Platte und Beinen besteht und zum Arbeiten, Essen usw. dient.
Ein *Parlament* ist die Volksvertretung eines Landes; es besteht aus den gewählten Abgeordneten in einer oder zwei Kammern und stellt die gesetzgebende Gewalt (Legislative) dar.

4.7 a) zu *langage*, b) zu *langue*, c) zu *parole*

****

Lektion 5

Die zweifache Definition von *Sprache* als Kommunikationsmittel und als Zeichensystem eröffnet die Lektionen 5 und 6.

Der **Kommunikationsbegriff** kann zwar auf die Physik (kommunizierende Röhren) oder zumindest auf die Biologie (Informationsübermittlung bei Organismen) ausgedehnt werden, hier aber ist er auf bewußte Verständigung beschränkt.

Die Eigenschaften von **Modellen** und Plänen (Verkleinerung, Vergrößerung, Schematisierung, Abstraktion) können am Beispiel von technischen Modellen, Landkarten, Bau- und Fahrplänen usw. gezeigt werden (vgl. Aufgabe 5.1).

Um den Begriff der **Intention** und seine Bestandteile zu erläutern, ist evtl. eine zusätzliche Skizze zum Textbeispiel nötig, etwa:

INTENTION				
Motiv (warum)	Aufforderung	Erklärung	Begründung	...
Thema (was)	(die LPO)	ihre Abwesen.	sein Wunsch	...
Form (wie)	Wort (ellipt.)	Satz 1	Satz 2	...

Unbewußte bzw. unbeabsichtigte Signale wie Erröten vor Verlegenheit sind von den paralinguistischen Begleitphänomenen zu trennen. Allerdings sind auch Gestik und Mimik zum großen Teil unbewußt.

Das Kommunikationsmodell in diesem Buch kann als Übung oder zusätzliche Aufgabe mit denen in anderen Einführungsbüchern verglichen werden, z.B. mit Bühler Kap. 2, Bünting 1.2.2.12, Funkkolleg Sprache I 2-6, Hennig/Huth S. 86 u. 111 u. a. (s. Literaturverzeichnis).

Zu den Aufgaben

5.1 Ein Bus-Fahrplan enthält die Elemente: Linien-Nr., Haltestellen und Abfahrtzeiten. Er stellt damit schematisch die räumlich-zeitlichen Bewegungsvorgänge dar, abstrahiert aber von allen anderen hier irrelevanten Einzelheiten wie Alter der Busse, Zahl der Kurven usw.

5.2 z.B.:

Monolog:	S → T
Auftrag:	S → T → H
Ansprache:	S → T → H, H, H ...
Interview:	S ⇄ T ⇄ H
Diskussion:	... S, S, S ⇄ T ⇄ H, H, H ...

5.3 Der Lehrer *droht* dem Schüler in der Form des *Versprechens* (ironisch-sarkastische Redeweise). – Der Deutsche *schmeichelt* dem Ausländer in der Form eines ungerechtfertigten *Lobs* (aus Höflichkeit, weshalb es nicht als Ironie verstanden wird).

5.4 Natürlich gibt es auch in der Naturwissenschaft Bereiche mit enormen Schwierigkeiten, z.B. mikro- und makrokosmische.
Aber kommunikationswissenschaftliche Experimente enthalten immer den Faktor "Mensch" mit seinem Willen und seiner Intelligenz. Geistig-psychische Strukturen sind aber direkter Beobachtung kaum zugänglich, noch sind sie berechenbar. – Informationstheoretisch behilft man sich oft eines "black-box-Modells", wo nur Ein- und Ausgabebedingungen beobachtet werden, die inneren Vorgänge aber zunächst unberücksichtigt bleiben. – Auch die Konstanthaltung der Versuchssituation ist erheblich erschwert.

****

Lektion 6

Am günstigsten scheint mir, mit den **Zeichenklassen** zu beginnen. Die Unterscheidung zwischen objektähnlichen (Icone) und nichtähnlichen Zeichen (Indices, Symbole) sowie der Appellcharakter der Indices werden in den entsprechenden Aufgaben zur Genüge deutlich. Die Teilnehmer können auch beliebige Abzeichen, Aufkleber, Schilder, sogar Münzen, Briefmarken und Fahrkarten mitbringen, um Zeichenklassen (oder Non-Zeichen) zu bestimmen. Die Tafel bietet ein weiteres Betätigungsfeld, um Zeichen zu zeichnen(!).

Das eigentliche Thema läßt sich durch ein **Gesamtmodell** veranschaulichen, daß progressiv (schrittweise) entwickelt werden kann: Am Anfang steht das Zeichen **Z** mit seiner Binnenstruktur (Bedeutung und Lautkörper, Semantik) und dem Bezug auf das Objekt **O** (Sigmatik, Referenz, Darstellung). Dann werden weitere **Z** hinzugefügt (Relation Syntaktik, Konnexion) sowie **S** und **H** (Pragmatik, Ausdruck/Appell, Konsequenz). Auf diese Weise lassen sich die entsprechenden Termini und Symbole von BÜHLER, MORRIS, KLAUS und KALLMEYER anschaulich vereinen und einander zuordnen.

Wichtig ist eine klare Unterscheidung der ähnlichen Begriffe *Syntaktik, Syntax, Syntagma, syntaktisch, syntagmatisch.*

Der Charakter der **Semiotik als Oberbegriff der Linguistik** läßt sich an Beispielen aus der Semiotik von Kunst, Film, Mode usw. zeigen.
Als zusätzliche Hausaufgabe kann ein kurzer **Aufsatz** über das Thema «Warum ist die Sprache das leistungsfähigste Kommunikationsmittel?» geschrieben werden. – (Die Frage bezieht sich vor allem auf die Eigenschaften der Sprache, durch ihr komplexes Symbol- und Regelsystem die Wirklichkeit und das Denken, alle konkreten wie abstrakten, geistigen Bereiche exakter, differenzierter und ökonomischer darstellen zu können als andere Kommunikationsmittel.)

Zu den Aufgaben

6.1 SAUSSUREs Ausdrücken *signifiant, signifié, chose* entsprechen bei OGDEN/RICHARDS *form, meaning, referent.* Hier besteht also anstatt der pauschalen Beziehung *Zeichen – Objekt* eine spezielle Beziehung *Bedeutung – Objekt.*
Die gestrichelte Linie deutet aber an, daß über die Bedeutung auch der Lautkörper *(form)* eine, wenn auch nur mittelbare, Beziehung zum Referenten gewinnt.

6.2 $Z_1 \xleftrightarrow{\text{SYNTAKTIK}} Z_2$ $Z \xleftrightarrow{\text{SIGMATIK}}$ Objekt
Z.form $\xleftrightarrow{\text{SEMANTIK}}$ Z.bed. $Z \xleftrightarrow{\text{PRAGMATIK}}$ Z.benutzer

6.3 Iconische Zeichen haben Ähnlichkeit mit dem Objekt ("bilden ab"). Symbole haben keine solche Ähnlichkeit, sind "arbiträr" (beliebig).

6.4 (a) Symbol, (b) Icon als Symbol, (c) Index mit Icon, (d) Icon als Symbol, (e) Index mit Icon, (f) Symbol.

6.5 Hier ist der Phantasie keine Grenze gesetzt.

6.6 von Iconen zu Symbolen (von Piktogrammen zu Ideogrammen)

6.7 (a) Baum, (b) Wald, (c) Schirm, (d) Mund, (e) Tür, (f) Berg

6.8 Zeichen: (a) individuell verabredet,
(b) und (e) Konventionen
Anzeichen: (c) und (d)

6.9 Buchstaben sind Symbole für Laute. Allerdings sind sie nicht immer eindeutig, vgl. die Aussprachemöglichkeiten von *h, c, ch, s, e,* usw.

****

Lektion 7

Zur Vorführung der Grundoperation **Segmentierung** ist jeder beliebige kurze Text geeignet. Während Absätze, Sätze, Wörter und Buchstaben praktisch graphisch vorgegeben sind und Silben und Laute spontan analysiert werden können, sind für die Analyse von Satzgliedern, Morphemen und Phonemen spezielle Methoden nötig.
Zur Demonstration der **akustischen Phonetik** eignen sich Abbildungen von Sonagrammen (z.B. in BÜHLER S.54 und 57). Der Umgang mit der **Lautschrift** erfordert allerdings einige Übung.
Für alle phonetischen Beispiele ist ein klares Aussprechen ohne Inhibitionen Voraussetzung. Dabei sollen die Laute möglichst rein, d.h. nicht als Buchstaben-Namen gesprochen werden, also nicht "be:", "eff", "jot", sondern "b", "f", "j".
Die Phonologie ist für **kontrastive** Betrachtungen besonders geeignet, deshalb sollte ein muttersprachliches Phonetik-Buch bereitstehen (Informanten sind erfahrungsgemäß in der Theorie keine Autoritäten).

Zu den Aufgaben

7.1 Die Artikulation kann weitgehend ohne aufwendige technische Apparate erforscht werden, und ihre Anatomie ist sehr viel leichter zugänglich als die auditive.

7.2 Normalschrift: a) *"Wir improvisieren streng nach Weisung."*
b) *"Wahnsinn ohne Methode ist verboten."*
c) *"Die Stärke der Millionen beruht in den Nullen."*

7.3 (ohne Aspiration) "di: ʃpʀɑ:xə ɪst de:m mɛnʃən gəge:bən, ʊm zaɪnə gədaŋkən tsu: fɛʀbɛʀgən."

7.4 h – stimmloser glottaler Reibelaut
pf – stimmlose labio-dentale Affrikata
ç – stimmloser palataler Reibelaut
ʃ – stimmloser alveolarer Reibelaut
d – stimmhafter dentaler Verschlußlaut
x – stimmloser velarer Reibelaut
p' – stimmloser bilabialer Verschlußlaut

7.5 (a) l (nicht labial) oder p (nicht stimmhaft) (b) r (nicht nasal)
(c) ɑ: (ungerundet) oder ø: (Zunge vorn) (d) h (stimmlos)

7.6 (a)	ɑ:	a	ɛ	e:	ɔ	o:	u:	ʊ
(b)	k	tʃ	k	ʃ	tʃ	k	k(ʊ)	
(c)	g	ʒ	g	j	dʒ	ʒ	x	
(d)	z	s	s	s	s	ʃ	ɛ(s)	
(e)	s	ʃ	ʃ	ʃ	t	tʃ		
(f)	f	p	pf	ʀ	v	f	w	
(g)	k(s)	ɹ(ks)	j	ʏ	ts	z		

7.7 æ – offener als ɛ:, also zwischen ɛ: und a
ə: (œ:) – unter ə bzw. œ (eher ungerundet)
ʊ: – über ʊ (lang, aber ungerundet)
eɪ – über aɪ } (Diphthonge können je nach An- oder
əʊ (oʊ) – über aʊ } Auslaut verschieden geordnet werden)
w – bilabialer stimmhafter Reibelaut
θ / ð – (inter)dentaler stimmloser / stimmhafter Reibelaut
ɹ – alveolarer stimmhafter Lateral
dʒ – alveolare stimmhafte Affrikata

****

Lektion 8

Der Schwerpunkt dieser Lektion liegt in der Demonstration der **strukturalistischen Methode**, der funktional-relationalen Betrachtung im Unterschied zur naturwissenschaftlichen Phonetik. So sind Lautinventare je nach Feinheit der Differenzierung praktisch unbegrenzt, Phoneminventare dagegen fest und überschaubar und in allen Sprachen nach der Zahl der Phoneme erstaunlich gleich groß, sozusagen ein anthropologisches Universale.

Bei den Aufgaben 8.8 bis 8.10 kann auf die **Euphonie** (den "Wohlklang") als Ursache für phonologische Regeln hingewiesen werden.

Interessanter als Konsonantencluster zu betrachten ist vielleicht, sich an einigen "**Zungenbrechern**" zu üben wie: "Fischers Fritz fischt in der Morgenfrische frische Fische." oder "Blaukraut bleibt Blaukraut, und Brautkleid bleibt Brautkleid" u. dgl.

Aufschlußreich ist die Beobachtung, daß beim **Spracherwerb** die Phoneme in bestimmter Reihenfolge gelernt werden, z.B. a vor i vor u, labiale (mama, baba, papa) vor dentalen vor gutturalen, Explosive vor Spiranten und Affrikaten.

Zusätzlich zur Hausaufgabe: Wiederholung der Kapitel 1–3 für einen kurzen **Test** (ca. 45 Minuten), der vor allem zeigen soll, wie erfolgreich die Unterrichtsmethode bisher war. (s. unten "Prüfungen")

Zu den Aufgaben

8.1 Die Phonetik ist eine Naturwissenschaft und erforscht die lautliche Seite der Sprache vom materiellen Aspekt her. – Die Phonemik ist eine linguist. Disziplin (Geisteswissenschaft) und erforscht die lautliche Seite der Sprache vom funktionellen (strukturellen) Aspekt her.

8.2 durch die Austauschprobe (den Kommutationstest)

8.3 aus 15 Phonemen: /ʃveːfəlkoːlənʃtɔf/

8.4 (a) *Schabe – schiebe, schreibe – schriebe, schriebe – schiebe (Ø)*
(b) *Kegel – Kugel, Kegel – Regel, kregel – Kegel, Regel (Ø)*

8.5 z. B.:

/k/–/g/:	*kalt*	– *galt*	*Laken*	– *lagen*
/m/–/n/:	*Mord*	– *Nord*	*ahmen*	– *ahnen*
/f/–/v/:	*fand*	– *Wand*	?	
/p/–/pf/:	*Panne*	– *Pfanne*	*Kämpe*	– *Kämpfe*
/l/–/r/:	*Linde*	– *Rinde*	*Ballen*	– *Barren*
/s/–/z/:	*(Sex)*	– *sechs*	*reißen*	– *reisen*

/s/ im Anl. nur in Fremdw. – /v/ im Inl. zu selten. – Da sich /pf/ aus /p/ entwickelt hat, gibt es viele Synonyme Hochdt./Niederdt.

8.6 Zum Beispiel ergeben die ersten 3 Absätze aus der Kurzgeschichte "Schischyphusch" von Wolfgang Borchert folgende (natürlich nicht repräsentative) Statistik (369 + 591 = 960 Phoneme; ɚ = ɛʁ):

ə (66)	iː (21)	yː (3)	n (107)	v (28)	ʃ (13)	p (0)
ɛ (64)	eː (18)	ʏ (1)	ʀ (89)	k (27)	f (12)	tʃ (0)
ɑː (38)	ɔ (13)	ɔʏ (1)	t (56)	b (26)	ŋ (10)	
ɪ (34)	oː (9)		l (42)	m (24)	h (8)	
aɪ (34)	ɛː (7)	øː (0)	d (41)	ç (21)	ts (5)	
a (28)	aʊ (6)	œ (0)	z (29)	x (5)	j (3)	
ʊ (22)	uː (4)	ʊɪ (0)	s (29)	g (15)	pf (1)	

8.7 Die Distribution von /ŋ/ ist viel beschränkter als die von /n/, vgl.:

im Anlaut:	*na*	—	nach Kurzvokal:	*wann*	*bang*
im Inlaut:	*ohne*	*lange*	nach Langvokal:	*Mohn*	—
im Auslaut:	*ein*	*eng*	nach Konsonant:	*Horn*	—

8.8 /ç/ nach "hellen" Vokalen und Diphthongen, den Konsonanten l, n, r sowie im Anlaut vor hellen Vokalen.
/x/ nach "dunklen" Vokalen und Diphthongen (a-, o-, u-Laute, aʊ)

8.9 *a* vor Konsonanten, *an* vor Vokalen; dabei gilt nicht die Schreibung, sondern natürlich die Aussprache, also z.B.: ju:nikɔ:n (*unicorn*), jaŋstə (*youngster*), anə (*honour*)

8.10 Im Maori gibt es nur "offene" Silben, d.h. nach dem Schema KV. Deshalb werden Schlußvokale angehängt (*tāima* etc.), stumme Endkonsonanten weggelassen (*motokā_*), bei Konsonantenhäufung werden "Gleitvokale" eingefügt (*kirimi*) oder Konsonanten ganz weggelassen (*_tiriti*).
Außerdem ist die Schreibung möglichst phonetisch (z.B. *tareina*), und es gibt "Vokalharmonie", d.h. Gleitvokale werden schon vorhandenen angeglichen (*taraka*, *kirimi*).

8.11 Das Kind schreibt "phonetisch":

bei Auslautverhärtung	–	*(Gelt, Feuerzeuk, Wek),*
bei stimmloser Assimilation	–	*(wirvt, überlekt, Schlekt),*
bei Doppelkonsonanz	–	*(Verstek, Bekomt, Schnel, Könen)*
aber auch umgekehrt	–	*(Herrunter),*
bei Dehnungen	–	*(One, Nemen, Gevar, Krigen)*
Es ist unsicher bei /f/–/v/	–	*(vo, wirvt, Gevar, Veuer)*
und bei /e:/–/ε:/	–	*(Schlekt)*

8.12 z.B.:

Brand	*Zeug*	*Gnade*	*Spatz*	*frei*	*Straße*
Platz	*(—)*	*Qualle*	*Schmaus*	*(—)*	*Zwang*

****

Lektion 9

Einige Aufgaben lassen sich als Übungen in den Unterricht integrieren. So dienen 9.2 und 9.3 zur Verdeutlichung der bedeutungstragenden Funktion der Morpheme, 9.5, 9.6 und 9.7 zur Darstellung der Mehrdeutigkeit bestimmter Morphe und 9.8 zur Darstellung von Allomorphen = Morphemvarianten.
Die Analyse der Morphemstruktur von Wörtern (entsprechend 9.12 und 9.13) kann auch erst bei der Wortbildung in L 12 behandelt werden.

Zu den Aufgaben

9.1 vgl. oben S. 46f

9.2 Von den 42 kombinatorischen Möglichkeiten sind nur 9 (11) "besetzt": *aalt, Tal – mit – rot, Tor – Post, potz, Spot, stop* (Abk: *TOPs, ZOB*)

9.3 *Gestirn* (kollektiv), *gebeten* (Partizip II), *reifen, lacht* (Konjugationsformen), *ungar* (nicht gar); evtl. *Reifen* (Dat. Plur. zu *Reif*)

9.4

lexikalisch	deiktisch	Flexeme	Derivateme
gib- (s.u.)	*es*	*(gib) -t*	*ver-*
Leute "	*die*	*(glaub) -en*	*-ig (+ U)*
glaub-	*all-*	*(all) -es*	*-haft-*
wär- "	*was*	*(wär) -e (+U)*	*Ge-*
-nunft "	*man*	*(ein) -em*	
ernst-	*mit*	*(-haft) -en*	
-sicht "	*ein-*	*(tu) -t*	
tu-			

Viele Verbstämme sind veränderlich: *geben - gib - gab* . . . , vor allem *sein - war - wäre -* (ge)*wesen, bin* (!), etc. Manchmal muß auch die Sprachgeschichte zu Hilfe genommen werden: *Leute* ist heute ein "Pluraletantum" (hat keine Singularform); *(Ver)nunft* und *(Ge)sicht* gehören ursprünglich zu *nehmen* und *sehen* wie etwa *Kunst* zu *können*, d.h. *-t, -ft, -st* waren Derivateme. – Auch *es, was, die* haben, streng genommen, Flexionsendungen.

9.5 + 9.6 Die Lösungen sind vereinigt – englische Formen in ⟨ ⟩.

bedeutungslose Phonemfolge in:			*Bruder, Finger, (Rekorder)* ⟨*silver, (to lower), master*⟩
Morphem	gramm.	Subst.-Plural:	*Lider, Kinder*
		Adj.-Flexion:	*freier*
		Pron.-Flexion	*welcher*
		Komparativ:	*besser, freier* ⟨*higher, lower*⟩
	semant.	Person/Beruf:	*Glaser, Freier* ⟨*driver, teacher*⟩
		Instr./Werkz.:	*Bohrer, (Rekorder)* ⟨*rubber, (driver = Treibrad)*⟩

Der Komparativ *besser* (zu *gut*) geht auf eine veraltete Form *basz* (gut, wohl) zurück, die heute nur noch in *fürbaß* und *baß erstaunt* existiert. – *Rekorder* ist ein Fremdwort aus dem Englischen, wo es auch in die Kategorie "Instrument" gehört (zu *to record*). Im Deutschen läßt es sich nicht direkt ableiten.

9.7 Phonem in: *Matte, Seide, Tasse, Leute* (aber historisch s. 9.4)
Morphem in: *ihre, eine, 'ne* (Pron.-flexion), *matte* (Adj.-flexion), *Stimme, Gerede* (Substantivierung), *Worte, (Leute)* (Plur. d. Subst.), *achte, trinke, nehme* (Verb-Flexion)

9.8

Lehrer		- Ø	
Läden		U - Ø	
Schafe		- e	
Bärte		U - e	
Bretter	/Plur/ →	- er	
Wälder		U - er	
Gaben		- n	
Menschen		- en	
Autos		- s	

vereinfacht:

/Plur/ →	(U) - Ø
	(U) - e
	(U) - er
	- (e)n
	- s

9.9

Kollektiva:	konkret	*Barschaft, Gerätschaften*
	abstrakt	*Wirtschaft, Wissenschaft*
	Personen	*Arbeiterschaft, Kundschaft*
Eigenschaften:	Wesen	*Autorschaft, Präsidentschaft*
	Zustand	*Bereitschaft, (Präsidentschaft)*
unzutreffend:		*Stiefelschaft* (= Zusammensetzung)

9.10 a) Glossar:

uwa - Häuptling	*ina - Bild*	*xa - sah*
amu - Kind	*ele - Stuhl*	*vo - wollte*
ufi - Baum	*ika - Frau*	*ye - der, die, das*

b) Dem bestimmten Artikel – in allen drei Genera – entspricht das Wort *ye*, übrigens nachgestellt.
Für den unbestimmten Artikel gibt es kein Wort. (= Ø)

c) *ika ye vo ele.* – *ika ye xa ufi ye.*

9.11 Die Töne haben bedeutungsunterscheidende Funktion, wären also von daher Phoneme. – Sie sind ähnlich schwer zu isolieren wie etwa die Vokalquantität im Deutschen. So gesehen, hätten sie nur den Rang distinktiver Merkmale.

9.12 mit der Weglaßprobe (dem Eliminierungstest)

9.13 *unkameradschaftlich* *Verunsicherung* *Machenschaften*

Rücksichtslosigkeit *befleißigen* *unaufrichtig*

(Das Suffix *-ig* nach *-los-* steht aus Analogie oder des Wohlklangs wegen. Das Fugenelement *-s-* – ursprünglich ein Genitiv-s – ist kein Morphem mehr. *aufrichtig* ist natürlich vom Verb *aufrichten*, nicht von *richtig* abgeleitet, die Wurzel *richt-* liegt jedoch beiden zugrunde.)

9.14 Deutsch und Englisch gehören zu den flektierenden Sprachen, obwohl nicht alle Wortarten flektierbar sind. Die Struktur des Englischen ist jedoch schon wesentlich analytischer.
Eine rein isolierende Sprache ist Chinesisch, auch wenn dort schon einige Morpheme den Rang grammatischer Kategorien haben (wie etwa die Substantiv-Suffixe *-zi*, *-tou*).

****

Lektion 10

Da diese Lektion nicht nur die Morphologie betrifft, sondern auch Syntax und Semantik, könnte sie natürlich auch an anderer Stelle im Lehrgang eingeordnet werden.
Neben der phonetisch(akustisch)-semantischen **Einheit des Wortes** (*ein* Hauptakzent, *eine* Bedeutung) sind auch die graphische Einheit und die Möglichkeit der Permutation (Umstellung im Satz) zu erwähnen. Doch ist der Wortbegriff trotz allem manchmal problematisch, im Deutschen besonders bei Komposita.
Um zu den Problemen der Wortartbestimmung und den Tabellen im Text hinzuführen, können die Aufgaben 10.1 und 10.2 dienen. Ein Hinweis auf den praktischen Wert solcher Klassifizierungen für die deskriptive und normative Grammatik ist angebracht. Nach der ersten Tabelle läßt sich Aufgabe 10.4 einfügen.
Kontrastive Unterschiede können relativ leicht erarbeitet werden, vgl. artikellose Sprachen, Polyfunktionalität im Englischen (besonders aber im Chinesischen, dort auch sogenannte "Zähleinheits-Wörter").
Für die Hausaufgabe 10.6 Kopien des GLINZ–Textes ausgeben.

Zu den Aufgaben

10.1 *gibt* – V, *gift* – N, *schön* – Adj, *sagen* – V,N, *sucht* – N(ʊ),V(u:), *arbeiten* – V,N, *gab* – V, *gabe* – N, *liebe* – V,N,Adj

10.2 A) gut (Adj. als Adv.), 2500 (Numerale als Adj. – Zahladjektiv), tief (Adj. als Adv.), bis dahin (Präp. + Adv., vgl. *bis nächsten Montag*), bis zu (Doppelpräp.), *schwefeloxid*. (Part.II als Adj.) *seither* (Adv), *damit* (Adv.), *(aus)zu(werten)* (Konjunktion d. Infinitivsatzes), *diese* (Demonstrativpron. in Artikelfunktion)

B) *(lasen) vor* (trennbare Verbpartikel, Präfix), *(unter) anderem* (Indefinitpron.), *andere (Worte)* (Indef.pron. in Artikelfunktion) *das* (Dem.pron.), *ja* (Adv., Affirmationspartikel, "Satzwort"?), *äh* (gilt nicht als Wort, evtl. Interjektion), *als (Stilmittel)* (Partikel, Präp., Satzteilkonjunktion??), *so (Begriffe)* (umgangsspr. für *solche*, also Adv. für demonstr. Adj.), *damit* (Adv, vgl. A), *ja eigentlich* (Modalpartikel + Adv.), *so (gespielt)* (Adv.), *es* (Pers.pron. als Subjekt-Platzhalter), *auch, deshalb* (Adverbien).

10.3

das_1 – Demonstrativpron.	daß – Nebensatz-Konjunktion
das_2 – bestimmter Artikel	ja_1 – Affirmations-Partikel
das_3 – Relativpronomen	ja_2 – Modal-Partikel

10.4 Sie sind oft mehrdeutig und mehrfunktional. – Bei Artikeln und Pronomen sollten vor allem die Begleiter- und die Stellvertreterfunktion unterschieden werden. – Numeralia stellen eine heterogene Sammelklasse dar. – Adverbien können sich nicht nur auf Verben, sondern auch auf Adjektive, andere Adverbien oder den ganzen Satz beziehen.

10.5 a) semantisch, b) syntaktisch, c) morphologisch

10.6 GLINZ hat zunächst Verben, fallbestimmte (deklinable; in Subjekt- oder Objektposition) und fallfremde (unflektierbare) Wörter getrennt. Die fallbestimmten sind "morphosyntaktisch" (also morphologisch und syntaktisch) definiert. Von ihnen sind schon Nomen und Adjektive bestimmt worden. Für den **Rest** geht er folgendermaßen vor:

1. Er breitet den Befund aus einem konkreten Text aus und gibt – aus praktischen Gründen – die Häufigkeiten an (ca. 25 %).
2. Darstellung der traditionellen Einteilung (Art, Pron, Num) und Kritik daran ("Kriterienvermischung"). Dafür gibt er Beispiele.

3. Er schlägt vor, morphosyntaktische und semantische Kriterien zu trennen.
4. Definition: Pronomen (i.w.S.) sind alle fallbestimmten Wörter außer N und Adj. (also: morphosyntaktisch; es ergibt sich eine negativ bestimmte Restklasse)
5. Er gibt eine Liste von Wörtern ("Pronomen") mit einer untergeordneten semantischen Klassifikation nach "Bekanntheit, Rolle, Zugehörigkeit, Menge, Zahl und Qualität".

Diese Methode ist begründet, konsequent und durchsichtig. Doch das Endergebnis über die allgemeine Sammelklasse "Pronomen" hinaus scheint kein großer Fortschritt und hat sich auch nicht "eingebürgert" (durchgesetzt).

****

Lektion 11

Die Flexionsformen können aus dem Sprachunterricht als bekannt vorausgesetzt werden. 11.2 und 11.3 können sozusagen als Bestätigung dafür dienen.

Der verbale Tempusgebrauch kann an beliebigen Texten geübt werden, wobei nicht nur die Formen, sondern auch textuelle Funktionen beachtet werden sollten wie historisches Präsens, Vorvergangenheit, Perfekt vs. Präteritum u. dgl.

Der Text von 11.8 bedarf sicher einiger Hintergrundinformation über die Finanzierung kultureller Einrichtungen in den Bundesländern. Hier wird eine Akzentverschiebung der Förderungen von traditionellen Einrichtungen (Theater, Museen) zu moderneren (kommunale, populäre Kultur) deutlich. Sprachlich wichtig ist das Verständnis der Überschneidung:

Aktiv ⟶ aktivisch
FORM — ⨯ — BEDEUTUNG
Passiv ⟶ passivisch

Das recht beliebige Ergebnis der Aufgabe mag frustrieren.

Zu den Aufgaben

11.1 Konjugation (*fahre – fährst*), Konjunktiv (*fuhr – führe*), Plural der Substantive (*Haus – Häuser*), Komparation (*alt – älter*) und in der Wortbildung (*Koch – Köchin, Hof – höflich*)

11.2 *"Das Gorleben-Hearing war für alle unmittelbar Beteiligten eine eindrucksvolle, für mich eine ermutigende Erfahrung. Während rings im Land(e) und in der Welt die Polarisierung der Meinungen über die Kernenergie noch ständig anwächst, war hier die Erfahrung, daß Vertreter beider Seiten ernsthaft miteinander reden, einander als Fachleute und als moralische Persönlichkeiten im Gespräch immer mehr achten lernen können. . . . "*

11.3 Es treten bei den Adjektiven nur fünf verschiedene Endungen auf: *-en* (44), *-e* (15), *-er* (7), *-es* (4), *-em* (2)
Ein Morphem kann – wie schon früher beobachtet – verschiedene Allomorphe haben, und ein Morph kann Allomorph verschiedener Morpheme sein (zu verschiedenen Morphemen gehören).
Zum Beispiel kann hier das Morphem für Gen.-Sing.-Fem. 2 Allomorphe haben (*-er, -en*), während andererseits das Allomorph *-er* zu 4 Morphemen gehören kann (Nom-Sing-Mask, Gen-Sing-Fem, Dat-Sing-Fem, Gen-Plur).

11.4 6 Personen in 6 Tempora in 2 Modi und in 2 Genera verbi ergeben 6 x 6 x 2 x 2 = 144 Formen. Hinzu kommen die würde-Umschreibungen (Konditional I und II) in Aktiv und Passiv: 6 x 2 x 2 = 24 Formen. Ferner 4 Imperative. Das ergibt zusammen 172 Formen. Davon sind 48 Dubletten, also bleiben 124 verschiedene Formen.

11.5 Alle 3: Vergangenheit, Gegenwart und Zukunft – daneben die Bedeutungen "Zeitlosigkeit" und "Befehl".

11.6

du wirst sehen	– Futur I	– Zukunft
es ist kinderleicht	– Präsens	– zeitlos
haben wir gemacht	– Perfekt	– (unmittelb.) Vergang.
gehen wir u. bürsten	– Präsens	– (unmittelb.) Zukunft
sie haben es nötig	– Präsens	– Gegenwart
wirst du tanzen	– Futur I	– Zukunft
da sehen Sie	– Präsens	– Gegenwart
rief ich	– Präteritum	– erzählte Vergang.
daß ich recht hatte	– Prät. (für Plusq.)	– (Vor-)Vergangenheit

11.7

er sei übervorteilt worden	– K I	– indirekte Rede
ich wüßte (gern)	– K II	– Wunsch
wenn ich aufgepaßt hätte	– K II	– Bedingung (Kond., irreal)
wäre das (nicht) passiert	– K II	– irreal
könnten Sie (so fr.) sein	– K II	– höfliche Bitte/Aufforderung

11.8 (Siehe auch die didakt. Hinweise oben.) – Die Lösung ist in der Tat Ansichtssache. Ein bewußtes Verschweigen ist wohl auszuschließen. Der Text stammt aus dem SPIEGEL, der kaum ein Interesse hat, hier "Täter" zu verschweigen. Positive und negative Meldungen werden außerdem gleich behandelt. Gewisse Kenntnisse über die Verantwortlichen (Kultursenator etc.) werden wohl vorausgesetzt.

11.9 (Achten Sie dabei z.B. auf entsprechende Lexik, speziell Verben, auf Modal- und Hilfsverben, Modalpartikeln und -adverbien.)

****

Lektion 12

Die 4 Teilbereiche der Wortbildung können außer an den entsprechenden Aufgaben auch an beliebigen neuen Beispieltexten besprochen werden. Dazu eignen sich nicht nur kurze Pressetexte, sondern auch administrative Texte oder etwa moderne Gedichte.
Eine Zusatzübung zu den etwas vernachlässigten Ursachen der Wortbildung und zu Aufgabe 12.1 kann in der Zuordnung besonders moderner/modischer Begriffe zu den auf S. 62 genannten Punkten bestehen, etwa:

Video, Disco, Computer	–	objektiv: neue Dinge
Rocker, Sponti, Softi	–	subjektiv: Wertung
Berufsverbot, Bafög, Sandwich-Demo	–	sprachstrukturell: Univerbierung, Ökonomie usw.

Natürlich können auch mehrere Ursachen gleichzeitig wirken.

Zu den Aufgaben

12.1 a) *Kernkraft, Sonnenenergie*
b) *down, cool*
c) *Raumpflegerin, Assistent*
d) *Rauhreif*
e) *Fleischsorten*
f) *Standlicht, Zwischenprüfung*

12.2 a) *Deutsch, schuld*
b) *neunzehn*
c) *Flugblatt, Lehrkräftemangel, Hochschule*
d) *Dummerjungenstreich*
e) *überfüllten, Fälschung, abgetan*
f) *Uni, Foto*

12.3 *Stagflation = Stagnation + Inflation*
Tomoffel = Tomate + Kartoffel
Medizyniker = Mediziner + Zyniker
Kurlaub = Kur + Urlaub
Schiege = Schaf + Ziege

12.4 a) *Schloß des Kofferraums (für den Kofferraum)*
b) *Unterstützung beim Lenken (des Lenkens)*
c) *Verstärker der Bremskraft*
d) *störende Einflüsse (Einflüsse, die stören)*
e) *Klappe zum Einfüllen des Kraftsstoffs*
f) *Risiko für die Sicherheit*
g) *Eigentum des Volkes*
h) *Institut zur/für Vermögensbildung (Bildung von Vermögen)*
i) *Bewegung für den Frieden*
j) (nicht transformierbar)

12.5	*illegal*	*informell*	*inkompetent*	*irreal*	*illoyal*
	immobil	*indirekt*	*inoffiziell*	*inaktiv*	*impotent*
	inhuman	*irregulär*	*intransitiv*	*insolvent*	*intolerant*

b) Sie sind Produkte der Derivation.
c) *in-* wird assimiliert vor -l (*il-*), -r (*ir-*), Labialen: -p,-m,-b (*im-*) (*in-*, *il-*, *ir-*, *im-* sind Allomorphe eines Negationsmorphems.)

12.6 z.B.: a) *Büchlein* b) *Unmenge* c) *Undank* d) *mißraten* e) *Masseuse* f) *Ganter* g) *Geschirr* h) *kerngesund*

****

Lektion 13

Die Satzgliedermittlung durch die Verschiebeprobe weist auch schon auf die Satztypen/Satzarten voraus, vgl. (L 17).
Der wissenschaftshistorische **Exkurs** sollte unbedingt durch Zusatzlektüre ergänzt werden, s. Aufgabe 13.6. Wichtig ist, folgende Entwicklungen herauszuarbeiten: "diachronisch —→ synchronisch" und "Laut- und Formenlehre —→ Syntax —→ Semantik und Pragmatik" (also hin zu höheren Ebenen und zur Verwendungsorientierung).
Die traditionelle (Schul-)Grammatik behält schon dadurch ihre Bedeutung, daß sie für ausländische Deutsch-Studierende noch am ehesten als bekannt vorausgesetzt werden kann.

Zu den Aufgaben

13.1 a) eine Grammatiktheorie
b) das gramm. Regelsystem (langue) der deutschen Sprache
c) ein Lehrbuch (eine Beschreibung) der englischen Sprache

13.2 Verbalkomplexe werden im Aussage- und Fragesatz getrennt (diskontinuierliche Konstituenten), indem zwischen das finite Verb und die infiniten Verbalformen andere Satzglieder treten können. Diese Teile werden auch getrennt verschoben. Trotzdem gelten sie als *ein* Satzglied (Prädikat i.e.S. / Verb / eben: "Verbalkomplex").
Die Zusammengehörigkeit läßt sich am besten in der Nebensatz-Stellung (Endstellung aller verbalen Glieder) demonstrieren:

(. . . , daß) das Haus bald abgerissen werden wird.
(. . . , daß) es lieber renoviert werden sollte.

13.3 Die Entdeckung der Verwandtschaft zwischen der (alt-)indischen und den europäischen Sprachen (am Ende des 18. Jh.).

13.4 Weil dort am ehesten die Möglichkeit bestand, exakte Gesetze (des Lautwandels) nachzuweisen. – Das zeigt übrigens den Einfluß der naturwissenschaftlichen Methode und die historische Orientierung im 19. Jahrhundert.

13.5 auf die Syntax (zumindest bis etwa 1970)

13.6 – – – –

13.7 a) die Germanistik
b) die strukturelle Linguistik/ den Strukturalismus
c) die Phonologie
d) die IC-Grammatik
e) die GTG
f) die Valenzgrammatik/ Dependenzgrammatik

13.8

Wenn	Neb.satz-Konj.		
Oskar	Subst. (EigenN)	Subjekt	Nom Sing Mask
Astronomie	Substantiv	Akk.-obj.	Akk Sing Fem
studiert	Verb (Part.II)	Prädikat	3. Person Sing Konj.II Aktiv
hätte,	Hilfsverb		
wäre	Verb	Prädikat	3. Pers. Sing Konj. II
er	Pers.-pronomen	Subjekt	Nom Sing 3. Pers. M
jetzt	Adverb	Temp.-best.	
vielleicht	Adverb	Modalbest.	
Direktor	Substantiv	Präd.nomen	Nom Sing Mask
des	best. Artikel	Attribut	Gen Sing (Neutr)
Planetariums	Substantiv		Gen Sing Neutr
in	Präposition	Attribut	
Wuppertal	Subst. (EigenN)		Dat Sing (Neutr)

13.9

Aber	Hauptsatz-Konj.		
sagen	Verb	Prädikat	3. Pers. Plur. Imperat.
Sie	Pers.-pronomen	Subjekt	Nom Plur 3. Pers.
's (= es)	Pers.-pronomen	Akk.-obj.	Akk Sing 3. Pers. N
bitte	Partikel/Adv. ?	Adv. Best. ?	
nicht	Partikel/Adv. ?	Adv. Best. ?	
weiter	Verbpräfix (trennbar)	(zum Präd.)	

13.10 a) unwissenschaftliche Kriterienvermischung
b) Nichtberücksichtigung der (hierarchischen) Satzstruktur

****

Lektion 14

In dieser oder der nächsten Lektion kann es zur Abwechslung im Unterricht und zur Motivation der Teilnehmer beitragen, auch einige biographische Bemerkungen über die amerikanischen Strukturalisten und besonders CHOMSKY zu machen. CHOMSKY mag vielleicht heute eher das Los der Klassiker teilen, die bekannt sind, ohne allzu viel gelesen zu werden. Doch kann er sicher – auch für die Zukunft – als der zweite überragende Linguist dieses Jahrhunderts nach SAUSSURE gelten.
Das obligatorische Studium der GTG hat in der Zeit der Studentenbewegung bisweilen auch zu einer "linken" Kritik an CHOMSKY als einstigem NASA-Stipendiat (in seinen Anfängen, manchmal wurde sogar behauptet "von der CIA gefördert") geführt, während sein Buch gegen den Vietnamkrieg von jenen Kritikern nicht beachtet wurde.

Zu den Aufgaben

14.1 a) die (hierarchische) Struktur von Sätzen zu beschreiben
b) die Regeln für grammatisch richtige Sätze zu finden

14.2 a)

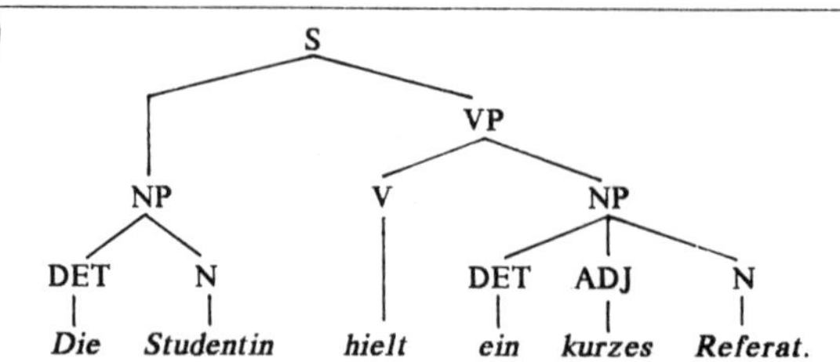

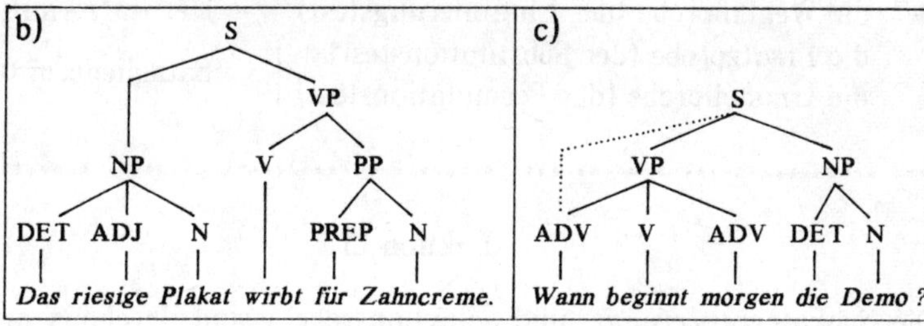

14.3 Passiv: *Die Papiere werden von der Klassenältesten ausgeteilt.*
Dem Wettkampfsieger wird von den Freunden gratuliert.
Frage: *Hat sie noch nie Tigerfleisch gegessen?*
Nomin.: *Aladins Traum / Aladins Träumen / der Traum Aladins*
Alis ständiges Träumen im Unterricht / das ständige . . .
die Vorbereitung des Tanzfestes durch die Klasse
Wortst.: 2 x 2 Aussage-, 2 Frage-, 2 Nebensätze (mit Obj.-tausch)
Elimin.: *Du mußt (. . .) ausspannen.* oder: *Du mußt (. . .) mal.*
Im 2. Fall liegt eine Tabu-Aussparung (Ellipse) vor.

14.4 a) *X erforscht die Verhältnisse*
b) *X entwickelt die Verhältnisse. / Die Verhältn. entwickeln sich.*
c) *X entwickelt den Film*
d) *(freie Märkte) und Kleinbetriebe / freie (Märkte und Kleinbetr.)*

14.5 CHOMSKY kritisierte ihre statische Konzeption (die nicht den Satzerzeugungsprozeß beschreibt) und die bloße Beschreibung von OS.

14.6

S	→	NP_1 + VP	S	→	NP_1 + VP
NP_1	→	DET_1 + ADJ_1 + N_1	NP_1	→	N_1 + N_{prop}
VP	→	V + PP	VP	→	V + NP_2 + ADV
PP	→	PREP + NP_2	NP_2	→	ADJ + N_2
NP_2	→	DET_2 + ADJ_2 + N_2			
DET_1	→	*d- (das)*	N_1	→	*Frau-*
DET_2	→	*d- (der → dem)*	N_{prop}	→	*Schulze*
ADJ_1	→	*breit-*	V	→	*geb-* (TRANS (DAT))
ADJ_2	→	*schlammig-*	ADV	→	*warum*
N_1	→	*Floß*	ADJ	→	*patzig-*
N_2	→	*Fluß*	N_2	→	*Antwort-*
V	→	*treib-* (INTRANS (LOC))			
PREP	→	*auf* (DATIV)			

14.7 die Weglaßprobe (der Eliminierungstest) – Kernsatzermittlung
die Ersatzprobe (der Substitutionstest) }
die Umstellprobe (der Permutationstest) } – Satzgliedermittlung

****

Lektion 15

Die Subkategorisierungs- und Selektionsregeln sind durchaus nicht so unproblematisch, wie es im Lehrbuch auf den ersten Blick scheinen mag. CHOMSKY hat die Subkategorisierung als *syntaktische* (kontextfreie) Unterklassifizierung der Lexikoneinträge und die Selektionsregeln zu ihrer *syntaktischen* (eher "syntagmatischen") kontextabhängigen Anschließbarkeit eingeführt, um ungrammatische/sinnlose Sätze zu vermeiden. Viele Grammatiker haben darauf hingewiesen, daß es sich dabei vielmehr um *semantische* Merkmale handelt, doch kam es CHOMSKY hierbei nicht auf die Beschreibung der Bedeutung, sondern auf die syntaktische Kombinierbarkeit an. Man kann ebenso von *semantisch-syntaktischen* Merkmalen sprechen.
Die Begriffe *(un)grammatisch, sinnvoll(sinnlos), (in)akzeptabel* entsprechen in etwa den Bereichen *syntaktisch, semantisch, pragmatisch.*

Zu den Aufgaben

15.1 Zum Beispiel:
Die Grammatik besteht aus 3 Komponenten, die zentrale syntaktische wiederum aus 2 Teilkomponenten.
In der Basiskomponente werden mittels Formations- und Lexikonregeln abstrakte Tiefenstrukturen erzeugt, die in der semantischen Komponente eine semantische Interpretation erfahren.
Anschließend werden die Tiefenstrukturen in der Transformationskomponente in Oberflächenstrukturen überführt, die in der phonologischen Komponente eine phonologische Interpretation erfahren (phonologisch interpretiert werden).

15.2 a) diskontinuierliche Konstituenten
b) strukturelle Mehrdeutigkeit (Polysemie gleicher OS)
c) synonyme Paraphrasen (Synonymie verschiedener OS)

15.3 Ihr Inhalt (ihre Bedeutung, ihre TS) ist gleich. Sie unterscheiden sich nur an der Oberfläche (Aktiv / Passiv / Nominalisierung).

15.4 Eine recht ausführliche Transformationsgeschichte wäre z.B.:

S : D- FERNSEHER- SEI- BILLIG-
S' : D- FERNSEHER- SEI- NEU-
S" : CARLOS KAUF- D- FERNSEHER-

S :	$T_{\text{(AUSSAGE +) NEG}}$	– *Der Fernseher ist nicht billig.*
S' :	$T_{\text{ADJ (+ TILG)}}$	– *(der) neue (Fernseher)*
	$T_{\text{EINBETTUNG}}$	– *Der neue Fernseher ist nicht billig.*
S" :	T_{PERFEKT}	– *Carlos hat den Fernseher gekauft.*
	$T_{\text{REL-PRON + WORTST.}}$	– *. . . den Carlos gekauft hat*
	$T_{\text{EINBETTUNG}}$	– *Der neue Fernseher, den Carlos gekauft hat, ist nicht billig*

15.5 a) Permutation (Anordnung bzw. Umstellung der Elemente)
b) Addition (Hinzufügung einer entsprechenden Konjunktion)
c) Substitution (Ersatz der NP durch ein Pronomen)
d) Deletion (Tilgung der doppelt auftretenden Formen)

15.6 c) ist ungrammatisch, a) ist sinnlos, b) ist unakzeptabel

15.7 Diese transitiven Verben verlangen obligatorisch ein Akk.-objekt, das bei a) gänzlich fehlt (V, TRANS —?)
und bei b) im Dativ steht (V, TRANS (DET N - DAT!)).

15.8 a) *heiraten*: (+hum __ +hum), *Frühstück* und *Dauerregen*: (-hum)
b) *diskutieren*: (+hum __ +abstr), *Ameisen*: (-hum), *Moskitonetz*: (-abstr) (Bei Konkreta wird eher *diskutieren über* verwendet.)
c) *wohnen*: (+hum __ loc), *aus Gewohnheit*: (caus)

15.9 (ohne Aspiration) "last ɔʏç dɔx fɔn deːn anfaŋsʃviːʀɪçkaɪtən deːʁ tʀansfɔʀmɑtsjoːnsgʀamatɪk nɪçt apʃʀɛkən"

15.10 Sie stellt auch ein Modell für den kindlichen Spracherwerb dar (Satzentfaltung entspricht geistiger Entwicklung) und erklärt ihn mentalistisch als Internalisierung grammatischer Regeln.

15.11 *gehunken* ist analog zum Partizip starker Verben gebildet (wie *getrunken, gewunken, gesunken* etc.), also regulär. Solche Formen sind sehr häufig und werden gleich oder vorrangig internalisiert. Auch die unrichtige Form *glätter* ist analog zu den umgelauteten Komparativen gebildet (wie *ärmer, wärmer, kälter, älter*), obwohl es natürlich auch reguläre Formen wie *satter, matter* gibt. Auch in der Erwachsenensprache gibt es hierbei häufig noch Doppelformen.

15.12 Interne Kritik kommt aus der Gruppe der "Anhänger" (die also im Prinzip einverstanden sind) und betrifft nur Details.
Externe Kritik kommt aus der Gruppe der "Gegner" (die das ganze Prinzip ablehnen) und betrifft Grundlegendes.
Beispiel aus der Politik: Kritik innerhalb einer Partei / an der Gegenpartei (falls vorhanden).

****

Lektion 16

Die zentrale Stellung des Verbs in der Valenzgrammatik ergibt sich z.B. aus der Tatsache, daß Sätze ohne Verb nur elliptisch möglich sind, das Verb also für den Satz geradezu primär konstituierend ist. Mehrere Verben können im Satz nur als Aufzählung auftreten, dagegen sind mehrere verschiedene E normal. Dem Subjekt wird in der Valenzgrammatik jeglicher Sonderstatus abgesprochen. (Allerdings gibt es dagegen auch Einwände).
Die konkreten Beispiele können durch eine abstrakte Satzstruktur verallgemeinert werden, etwa:

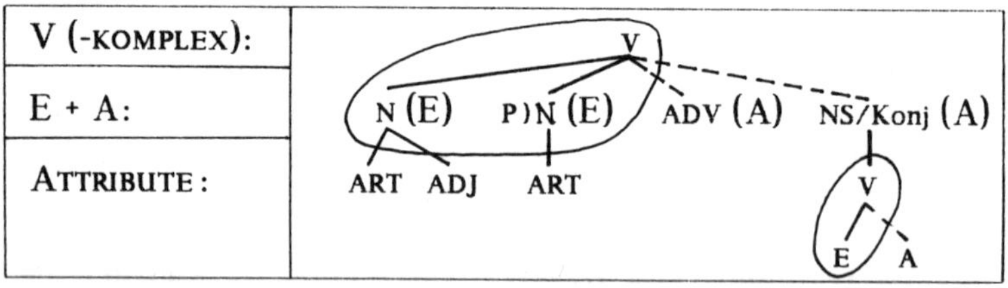

Die Verbalenz ergibt sich aus V + E (Ring).
Für die Wertigkeit (Valenz) sind Beispielverben angegeben, von denen die geeigneten Varianten ausgewählt werden müssen, also:

0: *Es regnet.* (Nicht: *Es regnet Konfetti / Schusterjungen.*)
1: *Sie schlief.* (Nicht: *Sie schlief einen gesunden Schlaf.*)

Das "Platzhalter-es" zählt also nicht zu den Ergänzungen.
Die Valenzwörterbücher weisen in ihren Einleitungen auf ihren praktischen Nutzen für den Fremdsprachenunterricht hin. Allerdings ist die Notwendigkeit semantischer Beschreibungen in der recht simplen Weise HELBIG/SCHENKELS fraglich: *wer wem zuhören* kann, ist ein semantisches Universale, weiß also jeder lernende Ausländer ohnehin aus seiner Muttersprache. Deshalb verzichtet das KVL auch darauf.

Zu den Aufgaben

16.1

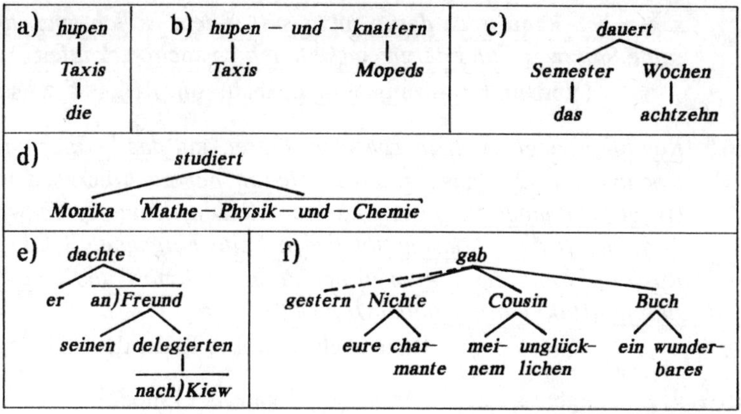

16.2 Z.B.: a) *Die Kellnerinnen beschwerten sich neulich beim geschäftsführenden Direktor über die Arbeitszeiten.*

b) *Die Stipendiaten bedankten sich gestern bei den neuen Kollegen für die Einladung.*

c) *Die Fluglinie entschuldigt sich niemals bei den wartenden Passagieren für die / wegen der Verspätungen.*

16.3

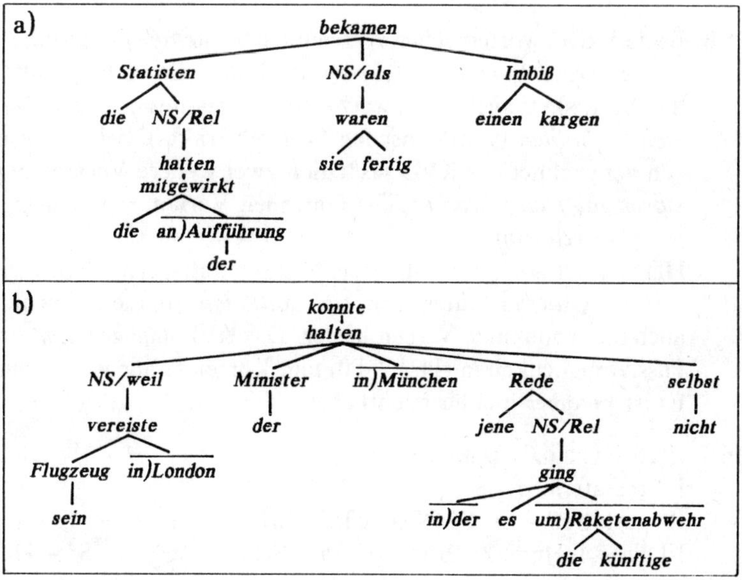

16.4 *Spitzweg* ***empfing*** *in seinem Atelier einen Besucher, der von einem Bild zum andern* ***ging****, vor einem besonders lange* ***stehenblieb*** *und* ***sagte****: "Ich* ***kann mich*** *daran nicht satt* ***sehen****." – "Ich auch nicht",* ***sagte*** *Spitzweg, "und darum* ***möchte*** *ich es auch* ***verkaufen****."*

(**Verben**, Ergänzungen, Angaben; dir. Rede = E zu sagen)

16.5 *Rossini verlegte sich in späteren Jahren auf das Erfinden neuer Kochrezepte. Die Musik interessierte ihn nur noch herzlich wenig. Als er (von einer Verehrerin) seiner Musik gefragt wurde, welche Töne er für die schönsten auf Erden halte, entgegnete ((fak: ihr)) Rossini: "Wenn der Braten in der Pfanne schmort und eine Weinflasche ((fak: von jemandem)) geöffnet wird."*

(hier auch indirekte Rede als E zu *fragen*!)

16.6 Ergänzungen: a), d) – Angaben: b) kausal, c) modal

16.7

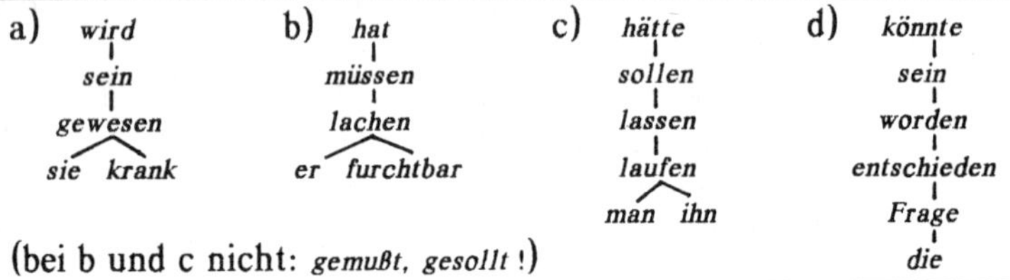

(bei b und c nicht: *gemußt, gesollt* !)

16.8 Beide Valenzwörterbücher verzeichnen bei *achten* die gleichen Varianten (*respektieren / aufpassen auf*). Bei *mitteilen* enthält HELBIG/SCHENKEL auch die zweiwertige Variante *sich offenbaren / sich ausbreiten* (von Menschen / von Abstrakta). Bei *stören* dagegen verzeichnet das KVL zusätzlich zwei weitere Varianten *jmdn. stören in / sich stören an*. Die fehlenden Varianten schienen wohl jeweils irrelevant.

HELBIG/SCHENKEL bringt ferner die semantischen Merkmale, die z.B. die Untervarianten von *sich mitteilen* trennen, obwohl das auch die synonymen Verben leisten. Das KVL dagegen erwähnt die Passivmöglichkeiten (P1, P2, P0) und Korrelate auch beim Subjekt. Es ist knapper und übersichtlicher.

16.9 nach HELBIG/SCHENKEL:

I. gestatten$_{2+(1)=3}$

II. gestatten → Sn, Sa/NS$_{daß}$/Inf, (Sn)

III. Sn → 1. Hum, 2. Abstr – Sa/NS/Inf → Act – Sd → Hum

I.	$reden_{1(+2)=3}$	I.	$sehen_3$
II.	reden → Sn, (pSd), (pSa)	II.	sehen → Sn, pSd, Sa
III.	Sn → Hum	III.	Sn → Hum
	p_1 → zu, mit (Dativ)		p → in (Dat)
	pSd → Hum		pSd → keine Sel.beschr.
	p_2 → über (Akk.)		Sa → keine Sel.beschr.
	pSa → keine Sel.beschr.		

nach KVL:	gestatten	– 0 1(3
	reden – zu/mit (Dat) über (Akk)	– 0(4(4
	sehen – in (Dat)	– 0 1 4

****

Lektion 17

Über die Methode der Anaphorisierung ist in der Einleitung zum KVL nachzulesen. Allerdings lassen sich auch freie Angaben anaphorisieren, so daß das Kriterium nicht in allen Fällen eindeutig und ausreichend ist,

vgl.:

Ich wohne dort.	(E_5)	–	*Ich esse dort.*	(A_{loc})
Der Film beginnt dann.	(E_5)	–	*Wir essen dann.*	(A_{temp})
Sie denkt so von uns.	(E_8)	–	*Sie macht das so.*	(A_{mod})

Beim Vergleich der Grammatiktheorien kann man heute vielleicht davon sprechen, daß die GTG eine angelsächsische und die Valenzgrammatik eine europäische Domäne darstellen, wobei die letztere an Bedeutung eher zunimmt.
(Nach Abschluß dieser Lektion: Wiederholung und **Zwischenprüfung.**)

Zu den Aufgaben

17.1 a) E_5, c) E_3, e) E_6, g) E_9, i) E_4,
b) E_7, d) E_2, f) E_0, h) E_8, j) E_1.

17.2 a) konkomitant, b) temporal, c) Negations-A, d) konditional, e) konzessiv, f) kausal, g) final, h) konsekutiv, i) lokal, j) instrumental.

17.3 a) konsekutiv, b) temporal, c) lokal, d) final, e) instrumental, f) konzessiv, g) kausal, h) proportional, i) adversativ, j) konditional.

17.4 – – – –

17.5 a) 8 b) 0 1(8 c) 0 7 d) 0 3 9 e) 0 1 1 f) 0(6 g) 0 1(2 h) 0(4(5 i) 0 1(3(6 j) 0 1 k) – l) 0 m) 0 1 4

17.6 a) 1 4 b) 0(2(4 c) 0(3 7 d) 0(4(7 e) 0(5(7 f) 0(6v8 g) 0 1(3(7 h) 0 1 9

17.7 a) 0 1 6 b) 0(1 3 c) 0 1 d) 0

Es handelt sich um dasselbe konkrete Verb *legen* (*etw. irgendwohin legen* = a). Die Fälle b), c) und d) sind lexikalisierte Wendungen *(jmdm.) die Karten legen, die Wäsche (zu Stapeln, gestapelt) legen* (also evtl. 0 1(8) und *(keine) Eier ((irgendwohin)) legen.*

17.8 1a)

	Wortart	Satzglied	
Neulich	Adverb	Adv. Best. der Zeit	
erhielten	Verb	Prädikat	
den	best. Artikel	Akk.-objekt	
Physik-Nobelpreis	Substantiv		
zwei	Numerale	Attribut	Subjekt
Japaner.	Substantiv		

1b)

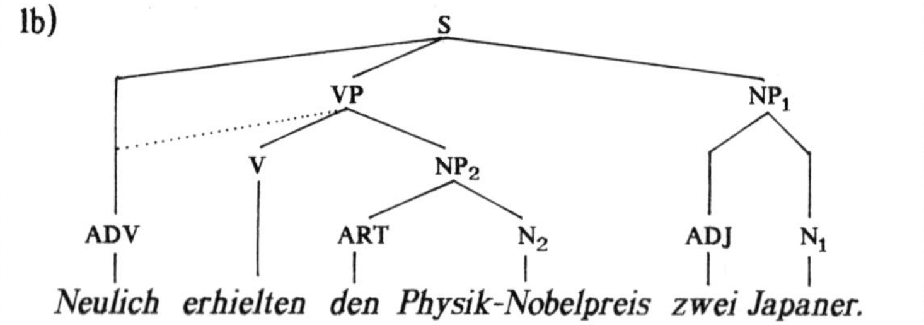

1c)

S → NP$_1$ + VP + ADV
NP$_1$ → ADJ + N$_1$
VP → V + NP$_2$
NP$_2$ → ART + N$_2$

ADV → NEULICH
ADJ → ZWEI-
N$_1$ → JAPANER-
V, ART, N$_2$ → . . . .

JAPANER [+N +MASK (+PLUR) / +KONKR (+ANIM = +HUM) +MÄNNL]
ERHALT- [ø —— ø] (d.h. keinerlei Selektionsbeschränkungen)

1d)

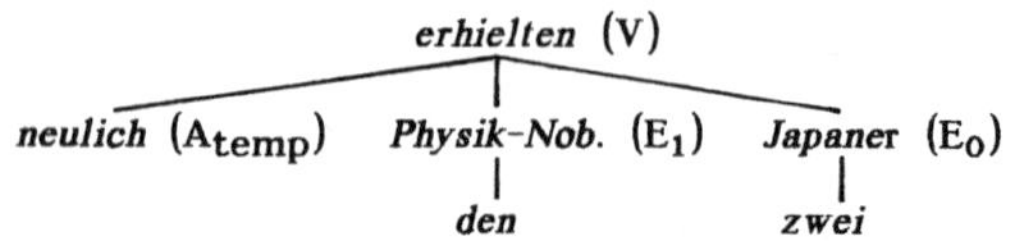

2a)

Die	best. Artikel	Akk.-objekt
Hauptrolle	Substantiv	
in	Präposition	Attribut
dem	best. Artikel	
Film	Substantiv	
spielt	Verb	Prädikat
ein	unbest. Artikel	Subjekt
Inder.	Substantiv	

2b)

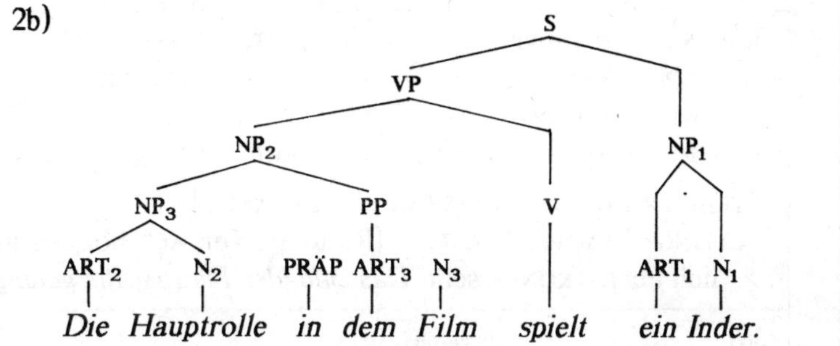

2c)

S → NP_1 + VP
NP_1 → ART_1 + N_1
VP → V + NP_2
NP_2 → NP_3 + PP
NP_3 → ART_2 + N_2
PP → PRÄP + ART_3 + N_3

ART_1 → EIN-
N_1 → INDER-
V → SPIEL-
ART_2 → D- (DIE)
N_2 → HAUPTROLLE
PRÄP, ART_3, N_3 → . . . .

INDER- [+N +MASK (+SING) / +KONKR (+ANIM=) +HUM +MÄNNL]
SPIEL- [+HUM (+ANIM) ___ ø] (nur für Film-Rolle oder dgl.)

2d)

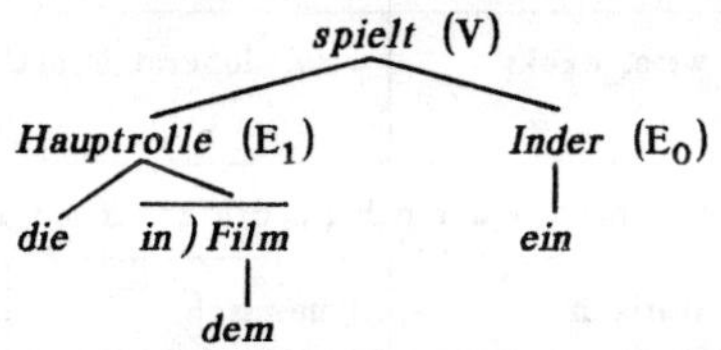

3a)

Dem	best. Artikel		Dativobjekt
jungen	Adjektiv	Attribut	
Boxer	Substantiv		
gelingt	Verb		Prädikat
ein	unbest. Artikel		Subjekt
Treffer.	Substantiv		

3b)

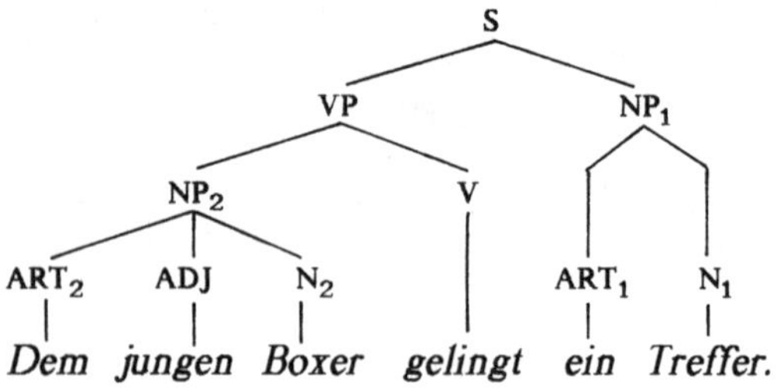

3c) S → NP_1 + VP | ART_1 → EIN-

NP_1 → ART_1 + N_1 | N_1 → TREFFER-

VP → V + NP_2 | V → GELING-

NP_2 → ART_2 + ADJ + N_2 | ART_2, ADJ, N_2 → . . . .

TREFFER [+N +MASK (+SING) / +ACT -ANIM]

GELING- [+ACT___ +ANIM] (Resultate von ACT können natürlich auch ±KONKR sein: *Das Bild/der Plan ist ihr gelungen.*)

3d)

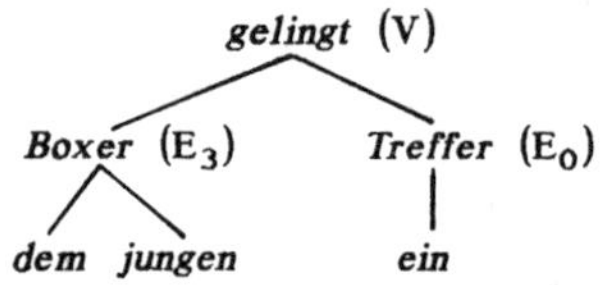

17.9

TRAD. GRAMM.	IC-GRAMM.	GTG	VALENZ-GRAMM.
Best. v. Wortart, Satzglied, Morph.	Konstituenzprinzip (Distribution)	Konstituenzprinzip + Erzeugungsprozeß	Dependenzprinzip + Verb im Zentrum
wenig exakt pädagog. reduziert	wiss. exakt	wiss. äußerst exakt	wiss. exakt pädag. anschaulich
keine Struktur	hierarchische Satzstruktur		
statisch	statisch	dynamisch	statisch
Morphol. + Syntax	Syntax (K-prinz. aber auch in der Morph. u. Phon.)	vollst. Grammatik (Syn, Sem, Phon) + umf. Sprachtheorie	Syntax (Semantik) (Dep.prinzip ist aber übertragbar)
Beschränkung auf den Satz			

****

Lektion 18

Die **Semantik** betrifft nicht nur die Wortebene der Sprache, sondern alle Bereiche (Phonemik, Morphemik, Syntax und Textgrammatik). Das aszendente Vorgehen wird hier also gewissermaßen unterbrochen. Dazu kann von der wiederholenden Frage ausgegangen werden, wo überall die Bedeutung bisher schon eine Rolle gespielt hat.
Zur Unterscheidung *Bedeutung/Sinn* kann auch das berühmte Beispiel des Logikers FREGE («Über Sinn und Bedeutung» 1892) herangezogen werden: Die Bezeichnungen ABENDSTERN und MORGENSTERN haben einen jeweils verschiedenen Sinn, aber die gleiche Bedeutung VENUS. Dieses Verständnis deckt sich jedoch nicht mit der Unterscheidung *semantisch/sigmatisch* !
Falls das semantische Differential (in der nächsten Lektion) behandelt werden soll, muß es schon in dieser Stunde durch eine Befragung – und zwar ohne weitere Erklärung – vorbereitet werden. Natürlich empfehlen sich affektiv besetzte Begriffe.

Zu den Aufgaben

18.1	a) *Antlitz*	b) *Roß*	c) *Wagen*	d) *speisen*
	Gesicht	*Pferd*	*Auto*	*essen*
	Visage	*Gaul*	*Karre*	*fressen*

Die "niedrigen" Wörter sind affektiv am stärksten besetzt (Herabsetzung ist wohl weit häufiger als Bewunderung).

18.2 1g, 2d, 3b, 4a, 5h, 6e, 7c, 8f

18.3	1) russisch	4) französ.	7) chinesisch	10) ungar. (türk.)
	2) latein.	5) griech.	8) arabisch	11) englisch
	3) polynes.	6) arabisch	9) (indo)germ.	12) chinesisch

18.4	*kosten:*	Homonymie (aus latein. *constare* und german. *kost-*)
	Schloß:	aus alter Polysemie (zu *schließen*) wurde Homonymie
	Tau:	Homonymie (aus: ndt. *touwen*, german. *tou*, und griech.)
	Gang:	Polysemie (zu *gehen*)

18.5 Homophonie – gleiche Aussprache bei verschiedener Schreibung
Homographie – gleiche Schreibung bei verschiedener Aussprache

18.6 – – – –

18.7	etwa gleich:	*Samstag/Sonnabend – Kiefer/Föhre* (regional)	
	sehr ähnlich:	*Auskunft/Information – Frühling/Lenz* (veraltet)	
	ähnlich:	*wandern/schreiten – Fahrrad/Drahtesel* (konnot.)	

18.8	*alt*	– *jung / neu* (2 Bedeutungen)
	ankommen	– *losgehen / abfahren ...* (Bedeutung unspezifisch)
	Vater	– *Mutter / Sohn / Kind ...* (je nach Relation)
	grün	– *rot* (? Komplementärfarbe)
	schwimmen	– ? (evtl. *untergehen / laufen, fliegen ...*)

18.9	1) *brandneu*	4) *aufwärts*	7) *betrübt*
	2) *einsilbig*	5) *Härte*	8) *Tadel*
	3) *rauh*	6) *schwerfällig*	9) *Festkörper*

18.10	Aa,	Cb,	Eb,	Ga(b),	Ia,	Ka,	Mc,	Oa,
	Bb,	Dc,	Fc,	Hb,	Jc,	Lb,	Na,	Pc.

18.11 a) Sitzgelegenheit, Sitzmöbel
b) "Schlafgelegenheit, Liege" (weniger üblich)
Baumstumpf und *Heuhaufen* können zwar zum Sitzen bzw. zum Liegen dienen, besitzen aber nicht das Merkmal [+ARTEFAKT].

18.12	*Glück*	– *Freude*	Ursache – Folge
	Rad	– *Achse*	Teil (Funktion: Drehpunkt)
	Kommode	– *Schublade*	Teil (entfernbar)
	Tür	– *Riegel*	Teil (Funktion)
	Papier	– *schneiden*	kollokativ (mit Instrument)
	Herbst	– *Frühling*	Antonym
	Benin	– *Afrika*	Teil

****

Lektion 19

Zum semantischen Differential s.o. (didaktische Hinweise zu L 19).
Ein besonders geeignetes Wortfeld für kontrastive Untersuchungen sind die Farbbezeichnungen. Mit einem möglichst differenzierten Spektrum von Farbproben (etwa aus Illustrierten, Werbung usw. auszuschneiden) können unterschiedliche Grenzen für die entsprechenden Bezeichnungen in verschiedenen Sprachen, aber auch individuell, ermittelt werden.

Zu den Aufgaben

19.1 ----

19.2 a) *Brille* (kein Kleidungsstück)
b) *Aquarium* (kein Möbelstück)
c) *zylindrisch* (nicht zweidimensional) oder
quadratisch (nicht rund)
d) *Moment* (keine Maßeinheit)

19.3 a) Kleidungsstücke, c) große Körperfülle
b) Nahrungsaufnahme (essen), d) Staatsform

19.4 a) *falsch* – (ganz, total)
b) *fehlerhaft* – (teilweise – auch = falsch, mißverständlich)
c) *versehentlich* – (Begründung des Fehlers)
d) *illusorisch* – (zukunftsbezogen)
e) *mißverständlich* – (vom Rezipienten her)

19.5 Zunächst handelt es sich um 2 Gruppen:
Freunde = sehr enge *Bekannte* (subjektiv: Vertrautheit)
Kommilitonen = Studien*Kollegen* (objektiv: Berufssphäre)
Ansonsten können sich aber die Bezeichnungen beliebig überlappen.

****

Lektion 20

Zunächst eine Reminiszenz an die Phonologie. Die strukturelle Semantik bringt außer einer exakteren Methode über die Bedeutungen selbst nicht viel Neues. Auch BAUMGÄRTNERS Anordnung kann natürlich kritisiert werden.

Der Aufbau der semantischen Komponente in der GTG entpuppt sich als eine Imitation der Basiskomponente. Allerdings liefert das Lexikon hier für die Disambiguierung speziellere Merkmale als das in der Basiskomponente. Die Projektionsregeln können am einfachsten anhand von kontextuellen Monosemierungen demonstriert werden (vgl. das Beispiel S. 111).

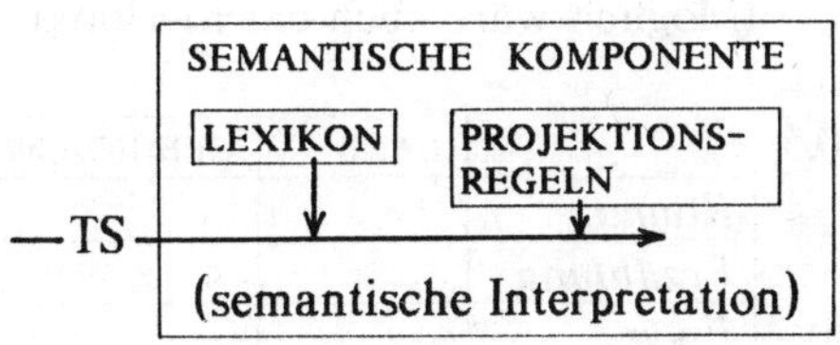

Zu den Aufgaben

20.1 die neue und genauere Darstellung eines Wortfeldes (der traditionellen Semantik) mit den Methoden der strukturellen Semantik Komponentenanalyse).

20.2

	GROSS	FLIESSEND
See	+	-
Fluß	+	+
Teich	-	-
Bach	-	+

Wenn *Strom* und *Ozean* miteinbezogen werden sollen, muß das Merkmal GROSS etwa durch ++ erweitert oder für *See* und *Fluß* die Notation ± eingeführt werden.

20.3 z.B.:

	ZU LANDE	ZU WASSER	ZUR LUFT	MIT MOTOR	ZWEI RÄDER	AUF SCHIENEN
Fahrrad	+				+	
Flugzeug			+	+		
Motorrad	+			+	+	
Dampfer		+		+		
Bahn	+			+		+
Auto	+			+		
Segelboot		+				

20.4

	MIT BALL	IM WASSER	IM TEAM
Fußball	+		+
Tennis	+		
Fechten			
Wasserball	+	+	+
Rudern (8er)		+	+
Turmspringen		+	

(Möglich wäre auch das Merkmal MIT DER HAND oder andere.)

20.5

	LANG	GEBUNDENE SPRACHE	FIKTIV
Roman	+		+
Erzählung			+
Epos	+	+	+
Gedicht		+	+
Biographie	+		
Brief			

20.6

	TRANS-FER	GEGEN ENTGELT	END-GÜLTIG	SUBJ. AKTIV	S.=(NEU-) BESITZER	ILLEGAL
kaufen	+	+	+	+	+	
verkaufen	+	+	+	+		
mieten	+	+		+		
erben	+		+		+	
schenken	+		+	+		
stehlen	+		+	+	(+)	+

Beschreibungen hier nur, soweit sie von *kaufen* abweichen:

verkaufen: ... wobei ... (Verkäufer) ... nicht mehr Besitzer ist.

mieten: ... auf Zeit, wobei ... (Mieter) ... nicht Besitzer wird.

erben: ... ohne Entgelt, wobei d. Erbe nicht aktiv beteiligt ...

schenken: ... ohne Entgelt, wobei ... (d. Schenkende) ... nicht neuer Besitzer ist.

stehlen: ... ohne Entgelt, wobei ... (d. Dieb) ... der unrechtmäßige "Besitzer" wird.

20.7 Hier nur einige Bemerkungen zu den deutschen Begriffen:
Krankenhaus: allgemein (Oberbegriff) – *Klinik:* allg. – *Poliklinik:* nur öffentlich, ambulante Behandlung – *Sanatorium:* meist außerhalb gelegen, Nachbehandlung, Kuren.

Tor: groß, für Räume, Gebäude, geschlossene Gelände – *Tür:* neutral – *Pforte:* klein – *Eingang:* allgemein + Richtung.

Pavillon: Gartenhäuschen, kleiner Extrabau in Gebäudekomplexen – *Kiosk:* kleiner Verkaufsstand, -raum – *Hütte:* kleines Haus, bes. außerhalb gelegen – *Laube:* Gartenhäuschen, sehr leicht gebaut.

Restaurant: Speiselokal, -raum (öffentl.) – *Speisesaal:* Speiseraum – *Gasthaus:* (öff.) Bewirtung + Übernachtung, eher einfach, ländlich – *Kneipe:* Trink- (+Speise-)Lokal, eher einfach.

20.8 a)

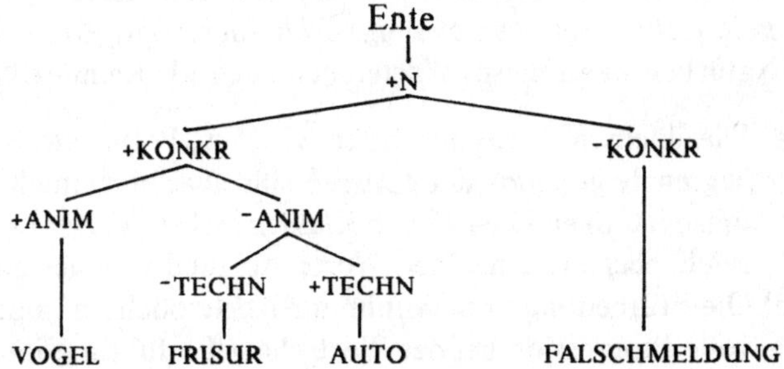

b) im 1. Satz: Bed. 1-3 (konkret → "aussehen"); – im 2. Satz: Bed. 2, auch 1, da eigener Fortbew. fähig (3 nur in sehr spez. Kontext)

****

Lektion 21

Ähnlich wie bei den Begriffen *Syntaktik* etc. (L 6) müssen auch hier die Begriffe *Lexem, Lexik, Lexikon, Lexikologie* und *Lexikographie* sowie die entsprechenden Adjektive klar unterschieden werden.
Die weitaus größte Zahl der Wörterbücher ist natürlich semasiologisch, alphabetisch und paradigmatisch orientiert. Umso interessanter ist es, einmal seltenere Spezialformen kennenzulernen. Die Teilnehmer/innen können beauftragt werden, verschiedene Lexika mitzubringen und sie reihum – etwa wie von Verlagsvertretern für Buchhändler – beschreibend (und werbend) vorzustellen.

Zu den Aufgaben

21.1 Das (einfache) Fremdwörterlexikon gibt die Bedeutung möglichst mit deutschen Wörtern an, daneben die Herkunft.
Der Orthographie-Duden liefert darüberhinaus Angaben über Aussprache, Betonung, Silbentrennung, Flexion.
Der Etymologie-Duden gibt nur Übersetzung und genaue Herkunft.
Das – ansonsten umfangreiche – zweisprachige Lexikon gibt neben dem fremden Äquivalent Betonung und (wie alle) das Genus an.

21.2 – – – –

21.3 Hier ergeben sich z.B. Komposita-Gruppen nach dem Grundwort, und nicht nach dem Bestimmungswort, ferner Wortbildungsgruppen nach Endungen (Suffixen) wie *-en, -eln, -ern, -ieren / -ung, -ei, -heit, -keit, -schaft, -ist, -ismus / -ig, -isch, -lich, -bar, -los, -sam* usw. (Natürlich kann dieses Wörterbuch auch als Reimlexikon dienen.)

21.4 a) Die "kleinen" Strukturwörter wie Art., Präp. usw. bilden relativ begrenzte *geschlossene Klassen*, sind aber im textuellen Gebrauch umso häufiger. Die *offenen Klassen* (Subst., V, Adj.) sind umfangreich, aber die einzelnen Wörter textuell weniger häufig.
b) Die Erarbeitung von "Minimum-Wörterbüchern", und eine sinnvolle Progression bei der Wortschatz-Einführung im Lehrbuch.

Lektion 22

Bei der Einführung der Textlinguistik kann an die Kritik der satzorientierten Grammatiktheorien angeschlossen werden.
Neben dem Begriff *Kontext* begegnet auch *Ko-Text*, was eher für die weitere situative Einbettung einer Äußerung verwendet wird.
Die Keuner-Geschichte von Brecht ist im Lehrbuch nicht inhaltlich interpretiert. Diese Aufgabe ist dem Unterricht vorbehalten und eignet sich ausgezeichnet als Hinführung zur Textsyntax.
Die Begriffe *Wiederaufnahme, Substitution, Pronominalisierung* und *Verweisung* bedeuten letzten Endes alle dasselbe, ihr Nebeneinander erklärt sich aus der gleichzeitigen Beschäftigung vieler Linguisten mit dem neuen Gebiet und ihrem Ehrgeiz, eigene Termini zu etablieren.

Zu den Aufgaben

22.1 Auffällig ist die Substitution durch immer neue unmittelbar referentielle Verweisformen (*der Sproß der . . . Dynastie, "Le Baron", der promovierte Lebenskünstler, dem Ex-Rennfahrer, Filmproduzenten, Schriftsteller und Übersetzer . . ., der hochdekorierte Widerstandskämpfer*). Sie erlauben – mehr noch als die Prädikationen – ein Maximum an Information und Ökonomie zugleich.

22.2 anaphorisch: 1, 3, 4, 6, 7, 10, 12, 14 – kataphorisch: 2, 5, 9, 11, 13

22.3 *Er, er, seine* (mittelb., kataph.! – allg. Wissen über Texte, Neugier weckend); *Ulrich Rückriem* (unm. Ref – endlich Identifizierung); *Bildhauer . . . aus d. Rheinland* (unm. Ref., Hyperonym – Zusatzinformation); *seine* (mittelb., anaphor.); *Rückriem* (unm. Ref. – Wiederholung); *des . . . Rheinländers* (unm., anaph., Hyperonym – Wiederholung der Zusatzinformation).

****

Lektion 23

Die Artikelproblematik kann man am besten durch die Analyse umfangreichen konkreten Textmaterials in den Griff bekommen, denn auch Textsorte und Individualstil spielen dabei eine Rolle.
Wichtig ist die Unterscheidung von obligatorischen Fällen und solchen,

die einen beliebigen Gebrauch erlauben. Die textuelle Verweisfunktion gehört meist zu den ersteren.
Die Konnexion bietet in der Praxis wenig Schwierigkeiten. Lohnend ist ein Hinweis darauf, daß Inhaltsbeziehungen nicht nur explizit und implizit innerhalb des Satzes und zwischen den Sätzen, sondern auch schon in der Semantik einzelner Wörter selbst bestehen (etwa "kausal" in Wörtern wie *Ursache, Wirkung, verursachen, begründen, erhitzen, hinlegen, machen* usw. usf.).

Zu den Aufgaben

23.1 *der / der / einen / — / — / — / die / die / Ø / einer / Ø / Ø / ein / —*

23.2 Unbest. Artikel – Neueinführung: *ein unheiml. Mensch, ein älterer , Herr, ein Notizbuch* – Klassenzugehörigkeit: *mit (Ø) . . . Augen, einer Eule*
Best. Artikel – Wiederaufnahme: *(sein Gesicht), während der Lektüre* – Individuiert: *mein Nachbar, des C-Decks* – durch Attribute: *in der Liegestuhlreihe (d. C-Decks), die namhaften Personen (Amerikas), mit den Berühmtheiten (an Bord)*
Ohne Artikel – beliebig: *über kurzer Nase* (der/einer), *in «Who's Who»* (im) – Wendungen: *an Bord, (etw.) von Schach (verstehen)*

23.3

Und (add/temp)	*Dann* (temp)	*weil* (kaus)
und (add)	*und* (add)	*was* (relativ)
und (add)	*aber* (advers)	*aber* (advers.)
denn (kaus)	*da* (temp/kaus)	*und* (add.)
wenn (kondit)	*und* (add)	

Die Art der Konnektoren läßt sich aus dem Kontext erschließen, semantisch (inhaltlich) etwa die Kategorien (additiv, kausal usw.) und syntaktisch die Auswahl zwischen Haupt- und Nebensatzkonjunktionen (*denn/weil*).
Der Beginn mit *und dann* suggeriert vorangegangene Rede – ein Stilistikum, das den Leser mitten in das Geschehen versetzt, ähnlich dem Beginn mit einem Pronomen.

23.4 *wenn – was – Damit – aber – als – auch – obwohl – so daß*

****

Lektion 24

Diese Lektion ist als "Exkurs" bezeichnet. Sie kann auch für ein spezielles textlinguistisches Seminar vorbehalten bleiben. Wenn sie jedoch hier behandelt wird, reicht eine Doppelstunde dafür wohl nicht aus.

Wichtig ist, die TRG als eine neue – von der grammatischen ganz verschiedene – Betrachtungsweise zu verdeutlichen. Dementsprechend ergibt sich ein Übergang von exakten Methoden über eher intuitive Einschätzungen bis hin zur Textinterpretation. In diesem Sinne sind die angebotenen Lösungen wirklich nur Vorschläge, die keinen Anspruch auf ausschließliche Geltung erheben.
Die fünf Progressionen von DANEŠ stellen sich einerseits z.T. als Varianten weniger Hauptformen heraus, und andererseits scheinen sie nicht ausreichend für die Charakterisierung beliebiger Texte. Hier ist weitere Forschung und ein gewisses Maß an Kreativität nötig und möglich; z.B. scheint neben der thematischen auch ein "rhematische Progression" beachtenswert. Ungeklärt ist auch die Einbeziehung von Situation und "Weltwissen", die viel mehr Elemente zu "Themen" prägen als der bloße Kontext.

Zu den Aufgaben

24.1 Hier ist das Hyperthema (= Überschrift) ein verallgemeinernder Begriff (die nicht standesgemäße Heirat), der im ersten Satz spezifiziert und im restlichen Text weiter entfaltet wird. Die vorherrschende Progression ist durchlaufend.

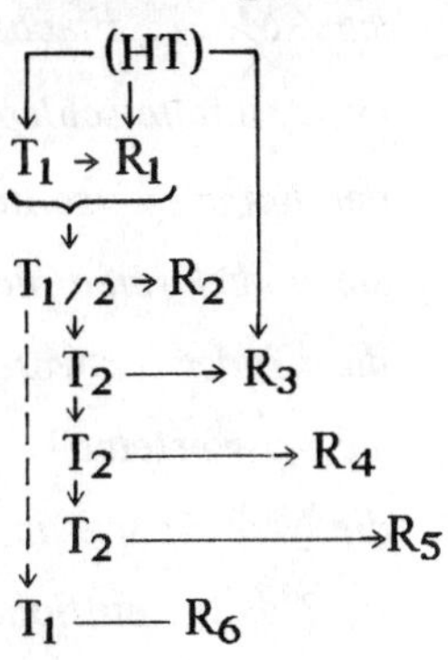

(0) *Mesalliance*

(1) *König Christian . . . heiratete eine H.*

(2a) *er / mit ihr . . . reiste in die Provinz*

(2b) *zu ihr . . . benahm sich d. n. Adel abl.*

(3) *sie . . . hatte ein schweres Leben*

(4a) *für sie . . . war es bein. d. Schlimmste*

(4b) *daß Chr. . . . s. wie ein Bauer benahm*

24.2 Zum Beispiel: – (möglich wäre auch ein Hyperthema "Ehe")

$(T_0 \rightarrow)\ R_0' + R_0''$	*... Ø ...*	*mehr Scheid. – weniger Ehen*
$T_1 \rightarrow R_1$	*die Deutschen*	*werden immer zögerlicher, wenn ... (= beim Heiraten)*
$T_2 \rightarrow R_2' + R_2''$	*an die Stelle der Ehe*	*tritt ... Partnerschaft od. ein Leben als Single*
$T_2 \rightarrow R_3$	*d. Zahl d. Ehe- schließungen*	*sank ... auf ... (1982)*
$T_2' \rightarrow R_4$	*diejenigen, die s. noch z. Ehe*	*wählen immer häufiger falsche Partner*
$T_2' \rightarrow R_5$	*immer mehr Paare*	*ziehen die Konsequenzen*
$T_3 \rightarrow R_6$	*die Zahl der Scheidungen*	*stieg (1960-82) ... auf ...*
$T_4 \rightarrow R_7 (= R_5')$	*entgegen dem Sprichwort*	*reut es ... jene, die jung gefreit haben*
$T_5 \rightarrow R_5''$	*d. Ehen v. Jungen*	*enden besonders oft ...*

24.3 Ein Vorschlag – Alternativen und Text rechts nur angedeutet:

(0)	T_1	*die Wassernixe*
(1a)	$T_2 \rightarrow R_1' + R_1''$	*B + S ... spielten / Br.*
(1b)	$T_2 \rightarrow R_1'$	*sie ... spielten*
(1c)	$T_2 \longrightarrow R_1''$	*sie beide ... hinein*
(2a)	$= T_3 \rightarrow R_2(T_1)$	*da unten ... war e. W.*
(2b)	$T_1 \longrightarrow R_3 + R_4$	*die (sprach .. u. führte)*
(2c)	$T_1 \longrightarrow R_5 (= T_2)$	*ich ... euch*
(2d)	$T_2 \rightarrow R_6$	*ihr ... müßt arbeiten*
(3a)	$T_{1/2} \longrightarrow R_7$	*sie / M ... Flachs sp.*
(3b)	$T_2' \rightarrow R_8$	*es ... mußte schleppen*
(3c)	$T_2'' \rightarrow R_9$	*der Junge ... sollte*
(3d)	$T_2 \rightarrow R_{10}$	*sie ... bekamen nichts*
(4a)	$T_2 \rightarrow R_{11}$	*die Kinder ... wurden*
(4b)	$T_2 \rightarrow R_{12}$	*sie ... warteten*
(4c)	$T_1 \longrightarrow R_{13}$	*die Nixe ... war in d. K.*
(4d)	$T_2 + T_4 \rightarrow R_{14}$	*sie / da ... entflohen*
(5a)	$T_4 \rightarrow R_{15}$	*die Kirche ... aus war*

(5b)	$T_1 \longrightarrow R_{16}+R_{17}$	*d. Nixe ... sah u. setzte*
(5c)	$T_2 \rightarrow R_{18}$	*d. Vögel ... waren ausg.*
(6a)	(T_1) $T_2 \rightarrow R_{19}(T_1)$	*d. Kinder ... erbl. (sie)*
(6b)	$T'_2 \rightarrow R_{20}$	*d. Mädchen ... Bürste*
(6c)	$T_5 \rightarrow R_{21}$	*das ... gab Bürstenberg*
(6d)	(T_1) $T_6 \rightarrow R_{22}(T_1)$	*über den / d. Nixe ...*
(6e)	(T_1) $T_1 \rightarrow R_{23}$	*sie ... kam (hinüber)*
(7a)	$T_2 \rightarrow R_{24}$	*d. Kinder .. sahen (das)*
(7b)	$T''_2 \rightarrow R_{25}$	*d. Knabe ... Kamm*
(7c)	$T_7 \rightarrow R_{26}$	*das ... gab Kammberg*
(7d)	(T_1) $T_8 \rightarrow R_{27}(T_1)$	*daran / d. N ... wußte*
(8a)	$T'_2 \rightarrow R_{28}$	*d. Mädchen ... Spiegel*
(8b)	$T_9 \rightarrow R_{29}$	*welches ... e. Sp. gab*
(8c)	$T_{10} \rightarrow R_{30}$	*der ... war so glatt*
(8d)	(T_1) $T_1 \rightarrow R_{31}$	*sie ... konnte unmögl.*
(9a)	$T_1 \longrightarrow R_{32}$	*sie ... dachte*
(9b)	$T_1 \longrightarrow R'_{33}+R''_{33}+R'''_{33}$	*ich ... gehen, holen, h.*
(10a)	$T_1 \longrightarrow R_{34}+R_{35}$	*sie ... wiederkam u. ...*
(10b)	$T_2 \rightarrow R_{36}$	*d. Kinder ... entflohen*
(10c)	$T_1 \longrightarrow R_{37}(R''_1)$	*sie ... in d. Brunnen*

24.4 Einige Interpretationshinweise (Schema auf der nächsten Seite):

Progressionen: ein themat. Sprung im 2. Satz oder *Schnee* als R zu T *Zerbst* – durchlaufende Themen: *Schnee, Vieh, Soldaten*, vor allem *Menschen* (zweimal gespalten) – lineare "Treppe:" *Schnee → Häuser → Vieh.*

Isotopieketten: GEBÄUDE + LEBEWESEN (= Stadt ZERBST) – SCHLAF (doppeltes Hyperthema oder sogar "Hyperrhema").

Stilistik: Parallelismus (3b) – Krebsgang (4a,b) – Zoom-Perspektive von *Zerbst* bis in die *Stuben* – Embracement der Nichtschlafenden durch die Schläfer (den SCHLAF).

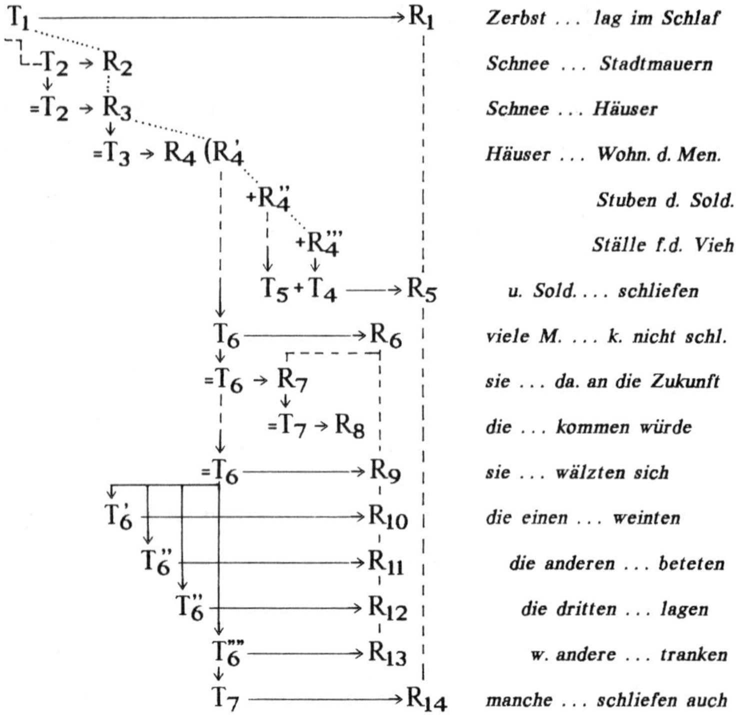

****

Lektion 25

Die Textsemantik kann an die Wort- und Satzsemantik anknüpfen (Monosemierung von Begriffen, Aktualisierung von Bedeutungen im Kontext, Theorie der semantischen Merkmale).
Rekurrenz und Dominanz semantischer Merkmale bezeichnen eine Tatsache, die jedem Sprachbenutzer durchaus geläufig ist. So führt die Isotopie-Analyse nicht immer zu neuen Erkenntnissen über einen Text und kann bisweilen banal erscheinen. Das hängt jedoch von der "Banalität" des Textes selbst ab. Komplexe Isotopien, versteckte Thematiken, geistreiche Kombinationen von Bedeutungsbereichen u. dgl. bleiben ohne genauere Analysen oft unbeachtet.

Die Zusatzaufgaben sind für eine zusammenfassende **Hausarbeit** zum Kapitel "Textlinguistik" oder für Prüfungszwecke gedacht.

Zu den Aufgaben

25.1 Doppeldeutig ist der präpositionale Anschluß mit *gegen* als fakultative Ergänzung oder als freie Angabe (konzessiv: "daß man impft, obwohl sie nicht will"). Hier eignet sich also die Valenzgrammatik zur Verdeutlichung:

impft (V)

man (E_0) die Kinder (E_1) gegen Pocken (E_4) / oder (gegen ihren Willen) (A)

Wegen der formalen Gleichheit kann aber auch die Angabe als E_4 verstanden werden, so daß die Komik sozusagen nicht nur auf Syntax und Semantik, sondern auch auf der Pragmatik beruht: die Dame macht sich unfreiwillig lächerlich, da ihr starker Wille auch als Infektionskrankheit aufgefaßt werden kann, die die Kinder bedroht.

25.2 Die Werbung des Pferdehändlers wird auch vom Kunden als eine solche verstanden, nur mißversteht er die Begründung, indem er die Isotopie anders gewichtet: er ignoriert die kurze Zeitspanne und damit die Schnelligkeit des Pferdes und fixiert sich auf den – an sich beliebigen – Zielpunkt. Natürlich geht der Witz vor allem auf Kosten der (damaligen) Kleinstadt P.

25.3 Etwa folgendermaßen:
Die Doppeldeutigkeit von *Verdienst* (ethisch und finanziell) ergibt allein schon eine allgemeine Pointe, die von *behandeln* (allgemein und medizinisch) außerdem noch eine spezielle, sarkastisch auf Ärzte und Patienten bezogene.

25.4 Als Isotopiegruppen ergeben sich etwa:

Personen:	*Besitzer, er . . .; Nachbarn, sie . . .; König*
Schweine:	*schwarze Schweine . . .; Schweine mit weißem Kopf, ein Ferkel . . .*
Schatz:	*Glück, Schatz, Belohnung*
Emotionen:	*Gier, Schande*
Orte:	*Bezirk Liaodong, über den Fluß, auf der anderen Seite des Flusses, nach Hause*
Zeitliches:	*einmal, niemals, selten,* (Abfolge im Präteritum)
(Handlungen):	*zeigte, gratulierten, versicherten, beschloß, fand brachte, murmelte, eilte*

Besonders häufig werden erwähnt der Besitzer und Schweine, aber die Textbedeutung ist nicht statistisch zu erfassen, sondern durch die Verbindung zwischen Isotopien, z.B.

a) diesseits des Flusses – Schwein mit weißem Kopf – selten = Schatz –→ Gier

b) jenseits des Flusses – alle Schweine mit weißem Kopf – (gewöhnlich = wertlos) –→ Schande

wodurch nicht nur Gier und Einbildung, sondern auch Provinzialität und Unwissenheit lächerlich gemacht werden.

25.5 Wie alle Tierfabeln etabliert auch diese eine auf Tiere bezogene metaphorische Ebene, die auf die menschliche Ebene zurückübertragen werden kann:

Chamäleon –	s. einstellen auf –	Angst vor –	Grün/Blau
|	|	|	|
Opportunist –	s. anpassen an –	Feigheit –	Machthaber 1/2

(Frage: Wozu eine metaphorische Camouflage, wenn die Situation nicht konkretisiert wird, der Autor sich also nicht festlegt?)

25.6 Der "rote Faden" als der wichtigste, die ganze Geschichte durchziehende zusammenhängende Gedankengang muß sich als durchgehende (Isotopie-)Kette spezieller rekurrent-dominanter semantischer Merkmale nachweisen lassen.

25.7 Als inhaltliche Hauptebenen ergeben sich eine musikalisch-künstlerische und eine historisch-politische, die nochmals in eine historische und eine ns-politische geteilt werden können. Wertend wirken z.B. Anführungsstriche, Ironie, *gefährlich, grotesk.*

25.8 a) Die Ebenen ELEKTRONIK und POSITIVE BEWERTUNG.

b) aus dem militärischen Bereich

c) Es ist zwar ein Kurzbericht (Nachricht/Information + Meinung) aus SCALA 11/83, aber der Text klingt durchaus wie Werbung.

****************************** Zusatzaufgaben ****************************

T 1: a) in (1b): *er, seine (Füße)* – in (2): *er, sein (Tal), Tal*

b) ... *und hoffte darauf, daß* ...

c) anaphor.: Zurückverweisung (Wiederaufnahme) u. Ökonomie
kataphor.: Vorwärtsverw. (Vorbereitung) u. Spannungsweckung

d) die durchlaufende Progression (Herr K.)

e) HERR K. – KAHN – FLUT (TAL, WASSER) —— HOFFEN – ERKENNEN

f) etwa: nicht passiv hoffen/warten, sondern selbst aktiv werden

g) Der Autor hat die pädagogische Intention, der Leser der "Lehrgeschichte" solle selbst denken (hier auch inhaltlich, vgl. f!).

h) etwa: didaktische Parabel

T 2: a) "eine Gruppe" (1) – "Geselligkeit, Beisammensein" (2)

b) Abschnitt 1 ist eine Tiererzählung / Fabel (im Präteritum)
Abschnitt 2 ist die Übertragung auf die Menschen / Fabel (im Präsens: zeitlos)

c)

STACHELSCHWEINE	–	MENSCHEN
KÄLTE, FRIEREN	–	LEERE, MONOTONIE
STACHELN	–	WIDERWÄRTIGE EIGENSCH., FEHLER
MÄSSIGE ENTFERNUNG	–	HÖFLICHKEIT, FEINE SITTE

d) Im 1. Abschnitt vor allem durchlaufend (T = Stachelschweine); im 2. auch, aber mehrere T (Menschen, Entfernung, Bedürfnis) – Verallgemeinerung; Anknüpfung durch Abstrakta; Parallelismus und Zusammenfassung – evtl. gemeinsames Hyperthema (nämlich die Relation "Gesellschaft - Individuum")

T 3: a) *der Mann – der oberste Verfassungshüter – . . .* (Wiederholung)

b) *dann* (2) → *in den kommenden Jahren und Jahrzehnten* (1c)
ihn (7) → *ein freiwilliger Dienst ohne Waffen* (6b)

c) *die Idee* (5a) → *Frauen zum Dienst mit der Waffe zu verpfl.* (5b)
dazu (8a) → *sich ohne Not als . . . zu gebärden* (8b)

d)

(1a):	individ., (es gibt nur einen)
(3):	(individ.) Wiederaufnahme
(4b, 6b):	Klassenzugeh. (Neuinformation)
(3):	Abstr., Redewendung
(1b):	Gesamtheit (alle)
(5b, 6b):	Klassenzugeh. (Teil)

e) (6b) *den Dienst*, (3) *einen r. Unsinn*, (1b) *Frauen*, (5b) *die Fr.*

f)

(4b) KONJ. (*sei*)	– E_1 (indirekte Rede)
(4c) *die*	– Attribut (relativ)
(4d) *um zu*	– A final (infinitiv)
(5b) *zu*	– Attribut (infinitiv)
(8b) *zu*	– E_4 (infinitiv)

g) durchlaufend (Präsident), linear (1, 2, 5, 6–7), und thematischer Sprung (4a, 5a, 6a)

h) A: durchlaufendes Rhema, B: "Hyperrhema"

i) (MÄNNER ↔) FRAUEN (allg./emanzip.) ↔ MILITÄR
REDE – DISKUSSION – IDEE – MEINEN
POLITISCH – JURISTISCH – (VORHUT)
AUTOR ↔ LESER: KOMMENTAR (BEWERTUNGEN)

j) in die Position "rechter als die rechtesten Unionspolitiker"

k) in Bewertungen wie *Unsinn, nicht einmal* (5a,b), Ironie in *Vorhut, Vordenker* und der rhetorischen Schlußfrage

****

Lektion 26

Die pragmatischen Grundfaktoren sollten zusätzlich erläutert und können zueinander in Relation gesetzt werden:
Beziehungen (B) von K-Partnern reichen von "fremd, förmlich" über eine Skala bis "vertraut, intim". Sie liegen der K-Situation gewissermaßen fest zugrunde, können sich aber im Laufe einer Kommunikation ändern. Sie beeinflussen alle anderen Faktoren.
Mit den Rollen (R) der K-Partner ist ihre relative Über- oder Gleichordnung gemeint, was zu asymmetrischer bzw. symmetrischer Kommunikation führt. Die Rollen sind auch bei gleichen K-Partnern nicht immer fest, und sie beeinflussen Intention und Konventionalität der Sprechhandlungen.
Die Intention (I) entspricht dem illokutiven Akt und beeinflußt die mehr oder weniger konventionelle Form der Sprechhandlung.
Die Konvention(alität) (K) betrifft die Form der Sprechhandlung.

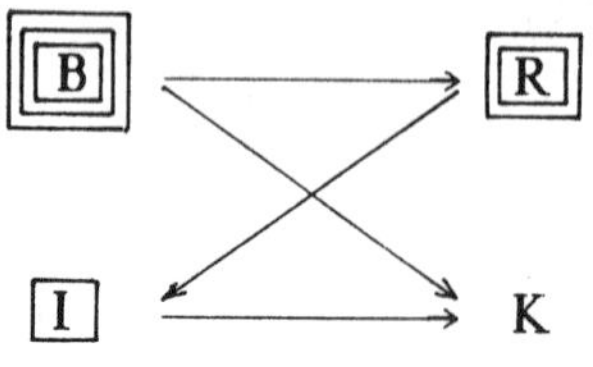

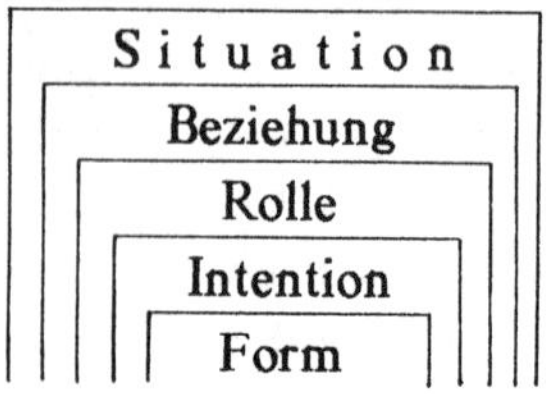

Neben der Erkenntnis, daß die Unterscheidung von "performativ" und "konstativ" eher oberflächlich-formal ist und nur die explizit-performativen Formeln (TAUFEN, ERNENNEN etc.) eine Sonderstellung einnehmen, kann auch gezeigt werden, daß verschiedene Sprechakttypen schon aufgrund der Proposition zu verschiedenen grammatischen Konsequenzen führen, vgl. (besonders Pronomen und Nebensatzformen):

a) *Sie drohte (ihm): "Ich reise ab."*
Sie drohte (ihm), sie werde abreisen / daß sie abreisen werde.
Sie drohte (ihm), abzureisen.

b) *Sie verlangte (von ihm): "Hilf mir!"*
Sie verlangte (von ihm), er solle ihr helfen / daß er ihr helfen solle.
Sie verlangte von ihm, ihr zu helfen.

c) *Sie fragte (ihn): "Hast du dich erkältet?"*
Sie fragte (ihn), – – – – (unbesetzt) / *ob er sich erkältet habe.*
– – – – (unbesetzt)

Zu den Aufgaben

26.1 1C – 2G – 3D – 4A – 5F – 6B – 7E

26.2 a) Aufforderung (Erlaubnis) – b) Bitte (um Entschuldigung) – c) Geständnis – d) Prahlerei – e) Warnung (Feststellung) – f) Ankündigung (je nach Geschmack: Versprechen oder Drohung)

26.3 a) Bitte, Rat, Aufforderung, Warnung, Befehl (= Verbot) u.a.
b) Bitte (= Wunsch), Aufforderung, Verlangen u.a.

26.4 konstativ: b, c, f, h, i, k, m – performativ: a, d, e, g, j, l, n

26.5 a) *Essen Sie noch vom Käsekuchen. / Tun Sie mir doch bitte den Gefallen und ...* (und viele ähnliche Höflichkeitsfloskeln)
b) *Lügen haben kurze Beine.*
c) *Danke!* (explizit-elliptisch?) / *Du bist ja soo nett!* (u. dgl.)
d) *Ihr dürft / könnt (ruhig) noch bis elf spielen.*
e) *Badet (já) nicht im Rhein! / Nicht im Rhein baden! / Im Rhein wird nicht gebadet! Ihr dürft nicht im Rhein baden.*
f) *Ich spiele (eigentlich) ganz gerne Skat um Geld.*

26.6 Alle Äußerungen haben die Sprechaktbedeutung des VORWURFS.
a) *Sie hätten damit aber früher zu mir kommen sollen.*
b) *Sie hätten das eben gleich sagen sollen.*
c) *Sie haben sich dabei wohl gar nichts (Vernünftiges) gedacht.*
d) *Sie sehen wohl nicht, wie ungünstig das wäre.*
e) *Sie haben wohl niemals an die Konsequenzen gedacht.*
f) *Sie brauchen offensichtlich einen Rat von mir.*

Das sind nur Beispiele für Formulierungen, die auch noch expliziter sein können. – Die Frageform kann mildern oder verschleiern, ist jedoch schon derart konventionalisiert, daß sie ebenso wirkt wie direkte Vorwürfe. Sie fordert den H außerdem zur Reaktion auf, zu einer rechtfertigenden oder sich entschuldigenden Antwort.

26.7 a_1) *Sei aber vorsichtig!* – RAT, WARNUNG, GEBOT
b_1) *Das ist aber leichtsinnig von dir.* – VORWURF
a_2) *Du scheinst sehr vorsichtig zu sein.* } VERMUTUNG, SCHLUSS-
b_2) *Du scheinst sehr leichtsinnig zu sein.* } FOLG., FESTSTELLUNG
müssen kann Teil der Proposition sein, so daß es dem Imperativ entspricht (a_1), es kann sich aber auch auf die Einschätzung des Sprechers beziehen (a_2, b_2). – Ein (positiver) Imperativ kann sich aus ethischen Gründen nur auf positive Adjektive (z.B. *vorsichtig*) beziehen, negative (z.B. *leichtsinnig*) erlauben neben der Deutung VERMUTUNG nur die Deutung VORWURF (b_1) und können sich nicht auf die Zukunft beziehen.
Beispiele für nicht-propositionale Verwendung anderer Modal-V.:
Das kann nur Udo getan haben. – SCHLUSSFOLGERUNG
Das soll er damals getan haben. – zitierte fremde BEHAUPTUNG
Sie will ihn nie gesehen haben. – zit. u. bezweifelte fremde BEH.

26.8 *müssen* drückt das Bedauern von S über negative Mitteilungsinhalte aus (wie *jmdm. kündigen, sich selbst entschuldigen*), *dürfen* entsprechend die Freude von S über positive (*Prämie überreichen, versprechen, versichern, gratulieren*). Deshalb wirken 1) und 4) merkwürdig. – *bitten* und *raten* können ambivalent/neutral sein.

26.9 Zum Beispiel:
(*Entsorgungspark, Endlagerung, Kern-Ablagerungen, Kernaltstoffe*):
Lagerstätte für (giftigen) Atommüll, dessen gefährliche Strahlung mit der Lagerung keinesfalls endet
(*Wiederaufbereitung, Anreicherung*):
Verarbeitung eines Teils der gefährlichen Rückstände zu (noch gefährlicherem) neuem Brennstoff für Atomkraftwerke
(*friedliche Nutzung der Kernenergie*):
nichtmilitärische Nutzung der Atomkraft unter der ständigen lebensbedrohenden Gefahr von Explosion und Strahlung (wobei der Nutzen bislang vor allem für die Energieindustrie besteht)

****

Lektion 27

Der Unterschied zu AUSTIN liegt bei SEARLE nicht so sehr in der Analyse der Sprechaktteile, sondern in der Anwendung des Regel-Begriffs. Man kann grob davon ausgehen, daß grammatisch-semantische Regeln fast immer konstitutiv sind und nur bei kreativem Umgang mit der Sprache und bei sprachlichen Spielen regulativ verwendet werden können, während es unter den pragmatischen Regeln sowohl konstitutive wie regulative gibt.
Die Regeln für das VERSPRECHEN können mit Beispielen für "falsche" Anwendungen besonders deutlich gemacht werden, z.B.:

* *Ich verspreche, schon gestern angekommen zu sein.*
* *Ich verspreche, dir niemals zu schreiben.*
* *Ich verspreche, morgen zu atmen.*
* *Ich verspreche, dir die Sterne vom Himmel zu holen.*

usw. (allerdings immer Ausnahmesituationen ausgenommen!).

Zu den Aufgaben

27.1 lokutionärer (Äuß.- + prop. A.), illokutionärer, perlokutionärer Akt

27.2 regulativ: c), d) – konstitutiv: a), e) – keines von beiden: b)

27.3

	(a)	(b)	(c)	(d)	(e)	(f)	(g)	(h)
zukünftiger A von S	+	+						+
zukünftiger A von H			+	+	+			
gegenwärtiger A von S							+	
vergangener A						+		
H wünscht A	+		+	+			+	
H wünscht A nicht		+			+			
S wünscht A					(+)			+
S wünscht A nicht	(+)		+					
A ist durchführbar	+	+	+	+	+	+	+	
S hat Autorität	(+)	(+)	+	+	+		+	

27.4 a) REPRÄSENTATIVA – *schlußfolgern, erzählen, prophezeien*
b) DIREKTIVA – *verbieten, warnen, anflehen*
c) KOMMISSIVA – *zugeben, drohen*
d) EXPRESSIVA – *klagen, beglückwünschen*
e) DEKLARATIVA – *festsetzen, entlassen*

27.5

Behauptung	(Lob)
Feststellung	(Versicherg.)
Behauptung	(Lob)
Behauptung	(Lob)
Behauptung	(Lob)
Aufforderung	
Warnung	
Feststellung	(Warnung)
BILD als Anreiz, und NAME zum Einprägen	

Inhalt (Proposition) und Form der Sätze sind zu unterscheiden.
Es überwiegen Behauptungen, die aber durch positive Lexik werben. Sie münden in eine Aufforderung.
Die Warnung ist gesetzlich vorgeschrieben.
Gegenüber dem übergroßen Bild mit dem Markennamen hat der Text offensichtlich nur sekundäre Funktion.

27.6 – – – –

27.7 Die Grammatiktheorie analysiert die Sprachstruktur als Struktur von – meist isolierten – Sätzen und die Regeln für deren richtigen Gebrauch.
Die Sprechakttheorie analysiert die Sprache in Form von Äußerungen als Handlungen in ihrer Situation ("Texten in Funktion") und die Regeln für angemessene Sprechhandlungen.

Lektion 28

Der Inhalt dieser Lektion kann natürlich nur in Auswahl und anhand einiger Übungs-Aufgaben angeschnitten werden. Es empfiehlt sich, die Behandlung einiger Soziolekte rechtzeitig als Referate zu vergeben.

Zu den Aufgaben

28.1 – – – –

28.2 – – – –

28.3 a) psychologische Sicherheit für den Sprecher (Sprachbeherrschung) / emotionale "Wärme" / eigener Kulturwert (Tradition)
b) weiter Kommunikationsradius (übrigens auch im Ausland!) / berufliche Chancen / gesamtgesellschaftlicher Kulturwert

28.4 Die linguistische Fachsprache ist eine Theorie- und Wissenschafts-

sprache. Als fachliche Umgangssprache wird sie pädagogisch reduziert auch im Sprachunterricht verwendet. Ihre Besonderheit liegt im "Zusammenfallen" (der Ähnlichkeit) von Objekt- und Metasprache und in der Vielfalt von Terminologien aufgrund verschiedener Theorien, Schulen und Strömungen. Diese Terminologien sind historisch gewachsen und wenig vereinheitlicht, vgl. z.B. die grammatischen Termini zu Wortarten und Satzgliedern, die Definitionen von "Sprache", "Text", "Satz" usw.
Syntaktisch und textuell unterscheidet sich die linguistische Fachsprache wenig von den anderen Wissenschaftssprachen.

28.5 Eindeutigkeit, Ökonomie und Formalisierung (Standardisierung)

28.6 Der rotwelsche Brief ist auch für deutsche Leser fast unverständlich, vor allem durch die Spezialausdrücke aus dem "Knast-" (d.h. Gefängnis-) Bereich, die z.T. auch schon veraltet sind.
Die Ausdrücke sind vorwiegend jiddischer (*Sore, Ganeiwe, masel*), slavischer und zigeunerischer Herkunft. Einige sind ins Umgangsdeutsch eingegangen, vgl.:

Collex → Kollege (Kumpel), *Kiesow* → Kies (Geld), *Mooskuppen* → Moos (Geld), *Sore* – (Diebes-, Hehlergut), *Ganeiwe* → Ganove, *türmen* – (flüchten), *masel* – (Glück), *Paloppen/Greiferei/Polente* → Polypen, Greifer, Polente ((Kriminal-) Polizei).

Auch die Syntax ist sondersprachlich und komprimiert. Die Funktion als Geheimsprache ist offensichtlich.

28.7 – – – –

28.8 Text (A) rückt die "vernichtende" Kritik, ja Beschimpfung der vietnamesischen Regierung durch den Parteichef ganz in den Vordergrund. Die Kritikpunkte werden durchweg bei ihren (negativen) Namen genannt.
Text (B) dagegen ordnet die Kritik einer ausführlichen Berichterstattung (im Stil der "Hofberichterstattung") unter und bedient sich mäßigender, z.T. fast positiv klingender Ausdrücke wie *einige Probleme, vorhandene Disproportionen, langsames Wachstumstempo, kritische Auseinandersetzung.*
Dieselben Tatsachen können eben durch entsprechende Wortwahl und Schwerpunktsetzung im Gesamttext sehr unterschiedlich mitgeteilt werden.

28.9 – – – –

28.10 – – – –

28.11 Übersetzungsvorschlag für die Sprüche:

"Du, ich habe einen ganz tollen Job erwischt. Da gibt es tausend Mark bar auf die Hand."

"Die neue Disco (Tanzlokal) ist ausgezeichnet, da ist was los." – "Ach, die kannst du vergessen (da brauchst du gar nicht hinzugehen), die ist langweilig, mittelmäßig."

"Ich habe gerade eine Pizza gegessen, mir ist richtig schlecht." – "Bloß keine Angst, du bist einfach in schlechter Stimmung/Verfassung." – Ach, du bist blöd."

"Da kommt Otto, ein ganz klebriger, scheißfreundlicher Kerl." – "Da hau ich lieber ab (geh ich lieber weg)."

"Meine Eltern sitzen jeden Abend vor dem Fernseher. Dallas und solche Sendungen, das gefällt denen sehr. Unerträglich!"

"Na, habt ihr die Botschaft (das Gemeinte) verstanden?"

****

Lektion 29

Wichtig ist die genaue Erläuterung der gedanklichen Kausalkette, die zur Erforschung der Schichten-Codes geführt hat:

sprachliche Sozialisation → sprachliche Leistungen (als Bewertungsmaßstab) → intellektuelle Fähigkeiten (fragwürdig) → Schulerfolg (bzw. Ausbildungserfolg) → Berufschancen (Lebensqualität)

Dabei erweist sich die Bewertung der intellektuellen Fähigkeiten aufgrund sprachlicher Leistungen nicht nur an und für sich als fragwürdig (da reduzierend), sondern auch als bezeichnend für die Setzung des mittelschichtenspezifischen Standards als Maßstab.
Die verschiedenen Erziehungs-Konsequenzen eignen sich u.U. zu einer pro-und-contra-Diskussion, wobei der Gesichtspunkt "körperliche vs. geistige Arbeit" einbezogen werden sollte.

Zu den Aufgaben

29.1 (z.B.)

RESTRINGIERT		ELABORIERT
kein gar nicht	–	*gar nichts*

nich?	– *nicht?, nicht wahr?*
wegen schweren Diebstahl und so	– *wegen schweren Diebstahls und dergleichen*
daß ich wieder hochkomm	– *wieder hochzukommen (sozial)*
rausgekommen aus dem G.	– *aus dem G. rausgekommen*
ohne Schlafen	– *ohne zu schlafen / ohne Schlafgelegenheit*

Der Text ist nicht sehr deutlich "restringiert", auch Sprecher des elaborierten Codes drücken sich umgangssprachlich so ähnlich aus. Durch elaborierte Ausdrücke wäre für die Kommunikation hier gar nichts gewonnen.

29.2 – – – –

29.3 – – – –

29.4 a) zu simple Syntax (bes. wenig Konj.) / geringer Wortschatz (bes. wenig Adj.) / stereotypes und imperatives Sprachverhalten
b) durch eine sogenannte kompensatorische Spracherziehung (d.h. zusätzlichen Vorschul- und Förderunterricht)

29.5 Anerkennung der (funktionalen) Gleichwertigkeit der Schichtensprachen / Toleranz und Verständnis für andere soziale Gruppen (Emanzipation von Unterprivilegierten) / ein situationsadäquater Sprachgebrauch (als Lernziel)

29.6 – – – –

29.7 Marx' Voraussage ist nach wie vor Utopie. Der Lösungshinweis muß deshalb ebenfalls als Utopie gewertet und kann weder verinoch falsifiziert werden.

****

Lektion 30

Bei einer Diskussion über geschlechtsspezifisches Sprachverhalten müssen einige Punkte besonders beachtet werden, hier drei Hinweise:

▷ Unter "sprachlicher Begabung" kann vielerlei verstanden werden von rein sich anpassender Reproduktion von Gelerntem bis hin zu künstlerischer oder rhetorischer Sprachbeherrschung. In diesem Lichte erscheinen manche psychologischen Urteile als undifferenziert.

▷ Lehrerbelohnungen durch gute Zensuren bedeuten nicht unbedingt eine Gesamtbeurteilung der Persönlichkeit.

▷ Das non-verbale Verhalten erlaubt u.U. tiefergehende Schlußfolgerungen als das verbale.

"Männersprachliche Prägung" muß jeweils differenziert erklärt und in Beziehung zu männlichen Privilegien und zur Bevormundung der Frauen gesetzt werden. Sonst könnte es zu einer Gleichsetzung jeder autoritären oder sogar jeder herrschenden Sprachform mit der "Männersprache" kommen, was dann einer "Frauensprache" als Produkt ständiger Unterdrückung ihren Wert als Alternative oder gar Vorbild nehmen würde.

Zu den Aufgaben

30.1 – – – –

30.2 Die Erklärung liegt wohl in der jahrhundertelangen Zuweisung von Lebensbereichen und Rollen, die dann zur Zuordnung von eher negativen Eigenschaften für das weibliche und eher positiven für das männliche Geschlecht geführt haben.

30.3 Differenzierung durch Doppelnennungen, Schrägstriche, Klammern usw. (mit weiblichen Endungen) wurde schon behandelt.
Neutralisierung bietet das GG selbst, wenn auch nicht konsequent, z.B. durch entsprechende Lexik: *Mensch(en), Person(en), Kind(er), Jugend, Volk, Mitglied(er)* usw., aber auch Grammatik: Plural von Adjektiven und Partizipien: *Deutsche, Abgeordnete, Gewählte, Vertriebene, Staatsangehörige*, warum nicht auch *Lehrende, Studierende* usw., wenn Gruppen beiderlei Geschlechts gemeint sind.

30.4 – – – –

****

Lektion 31

Die indoeuropäische Sprachfamilie läßt sich bis hin zu den deutschen Dialekten auch sehr anschaulich als Stammbaum darstellen.
Von der genetischen Betrachtung scharf zu trennen ist die typologische, die auch nichtverwandte Sprachen ähnlichen Typs zusammenfaßt.

Zu den Aufgaben

31.1 Form/Gestalt – *Ahorn, Barsch, Rind, Fohlen, Flunder, Käfer*
Farbe – *Bär, Birke*
Körperbeweg. – *Gans, Schlange, Falter*
"Stimme" – *Hahn, Hummel*
Lebensbereich – *Otter*

31.2 Die Linguistik kann Teile des Wortschatzes und evtl. Texte nicht nur historischer, sondern auch prähistorischer Gesellschaften erforschen (bzw. rekonstruieren) und damit zur Kenntnis von deren Lebensgewohnheiten beitragen.

31.3 Wahrscheinlich ist eine Verringerung, da die kleinen Sprachgemeinschaften immer mehr von den großen überfremdet und dominiert werden. – (Auch die politische Entkolonialisierung bedeutete nicht das Ende wirtschaftlicher Hegemonie. Und Meldungen über die politische und kulturelle Unterdrückung nationaler Minderheiten in vielen Staaten sind an der Tagesordnung.)

31.4 durch die beiden Lautverschiebungen, die erste (oder germanische) und die zweite (oder hochdeutsche)

****

Lektion 32

Die deutsche Sprachgeschichte kann hier natürlich nicht als Laut- und Formengeschichte, sondern sinnvoll nur als Reflex der Sozial- und Kulturgeschichte unterrichtet werden, was an sprachlichen Beispielen illustriert wird.

Zu den Aufgaben

32.1 Althochdeutsch (6./8. Jh. – 11. Jh.)
Mittelhochdeutsch (11. Jh. – 14./15. Jh.)
Neuhochdeutsch (14./15. Jh. – heute)

32.2 politische und wirtschaftliche Einigungsbestrebungen (Verwaltung, Handel) – kulturelle Einheitlichkeit (Religion, Luthers Reformation und Bibelübersetzung, Literatur, Buchdruck, Sprachgesellschaften,

Grammatiker, Schulpflicht, Medien) – moderne Entwicklung der Großstädte und Mobilität der Bevölkerung

32.3 *Apfel, Abend, Tag, das, tot, Dorf, Treibsand, Teufel, fressen, Frau, Gleichnis, ich, Katze, lassen, machen, Maus, pflücken, Pfund, schlaff, Zeit, was*

32.4 Beispiele:
orthographisch: *ouch – auch / ynn – in / thaz – daz – das – daß / geheizen – heyst – heisset / stat – stad – stadt – Stadt*
lautlich: *tho – da / thiu – di(e) / hus – haus / uuas – was – war*
syntaktisch: *fuor tho – da fuhr / di geheizen ist B. – die da heyst B. – die B. heisset / so scaffaneru* (Part.) – *swangir* (Adj.) – *die* . . . (Satz)
lexikalisch: *fuor – ginc uf – machte sich auf – zog – wanderte / bithiu uuanta – darumme das – darumb, das – weil/denn / burg – stat / hiuuisk – gesinde – geschlecht – familie – Stamm*
Die orthographischen Varianten zeigen, daß eine Standardschreibung erst langsam aufkam. – Die lautlichen Veränderungen können nicht immer an der Schreibung abgelesen werden. – Die syntaktischen Neuerungen betreffen vor allem die Wortstellung. Daß sie relativ gering sind, liegt auch an dem Versuch der Übersetzer, die "Heilige Schrift" möglichst wörtlich wiederzugeben. – Die lexikalischen Veränderungen sind am auffälligsten und zeigen, daß eine Variation der Wortwahl immer möglich ist, und daß sich Bedeutungen viel leichter ändern als Formen.
Die letzte Übersetzung (6.) bemüht sich um eine möglichst allgemeinverständliche moderne Sprache und weicht deshalb von der nur 40 Jahre älteren (5.) stark ab, die noch mehr an der Tradition festhält.

****

Lektion 33

Gegenüber der Sprachgeschichte (L 31 u. 32) sind die modernen Entwicklungstendenzen hier sicher ein angemesseneres Thema, da es nicht nur zur Kenntnis der Gegenwartssprache beiträgt, sondern auch gleichzeitig eine Wiederholung zum zentralen Gesamtthema "Sprachstruktur" erlaubt.

Zu den Aufgaben

33.1 a) das Schwinden der Dativ- und Genitiv-Endungen bei maskulinen und neutralen Substantiven
b) komplexe Wortbildung / Univerbierung / Abkürzungen
c) Parataxe (m. erw. Attributen) statt Hypotaxe (m. Nebensätzen)
d) Fremdwörter aus dem Englischen / Fachwörter in der Gemeinsprache / Intellektualisierung des Wortschatzes

33.2 z.B.: *"Um die Hektarerträge zu steigern, muß eine geregelte Fruchtfolge eingeführt werden, wobei 35 % Zwischenfruchtanbau eingeschaltet und eine Gesundkalkung durchgeführt werden muß."*

33.3 *jmdm. eine Antwort geben/erteilen*
einen Antrag auf etwas stellen
jmdm. eine Frage stellen
gegen jmdn. eine Anzeige erstatten
jmdm. (seinen) Dank aussprechen/sagen/abstatten
jmdm. eine Mitteilung über etwas machen
etwas zum Ausdruck bringen
eine Entscheidung über etwas treffen/fällen
jmdm. einen Vorwurf / etwas zum Vorwurf machen

33.4 Das Beispiel steht für Intellektualisierung und Abstraktion.

33.5 Orthographie:
(a) zeigt noch Unsicherheit bei u/v/w (*vmbbringen, Vnd, Newen*) und s/ß (*auß, das*), Verdeutlichung durch Doppelkonsonanten/ck/tz (*Franckreich, Printzen, kurtzen, Generall, vnnd*), das fremde Verbsuffix -iren (*Unirten neben Continuieret* u.a.), Getrenntschreibung (*Generall Staaden, Hanse Städten*) und mehr Großschreibung.
(b) behält davon Relikte (*Privilegirten, rappeliret, Printzen*), y im Diphthong (*Kayserin, Beylagers* neben -ei-) sowie eine falsche Etymologie (*nehmlich*).
Lautliches: *vmbbringen, empfahen* (empfangen) u.a.
Morphologie:
(a) zeigt lateinische Formen (*Augusti, Spania*), -e- in der Konjugation und beim Dativ (*machet, abgefertiget, zu Hofe*), Hilfsverbeinsparung (*eingezogen worden*) und alte Kasusmarkierungen (*im kurtzen, diese Tage, vom Adel*).

(b) wieder Relikte davon (*rappeliret, solle, am Hofe*), devote Formen (*Ihro*) und eine Langform beim Artikel (*nach denen Gebräuchen*).

Syntax:

(a) weist einen "Satzdreh nach und" (*Vnd machet man . . .*) sowie einen Finalsatz ohne "um" auf (*allhier zu residieren*),

(b) nur noch hypotaktische Verschachtelung (*wovon . . ., ob . . .*).

Lexik:

(a) Viele deutsche Ausdrücke haben ihre Bedeutung geändert bzw. sind außer Gebrauch, vgl. die Verständnishilfen; darüberhinaus: *so* (Rel.pron.), *daselbst* (ebenda), *von dannen* (von dort), *dagegen* (dafür), *allhier* (hier); veraltete Fremdwörter: *continuiert, präparation, Residenten* (Gesandten-Titel), *Unirten, residieren*, also lateinischen Ursprungs.

(b) enthält dagegen nur noch die Fremdwörter *rappeliret* und *Qualität* (für Eigenschaft) sowie den Terminus *Beylager* (Heirat).

(c) dagegen weist viele englische Fremdwörter der Musikszene auf (*Rock, Pop, Star, Fan, Drive, Folk, Blues*) sowie umgangssprachliche Lexik (*ganz schön, Masche*).

33.6 Was die amtssprachliche Syntax und die Titelsucht betrifft, scheinen sich die diplomatischen Gepflogenheiten mancher moderner Staaten nicht von denen längst vergangener Monarchien zu unterscheiden, wenn auch die Titel anders lauten.

****

Einige Hinweise zu PRÜFUNGEN und LEISTUNGSKONTROLLEN

Natürlich bleiben solche organisatorischen Angelegenheiten grundsätzlich der jeweiligen Kursleitung überlassen. Ich deute hier nur kurz meine eigene Praxis aus langjähriger Erfahrung an, und sei es nur für Interessenten einer kontrastiven Hochschuldidaktik.

In Hamburg bestanden die Leistungsnachweise der Student/inn/en aus der Teilnahme an Arbeitsgruppen, die ein Gruppenreferat (meist für die zweite Hälfte des Semesters) anfertigten, das in einer Sitzung vorgetragen und schriftlich ausgearbeitet wurde. Manchmal wurde auch eine mündliche Abschlußprüfung von ca. 20 Minuten im Gruppenrahmen abgehalten.

In Shanghai waren für die Kurse der (postgraduierten) Aspirant/inn/en folgende Leistungskontrollen üblich/obligatorisch:

1) regelmäßige Hausaufgaben,
2) kurze Hausaufsätze, hier wurden als Beispiele genannt:
   zu Beginn (ein Lebenslauf und) ein kurzer Essay (L 1, s. S. 8 u. 193),
   ein Aufsatz nach L 6 (s. S. 202),
3) nach dem 3. Kapitel (L 8) ein Test von 45 Minuten (s. S. 205),
4) nach dem 5. Kapitel (L 17) eine schriftliche Zwischenprüfung von 90 Minuten nach Wiederholung (s. S. 223),
5) nach dem 7. Kapitel (L 25) eine schriftl. Hausarbeit zur Textlinguistik (linguistische Analyse eines kurzen Textes nach Art der Zusatzaufgaben S. 141ff),
6) eventuell kurze Einzelreferate (vgl. Themenvorschläge S. 4),
7) eine schriftl. Abschlußprüfung von 90 Minuten ebenfalls nach Wiederholung (vorwiegend über den Stoff nach der Zwischenprüfung).

****

BIBLIOGRAPHIEREN und ZITIEREN

Das Thema "Bücherkunde, Arbeitstechniken usw." ist für Einführungskurse unerläßlich. Da es darüber eigene Literatur gibt, versuche ich hier nur, eine praktische Handreichung auf knappstem Raum für zwei Fragen zu geben:

I) Wie finde ich spezielle Literatur? (Bibliographieren)

Voraussetzung ist natürlich die Kenntnis der betreffenden wissenschaftlichen und allgemeinen Bibliotheken, ihrer Benutzung, Systematiken und Katalogtypen sowie der für Neuerscheinungen unerläßlichen einschlägigen Buchhandlungen.
Beim Bibliographieren empfiehlt sich schrittweises Vorgehen (*hier vorgeführt an einigen Beispielen zum Bereich "DaF"*).

1) **Literaturverzeichnisse** in (möglichst neuen) Büchern zum Thema, z.B.:
ICKLER, Theodor: Deutsch als Fremdsprache. Eine Einführung in das Studium. Tübingen: Niemeyer 1984. (= Germ. Arbeitshefte 29)
Über Neuerscheinungen informieren regelmäßig **Verlagsprospekte**; hier einige Verlage (nur BRD) mit Hauptorientierung "Pädagogik, Didaktik, Fremdsprachenunterricht, DaF":

Verlag für Deutsch, München	*Vlg. Moritz Diesterweg, Frankf.*
Max Hueber Verlag, München	*Vlg. Lambert Lensing, Dortmund*
iudicium verlag, München	*R. Oldenbourg Verlag, München*
Ernst Klett Verlag, Stuttgart	*Päd. Vlg. Schwann, Düsseldorf*
Langenscheidt-Vlg., München	*Vgl. Ferd. Schoeningh, Paderborn*

2) **Abgeschlossene Fachbibliographien** (Nachteil: sie veralten schnell)
allg.: *HANSEL, J.: Bücherkunde für Germanisten. Berlin ⁶1972.*
spez.: *A LANGUAGE TEACHING BIBLIOGRAPHY. Cambridge 1968.*

3) **Periodische Fachbibliographien** (meist jährlich), z.B.:
allg.: *JAHRESBERICHTE ... (ab 1880)*
BIBLIOGRAPHIE LINGUISTIQUE. Den Haag 1948ff.
GERMANISTIK. Tübingen 1960ff. (vierteljährlich)
spez.: In: *JAHRBUCH DEUTSCH ALS FREMDSPRACHE. Hrsg. von A. WIERLACHER u.a. 1ff. München: Hueber 1975ff. Dokumentation A: Jahresbibliographie DaF (Auswahlbibl.).*

4) **Periodische Allgemeinbibliographien**

DEUTSCHE BIBLIOGRAPHIE. Frankfurt/M. 1947ff. (auch in Leipzig) Wöchentliche, Halbjahrs- und Fünfjahrsverzeichnisse. – Wird für Studierende wohl selten wichtig werden.

5) **Zeitschriftenstudium**

Am besten beginnt man mit den neuesten Nummern in Lesesälen und geht dann zeitlich zurück.

Die BIBLIOGRAPHIE LINGUISTIQUE (s.o.; ab 1980 engl. Titel) verzeichnet weltweit fast 1000 sprachwiss. Zeitschriften. Germanistische Institutsbibliotheken führen nur einen Bruchteil davon (die wichtigsten), allerdings auch Zeitschriften, die ihr Erscheinen eingestellt haben.

Es gibt übrigens auch eigene Zeitschriftenverzeichnisse, z.B.:

World List of Spezialized Periodicals LINGUISTICS. The Hague 1971.

Zeitschriftenverzeichnis GERMANISTIK (LINGUISTIK). Stadt- und Universitätsbibliothek Frankfurt. Frankfurt/M 1978. (²1981)

Hier Beispiele für dt. Zeitschriften mit Siglen (übl. Abkürzungen):

allgemein linguistisch (und philologisch)			
LB	*Linguistische Berichte*	*Braunschw.*	*1969 ff*
ZDL	*Zschr. f. Dialektologie u. Ling.*	*Wiesbaden*	*1969 ff*
ZPhon	*Zschr. f. Phonetik, Sprachwiss. u. Kommunikationsforschung*	*Berlin (O)*	*1947 ff*
ZS	*Zschr. f. Sprachwissenschaft*	*Göttingen*	*1982 ff*
germanistisch (besonders "deutsche Sprache")			
PBB (H/T)	*("Pauls und Braunes") Beiträge z. Gesch. d. dt. Sprache u. Literatur*	*Halle (+ Tübingen*	*1874 ff 1955 ff)*
ds	*deutsche sprache*	*München*	*1973 ff*
GL	*Germanistische Linguistik*	*Hildesheim*	*1969 ff*
ZDPh	*Zschr. f. deutsche Philologie*	*Berlin*	*1869 ff*
ZGL	*Zschr. f. germanist. Linguistik*	*Berlin*	*1973 ff*
ZfG	*Zschr. f. Germanistik*	*Leipzig*	*1980 ff*
sprachdidaktisch (muttersprachl. u. fremdsprachl. Unterricht)			
DaF	*Deutsch als Fremdsprache*	*Leipzig*	*1964 ff*
DD	*Diskussion Deutsch*	*Frankfurt*	*1970 ff*
DU	*Der Deutschunterricht*	*Stuttgart*	*1949 ff*
LuD → SuL	*Ling. u. Didaktik → Sprache u. Lit....*	*München*	*1970 ff*
Mu	*Muttersprache*	*Mannheim*	*1886 ff*
WW	*Wirkendes Wort*	*Düsseldorf*	*1950 ff*

II. Wie mache ich meine Hilfmittel nachprüfbar? (Zitieren)

Schemata:

1) Selbständige Bücher:
   a) Monographien (einmal knapp – einmal ausführlich):
      NAME, V.: Titel. Ort Jahr.
      NAME, Vorname: Titel. Untertitel. (Auflage) Ort: Verlag Jahr. (= Reihe/Serie Bd. X)
   b) Sammelbände (2 Möglichkeiten):
      NAME, V. (Hrsg.): Titel. Ort Jahr. /oder:/
      TITEL. Hrsg. von V. NAME. Ort Jahr.
2) unselbständige Aufsätze/Artikel (Name hier = Aufsatzverfasser!)
   a) in Zeitschriften:
      NAME, V.: Titel. In: Zschr.-Titel oder -Sigle, Bd. X, Jahr (Heft-Nr.), S. Y-Z.
   b) in Sammelbänden:
      NAME, V.: Titel. In: (weiter nach 1b), S. X-Y.

Beispiele (für den Themenbereich "Fremdsprachenunterricht/DaF"):

1a) *ICKLER, Th.: Deutsch als Fremdsprache. Tübingen 1984. (ausführlich vgl. oben I,1)*

1b) *WIERLACHER, A. (Hrsg.): Fremdsprache Deutsch. 2 Bde. München 1980. /oder/*
    FREMDSPRACHE DEUTSCH. Hrsg. von A. WIERLACHER. 1.2. München 1980.

2a) *SCHERLING, Theo: Sehen und Verstehen. Zur Visualisierung von Dialogen in Lehrwerken Deutsch als Fremdsprache. In: ZD 1984 (1), S. 40-48.*

2b) *PICHT, R.: Landeskunde und Textwissenschaft. In: (1b) Bd.1, S. 270-288.*

Bemerkungen:

Die obigen Schemata gelten für Literaturverzeichnisse/Bibliographien. Beim Zitieren von Textpassagen wird die genaue Seitenangabe hinzugefügt, und zwar hinter "Jahr".
Es gibt noch andere Zitierweisen, z.B. Kurzzitate im Text, in Fußnoten oder Anmerkungen (nur: NAME – evtl. Jahr – und Seitenangabe, da sie auf das Literaturverzeichnis verweisen). – Aber immer gilt: konsequent und genau zitieren; das ist nicht Pedanterie, sondern Höflichkeit, denn es erleichtert dem Leser die Arbeit.

LITERATURVERZEICHNIS

1. Einige linguistische Einführungsbücher

BAUMGÄRTNER, K. u.a.: FUNKKOLLEG SPRACHE. 1. 2. Frankfurt/M 1973.

BERGMANN, R. u.a.: Einführung in die deutsche Sprachwissenschaft. Heidelberg 1981.

BÜHLER, H. u.a.: Linguistik I. Tübingen ³1972.

BÜNTING, K.-D.: Einführung in die Linguistik. Frankfurt ¹⁰1983.

FROMKIN, V./RODMAN, R.: An Introduction to Language. New York ³ 1983.

GEWEHR, W./KLEIN, K.-P. (Hrsg): Grundprobleme der Linguistik. Ein Reader zur Einführung. Baltmannsweiler 1979.

HENNIG, J./HUTH, L.: Kommunikation als Problem der Linguistik. Eine Einführung. Göttingen 1975.

IMHASLY, H. u.a.: Konzepte der Linguistik. Wiesbaden 1979.

LYONS, J.: Einführung in die moderne Linguistik. München 1974. (e. 1968)

PELZ, H.: Linguistik für Anfänger. Hamburg 1975.

YULE, G.: The study of language. An introduction. Cambridge 1985.

ZARNIKOW, A.: Einführung in die Linguistik. Frankfurt/M ³1978.

2. Handbücher

ARNOLD, H.L./SINEMUS, V. (Hrsg): Grundzüge der Literatur- und Sprachwissenschaft. Bd. 2: Sprachwissenschaft. München 1974.

LEXIKON DER GERMANISTISCHEN LINGUISTIK. LGL. Hrsg. von H. P. ALTHAUS u.a. Tübingen ²1980.

STAMMERJOHANN, H. (Bearb.): Handbuch der Linguistik. München 1975.

3. Terminologische Wörterbücher

ABRAHAM, W.: Terminologie zur neueren Linguistik. München 1973.

HEUPEL, C.: Taschenwörterbuch der Linguistik. München ²1975.

LEWANDOWSKI, T.: Linguistisches Wörterbuch. 1–3. Heidelberg ³1979f.

4. Geschichte der Linguistik

HEESCHEN, C.: Grundfragen der Linguistik. Stuttgart ²1974.

HELBIG, G.: Geschichte der neueren Sprachwissenschaft. Leipzig 1970.

5. Drei Klassiker

BLOOMFIELD, L.: Language. New York 1933.

SAPIR, E.: Language. New York 1921. (dt. 1961)

SAUSSURE, F. de: Grundfragen der allgemeinen Sprachwissenschaft. Berlin ²1967. (frz. 1916)

6. Semiotik

BÜHLER, K.: Sprachtheorie. Stuttgart ²1965.

ECO, U.: Zeichen. Frankfurt/M 1977. (ital. 1973)

KLAUS, G.: Semiotik und Erkenntnistheorie. München ⁴1973.

MORRIS, C. W.: Grundlagen der Zeichentheorie. München 1972. (am. 1938)

7. Phonologie

LINDNER, G.: Einführung in die experimentelle Phonetik. München 1969.

PHILIPP, M.: Phonologie des Deutschen. Stutttgart 1974.

TRUBETZKOY, N. S.: Grundzüge der Phonologie. Prag 1939.

8. Morphologie

AUGST, G.: Untersuchungen zum Morpheminventar der deutschen Gegenwartssprache. Tübingen 1975.

BERGENHOLTZ, H./MUGDAN, J.: Einführung in die Morphologie. Stuttgart 1979.

ERBEN, J.:: Einführung in die deutsche Wortbildungslehre. Berlin 1975.

FLEISCHER, W.: Wortbildung der dt. Gegenwartssprache. Leipzig ³1974.

JÄGER, S.: Der Konjunktiv in der deutschen Sprache der Gegenwart. Düsseldorf 1970.

NIDA, E. A.: Morphology. Ann Arbor 1946. (¹⁰1967)

WEYDT, H. (Hrsg): Die Partikeln der deutschen Sprache. Berlin 1979.

WUNDERLICH, D.: Tempus und Zeitreferenz im Deutschen. München 1970.

9. Syntax

CHOMSKY, N.: Syntactic Structures. The Hague 1957. (dt. 1973)

CHOMSKY, N.: Aspects of the Theory of Syntax. Cambridge/Mass. 1965. (dt. 1969)

ENGEL, U.: Syntax der deutschen Gegenwartssprache. Berlin 1977.

ENGEL, U./SCHUMACHER, H.: Kleines Valenzlexikon deutscher Verben. KVL. Tübingen 1976.

FRIES, C. C.: The Structure of English. New York 1952.

GLEASON, H. A.: An Introduction to Descriptive Linguistics. New York 1955. (²1961)

HARRIS, Z. S.: Methods in Structural Linguistics. Chicago 1951. (⁷1966)

HELBIG, G./SCHENKEL, W.: Wörterbuch zur Valenz und Distribution deutscher Verben. Leipzig ²1973.

HERINGER, H.-J.: Deutsche Syntax. Berlin 1970.

HERINGER, H.-J.: Theorie der deutschen Syntax. München 1970.

TESNIÈRE, L.: Éléments de syntaxe structurale. Paris 1959. (dt. 1981)

10. Wissenschaftliche deutsche Grammatiken

ADMONI, W.: Der deutsche Sprachbau. Leningrad 1960. ([3]1970)
BOETTCHER, W./SITTA, H.: Deutsche Grammatik III. Frankfurt/M 1972.
DUDEN – GRAMMATIK der deutschen Gegenwartssprache. Bearb. v. P. GREBE u.a. Mannheim [3]1973.
ERBEN, J.: Deutsche Grammatik. Ein Abriß. München [11]1972.
GLINZ, H.: Die innere Form des Deutschen. Bern 1952. ([6]1973)
GLINZ, H.: Deutsche Grammatik. I, II. Frankfurt/M 1970f.
HELBIG, G./BUSCHA, J.: Deutsche Grammatik. Leipzig 1972.
SCHMIDT, W.: Grundfragen der deutschen Grammatik. Berlin 1967.

11. Semantik

BAUMGÄRTNER, K.: Die Struktur des Bedeutungsfeldes. In: SATZ UND WORT IM HEUTIGEN DEUTSCH. Düsseldorf 1967, 165–197.
COSERIU, E.: Probleme der strukturellen Semantik. Tübingen 1973.
HOBERG, R.: Die Lehre vom sprachlichen Feld. Düsseldorf [2]1973.
KATZ, J. J./FODOR, J. A.: The Structure of a Semantic Theory. In: Language 39, 1963, 170–210. (auch dt. 1970)
LYONS, J.: Semantics. 1.2. Cambridge 1977. (dt. 1980)
REICHMANN, O.: Germanistische Lexikologie. Stuttgart 1976.
TRIER, J.: Der deutsche Wortschatz im Sinnbezirk des Verstandes. Heidelberg 1931.

12. Textlinguistik

BENEŠ, E.: Thema-Rhema-Gliederung und Textlinguistik. In: Fschr. GLINZ, Düsseldorf 1973, 42–62.
BRINKER, K.: Linguistische Textanalyse. Berlin 1985.
DANEŠ, F.: Zur linguistischen Analyse der Textstruktur. In: Folia Linguistica 4, 1970, 72–78.
HARWEG, R.: Pronomina und Textkonstitution. München 1968.
KALLMEYER, W. u.a.: Lektürekolleg zur Textlinguistik. 1.2. Frankfurt 1974.
STEMPEL, W. D. (Hrsg): Beiträge zur Textlinguistik. München 1971.
WEINRICH, H.: Textlinguistik. Zur Syntax des Artikels in der deutschen Sprache. In: Jahrb. f. Internat. Germanistik 1, 1969, 61–74.

13. Pragmalinguistik

AUSTIN, J. L.: Zur Theorie der Sprechakte. Stuttgart 1972. (engl. 1962)
SCHLIEBEN-LANGE, B.: Linguistische Pragmatik. Stuttgart 1975.
SEARLE, J.: Speech Acts. Stuttgart 1975.
WUNDERLICH, D.: Studien zur Sprechakttheorie. Frankfurt/M 1976.

14. Soziolinguistik

AMMON, U.: Probleme der Soziolinguistik. Tübingen ²1977.

BERNSTEIN, B.: Class, Codes and Control. London 1971. (dt. 1972, 1975)

FLUCK, H. R. (Hrsg): Dialekt. Frankfurt/M 1981.

FLUCK, H. R. (Hrsg): Technische Fachsprachen. Frankfurt/M 1978.

GÜNTHNER, S.: Praktizierte feministische Sprachkritik – am Beispiel dreier Verständigungstexte. Konstanz o. J. (Mschr.)

KINNE, M. (Hg): Nationalsozialismus und deutsche Sprache. Frankfurt o. J.

LABOV, W.: Sprache im sozialen Kontext. 1. 2. Kronberg 1976, 1978.

LAKOFF, R.: Language and Woman's Place. New York 1975.

MÖHN, D./PELKA, R.: Fachsprachen. Eine Einführung. Tübingen 1984.

MÜLLER-THURAU, C. P.: Laß uns mal 'ne Schnecke angraben. Sprache und Sprüche der Jugendszene. Düsseldorf 1983.

NEULAND, E. (Hrsg): Sprache und Schicht. Frankfurt/M ³1978.

OBST = Osnabrücker Beiträge zur Sprachtheorie, 8/9 (Sprache und Geschlecht) 1978/1979 und Beiheft 3, 1979.

OEVERMANN, U.: Sprache und soziale Herkunft. Frankfurt/M 1972.

SCHRAMM, H. (Hrsg): Frauensprache – Männersprache. Frankfurt 1981.

THORNE, B./HENLEY, N. (Eds): Language and Sex: Difference and Dominance. Rowley/Mass. 1975.

TRÖMEL-PLÖTZ, S. u. a.: Richtlinien zur Vermeidung sexistischen Sprachgebrauchs. In: Linguistische Berichte 71, 1981, 1–8.

15. Historiolinguistik

ADMONI, W. G.: Die Entwicklungstendenzen des deutschen Satzbaus von heute. München 1973.

BORETZKY, N.: Einführung in die historische Linguistik. Reinbek 1977.

BRAUN, P.: Tendenzen in der dt. Gegenwartssprache. Stuttgart 1979.

EGGERS, H.: Deutsche Sprache im 20. Jahrhundert. München 1973.

KINNE, M. (Hrsg): Texte Ost – Texte West. Frankfurt/M 1977.

POLENZ, P. v.: Geschichte der deutschen Sprache. Berlin ⁸1972.

SCHMIDT, W. u. a.: Geschichte der deutschen Sprache. Berlin 1975.

16. Sonstige Quellen

ABERLE, G.: Stehkneipen. Gespräche an der Theke. Frankfurt/M 1971.

BUSCHA, A./BUSCHA, J.: Sprachscherze. Anekdoten für den Ausländerunterricht. Leipzig 1981.

ULRICH, W.: Linguistik für den Deutschunterricht. Braunschweig 1977.

WEIGEL, H.: Die Leiden der jungen Wörter. Zürich 1974.

WUSTMANN, G.: Allerhand Sprachdummheiten. Leipzig 1891.

NAMENREGISTER

SACHREGISTER

Eva-Maria Willkop

Gliederungspartikeln im Dialog

ISBN 3-89129-205-8 ◦ 342 S., kt. ◦ DM 49,80

Partikeln beschäftigen die deutsche Sprachwissenschaft seit etwa zwanzig Jahren. Die in diesem Beitrag zur Partikelforschung und zur Gesprächsanalyse eingeführte Gruppe der Gliederungspartikeln (z.B. »ja«, »hm«, »ach«, »ne«) wurde jedoch von der Forschung bisher weitgehend vernachlässigt. Die Autorin zeigt, daß die Gliederungspartikeln als eine sowohl formal als auch funktional abgrenzbare eigenständige Subklasse der »Unflektierbaren« angesehen werden können. Anhand von transkribierten Beispielen aus Corpora gesprochener Sprache wird unter Einbeziehung des Kontexts und der Intonationsverhältnisse herausgearbeitet, wie mit diesen Partikeln die Abfolge und interne Strukturierung von Redebeiträgen organisiert wird. Auch die Funktion dieser Rede-Zeichen im inhaltlich-argumentativen Bereich wird analysiert. Ergebnis: Gliederungspartikeln leisten als Steuerungsmittel einen wichtigen Beitrag zur Gesprächskonstitution. Bei der notwendigen Überprüfung der gemeinsamen Basis und bei der interpersonalen Abstimmung der Gesprächspartner spielen sie die entscheidende Rolle.

Karl-Heinz Göttert

Kommunikationsideale

Untersuchungen zur europäischen Konversationstheorie

ISBN 3-89129-211-2 ◦ ca. 350 S., geb. ◦ ca. DM 56,–

Anders als die vieldiskutierte »ideale Kommunikationssituation« (Habermas) hat der Begriff »Kommunikationsideal« von vornherein eine historische Perspektive im Blick. Götterts Arbeit versteht sich demnach als breit angelegte ideengeschichtliche Untersuchung einer der markantesten Traditionen europäischen Geistes. Von der Konversationstheorie der frühen Neuzeit ausgehend beschäftigt sich der Autor mit dem »Ideal der Anmut in der Renaissance« (Baldassare Castiglione), dem »Ideal der Klugheit im Barock« (Baltasar Gracián), dem »Ideal der Höflichkeit in der französischen Klassik« (Morvan de Bellegarde), dem »Ideal der Offenheit in der Aufklärung« (The Spectator und Der Gesellige) sowie mit dem Werk von zwei deutschen Gelehrten des späten 18. und frühen 19. Jahrhunderts: Christian Garve (»Vom Kommunikationsideal zur psychologisch-soziologischen Kommunikationsanalyse«) und Friedrich Schleiermacher (»Vom Kommunikationsideal zur hermeneutischen Verstehenskritik«).

Norbert Mecklenburg

Die grünen Inseln

Zur Kritik des literarischen Heimatkomplexes

ISBN 3-89129-014-4 ◦ 327 S., geb. ◦ DM 52,–